身体の変容

―メタバース、ロボット、ヒトの身体―

Bodies that
metamorphose

Kazuyuki Takahashi

高橋一行 著

社会評論社

前　書　き

　本書はメタバースの身体論に始まり、ロボットを論じて終わる。世間ではChat GPTなどの人工知能が喧しく取り挙げられるが、メタバースとロボットは身体を持っているという点で、ただの人工知能とは異なる。本書はこの身体性に向き合って、その意義を解明したいと思う。

　そこにこの数年来書き続けてきた身体論を挿み込む。人の性は生殖のためにあるのではない。それは他者との関わりそのものである。食もまた空間的に人と一緒に営む行為であり、時間的には文化として伝えられた様々な料理や飲み物や食事作法を通じて、人との関わりを認識させるものである。病はまた、人はいずれ個体としては滅びるものであり、そのことによって、類、つまり他者の総体に自らが属していることを実感させるものである。さらに武道や整体を通じて、そこに見られる気や間合いは、身体と身体を通じて人に伝わるものである。

　かねてから私は、私小説を書くように論文を書きたいと思ってきた。今回、食と気についてはそれがある程度うまくいったように思う。自らの体験をもとにして、それらを長く関心を持っていた諸理論と繋いでいく。しかし性については、ある程度私の体験も書けなくはないが、そこにおいて私の筆力の限界を感じ、そのために小説に依拠せざるを得ない。谷崎潤一郎、円地文子、笙野頼子と論じてきて、それは楽しい時間であった。病もまた、私の体験と、周りの人々との付き合いの中で感じたことが基本となっているが、しかし精神科医でも臨床心理士でもない私が、

あまり知ったかぶりを披瀝する訳にもいかず、様々な優れた著作を参考に、それを紹介するという形を取って、自説をそこに入れ混ぜていく。

　本書は今まで書いてきたことの集大成という性質のものではなく、これからさらにこのテーマを深めていくべく、序説というつもりで書いた。自分の身体については生まれたときから付き合ってきたけれども、まだまだ考えねばならないことがたくさんあることに気付く。

　さて私は一方で、所有というテーマを考えてきた。そこから身体の所有という話にいき、さらに身体論を展開したいと思うようになった。所有の本質は所有物を他者に譲渡することにある。私は私の身体を所有することによって、自らを他者に曝け出し、そこから他者との付き合いが始まる。

　身体は他者に開かれている。このことを体験と理論で語りたい。

　その際に、体系に亀裂を入れ、否定性と偶然を強調し、そのことによって他者性を重視するヘーゲルの理論を参照する。また必要に応じて、メルロ＝ポンティやレヴィ＝ストロースも使う。ジジェクを通じて、フロイトとラカンにも言及する。そういう意図を持って本書を書いた。どこまで成功したか。そこは読者の判断に委ねたいと思う。

　以上を本書の前書きとしたい。章立てについては、ずいぶんと気を使ったが、読者はどこから読んでも構わない。

目次 ●●

前書き ·· 002

第❶章 メタバースの身体 ──────── 007

1-❶ メタバースの世界 ··· 008

1-❷ メタバースの身体 ··· 021

1-❸ メタバースの政治経済 ·· 033

補遺❶ ヘーゲル論❶ 所有・身体・他者 ──────── 051

第❷章 性 ──────────────── 063

2-❶ 谷崎潤一郎とM.フーコー ··· 064

2-❷ 円地文子とC.マラブー ··· 074

2-❸ 笙野頼子とJ.バトラー ··· 083

第❸章 食 ──────────────── 099

3-❶ 毒を食らう、または消化と排泄 ··· 100

3-❷ 食人について、またはC.レヴィ＝ストロース ··················· 111

3-❸ 食の哲学 ·· 126

第❹章 病(1) ─────────────── 149

4-❶ 心の暴走を抑える身体　鬱 ·· 150

4-❷ 身体の戦略　摂食障害、解離性障害、境界性人格障害、老い ··· 159

4-❸ 身体の硬さ　自閉症 ··· 167

第 **5** 章 病(2) ——————————————— 179

5-**❶** コロナ禍が教えたこと ……………………………… 180

5-**❷** 言葉と身体の病、または S. フロイトと J. ラカン ……… 192

5-**❸** 病理が教えること、または M. メルロ＝ポンティ ………… 206

第 **6** 章 気 ——————————————————— 223

6-**❶** 武道について ……………………………………… 224

6-**❷** 野口整体、または気について …………………… 237

6-**❸** 間合いについて ………………………………… 249

補遺 **2** ヘーゲル論**❷** 自然から精神へのメタモルフォーゼ — 263

第 **7** 章 メタモルフォーゼ ————————————— 277

7-**❶** メタモルフォーゼ、または輪廻 ……………………… 278

7-**❷** ロボットの言葉と身体 …………………………… 289

参考文献 ……………………………………………… 302

人名索引 ……………………………………………… 310

あと書き …………………………………………… 316

第 1 章

メタバースの身体

1-❶ メタバースの世界

　けん玉をバーチャルな空間でトレーニングするという話がある。メタバース用のディスプレイを装着してバーチャルな空間でけん玉を操る。そうすると実世界でけん玉ができるようになる。千人以上の人たちに実験をして、96％以上の人が、バーチャルな空間でトレーニングしたけん玉の技を現実的に習得したそうである。これは伊藤亜紗が紹介している（伊藤2022 p.2ff.）。

　ここにメタバースの良さが現れている[①]。私は空手や居合の稽古として、ビデオを見ることがある。達人たちが演武するのを見て、手順や流れを学ぶ。しかしビデオを見ただけで、実際に技が使えるようにはならない。ビデオはあくまで参考で、その上で実際に稽古をしなければならない。ビデオを見るという行為は、技を身に付ける稽古の中で補助に過ぎないのである。ここがメタバースとの大きな違いだ。

　さらに幻影肢の治療もメタバースを使ってなされる（伊藤2019 エピソード3・6・8、2022 p.5f）。幻影肢とは、事故や病気で手足が切断されたあと、または麻痺状態になったあと、ないはずの、または感じないはずの手足をありありと感じるというものである。これが強い痛みになる場合がある。例えば低気圧が近付くと、存在しないはずの手足が痛むのだそうである[②]。

　伊藤はここでバーチャルな空間でこの痛みを緩和することができると言う。患者はバーチャルな空間で合成された手足を見る。例えば右手が失われていたり、麻痺している場合、健康な左手の動きを機械がキャッチし、それを反転させて両手が動いているように見せる。このバーチャルな動きを見ている内に、痛みが消えるのである。バーチャルな空間上の手が自分の手として認識され、その結果、痛みが消える。この現象をどう説明すべきか。

　そもそも幻影肢の痛みは、脳が右手が動くだろうと予測するのに、実際には動いたという結果の報告が脳に返ってこないために起きるのである。脳はそこで動けという命令を出し続ける。それが痛みになる。

　そこでバーチャルな手を体験者は現実の自分の手だと感じ、手を動かそうとすると、バーチャルな空間で手が動き、手が脳の信号に応じるのである。かくして痛みが緩和される。

　身体が何かしらの理由で欠如を経験する。その欠如を新しい身体のシステムに統合し得ず、欠如していることが納得されないときに、この幻影肢が現れる。メタバースを使って、かつて両手が連動していた記憶が取り戻され、幻影肢の感覚が変化し、痛みが消える。記憶を取り戻すことで、新たなシステムを身体内に構築する。こういうことが可能なのである。

　すでにパイロットが訓練の大半をシミュレータでしているという事実を挙げても良い。ここでバーチャルとリアルの継ぎ目がなくなりつつあると杉本麻樹は論じている（杉本2021 p.174）。

　また次のような例もある。白人女性が黒人女性のアバターに変身して、バーチャルな空間で暮らしていると、次第に黒人女性に対して感じていた偏見が薄れるというのである。外見は社会的指向性や心の持ち様をも変えると稲見昌彦は言っている（稲見2016 p.207f.）。

　さらに男性が酒場で女性店員として接客するとか、定年退職後にゆるキャラになって、旅行ガイドをするという例もある（株式会社 往来2022 p.37）。現実の世界で持っている徴表、すなわち性別や年齢、肩書は、メタバースで新たに作ることができ、自ら納得した姿で働くことができるのである。鬱を病む人が患者のアバターになって、医者のアバターからカウンセリングを受けるという話もすでに進んでいる（同 p.75f.、p.232ff.）。この例においては、メタバースの中の医者が実際に医師の資格を持っているかということが、現時点では確認できないという問題点

もあり、当面は医者の自発的なボランティアに任せられているのだが、いずれは法人化して、信頼されるカウンセリングの場を創りたいということである。

　メタバースは情報化社会が進展することで生まれた。それは私たちが現実世界とは別の世界を持つことができるということを意味する。

　メタバースに参入しているのは、ひとつはゲーム業界であり、もうひとつはSNS業界である。しかしメタバースはゲームやインターネットによるネットワークそのものではない。それらを基にして発展してきたものであり、今やそれはショッピングにも使えるし、職場が会議を開くのに利用したり、教育機関が活用したりするものである。

　私たちは今、情報化社会に生きている。日々情報に晒され、それらに囲まれて生活をしている。そしてそこにおいては、私たちの身体の感覚が希薄化しているという印象を私は持っている。畑を耕し、物を作るのと異なって、私たちの多くが従事している第三次産業においては、身体を移動させず、身体を用いずに、ただ単に情報を操作して、経済活動をしている。そこに身体が存在しているという感覚はあまりない。またゲームに登場するキャラクターたちに対しても、また情報がやり取りされるだけのインターネットにおいても、そこに身体感覚がないのではないかという印象を、長い間私は持っていた。

　ところがその情報化社会が生み出した究極の産物であるメタバースには、強い身体感覚があるということを知る。本章の目的はそのことを示すことにある。

　メタバースとは、インターネット上に構築されたバーチャルな三次元空間である。超越を意味するmetaと宇宙や世界を意味するuniverseとの合成語である。その世界に人は、主にアバターを用いて接する。それは現実とリンクした人々が活動するもうひとつの世界のことであると言っ

ておく。

　このアバターは、サンスクリット語で神の化身を意味するavataaraに由来し、何かが具現化されたものという意味である。ITの分野では、インターネットやゲームなどのバーチャルな空間上に登場するユーザーの分身となるキャラクターを指す。

　つまりメタバースにはアバターがいて、それは自己の分身であり、自己そのものであり、またリアルな私と共同性を持つものである。私とアバターで新しい世界をバーチャルな空間上に創っていく。そう考えたら良い。

　私は、情報化社会が行き着くところまで行ってしまい、そこで創り出された世界に、今後は多くの人がより深く関わることになると思う。多くの人にとって、次第にこのメタバースの世界で過ごす時間が多くなり、現実の世界よりもこちらの方に生活の比重を置くようになるのではないか。

　私はまだメタバースについてはごく初歩を知っているに過ぎない。そのため、メタバースについては、次の本を参照して、以下、説明をしていく。

　3冊の本、すなわち岡嶋裕史『メタバースとは何か―ネット上の「もう一つの世界」―』(2022)、加藤直人『メタバース―さよならアトムの時代―』(2022)、及びバーチャル美少女ねむ『メタバース進化論―仮想現実の荒野に芽吹く「解放」と「創造」の新世界―』(2022)を使う。

　まず岡嶋裕史から読み始める。著者は50歳の情報学を専門とする大学教員である。

　現在メタバースはゲームとして良く使われていると思われるが、それはゲームそのものではない。先に私が書いたように、ショッピングや会議の媒体として使われたり、教育の手段として用いられたりと、用途は

広い。

　メタバースとは「現実とは少し異なる理（ことわり）で作られ、自分にとって都合がいい快適な世界」と岡嶋は定義する（岡嶋2022 p.25）。

　近年の歴史を見ると、まず「大きな物語」がほどけたのが「ポストモダン」である。さらにそこにSNSが出てくる。これは人と人を繋げるネットワークだと思われているが、実際は「実体としては繋がりを絶って人を囲い込む技術」である。フェイスブック、インスタグラム、ユーチューブと、閉ざされた小さな空間で人は平和に暮らすことができる。

　それがもっと洗練され、世界として完成され、人はほとんどの時間をSNSで過ごせるようになると、それがメタバースである（同p.30ff.）。そう言うことができる。
「あつまれ どうぶつの森」は2020年に流行ったゲームで、これは無人島での生活を楽しむコンテンツである。今私はこれをゲームと言ったが、しかしすでにバーチャルな現実としての色合いが濃いと、岡嶋は言う。その中で利用者が望む生活が実現されているからだ。つまりこれはもう広義のメタバース、またはメタバースの先がけと呼んで良いものなのである（同p.96）。

　ではなぜメタバースが出てきたのか。もちろんIT技術が飛躍的に進歩したからということが大きな要因になる。同時に、自分の生活がリアルでなくても良いと考える人が増えてきたということも大きい。現実世界はリスクに満ちている。それは避けたい。人との衝突もしたくない。そう考える人が多くなったのである。

　すると生涯メタバースの世界で生きていきたいという人たちが出てくる。岡嶋もまた著書の中で、バーチャルな現実の方がリアルだとか、そこはリアルを超えて居心地の良い場所だとか、そういう表現を繰り返す。

　さらにメタバースにGAFAM（Google、Apple、Facebook、Amazon、Microsoft）が目を付ける（同 p.170ff.）。Facebookは2021年に社名をMeta

に変える。ベンチャービジネスも続々と参入する。このあたりの各社の戦略を、岡嶋は良く分析している。そこについては私はこれ以上触れないが、こういった企業間の競争があって、今やメタバースは私たちの生活全般を覆うものとなっている③。

　また加藤直人の著作は興味深い。著者は34歳の現場の人である。メタバースの第一人者と言って良い。理系大学院を中退して、ひきこもりの経験があり、その後ゲームを開発し、今に至っている。

　まず彼が言うには、現在インターネットが発達して、私たちは一日中それが提供する情報の中で生活しているのだが、しかしそこには身体感覚が欠如している（加藤直人2022 p.10）。

　そこにメタバースが出てくる。これが従来のインターネットと異なるのは、そこに身体性があることだと加藤は書く。私たちは身体を伴って、メタバースの世界に住むのである。そこではデジタルで身体を実感する（同 p.37）。

　メタバースは自己組織化された構造体である。その中でアバターが縦横に動き回る。そのアバターは身体を持ち、この身体性がメタバースを構成する要素として不可欠である。身体性があるから、アバターにアイデンティティが強く紐付くと加藤は言う（同 p.120）。

　例えばメタバースでショッピングをするのは、友だちとショッピングに出掛けることが目的であり、ショッピング自体は付随的なものである（同 p.98）。

　産業革命以降、今までの時代はモビリティの時代である。蒸気機関車に始まり、車と飛行機が出てきて、人や物が世界中を移動した。それが今やバーチャリティの時代になり、アトムからデータへ主役が移行する（同 p.161ff.）。アトムとは人や物のことで、データの対概念として使われている。"From Atom to Bits" と言われることもある（Negroponte1995）。ここでは人や物は移動しない。つまりモビリティの時代は終わる。この

ように近現代史をまとめた上で、加藤は、こうして誕生したメタバースの世界が決して現実世界の代替物ではなく、独自のリアリティーを持つものだということを力説する。現実の世界で身体は移動しなくなるが、メタバースの世界で人は身体を持ち、新たな価値を創っていくのである。

　メタバースの本質的価値は現実世界で不可能なものを創ることができるということにある。例えばリアルの世界でテーマパークを創ろうとしたら、土地を購入して建設する必要があり、数百億円が掛かるが、バーチャルならすぐにできる。過去の世界に行くこともできる。タイムトラベル体験はメタバースのひとつの売り物である。

　また体を重ねるという表現がある。通常この表現は性行為を意味するが、メタバースの世界では文字通り体を重ねることができる。しかしむやみに相手と体を重ねるのは無礼だとされている。

　つまり身体表現がデフォルメされているのである。そこでは新たな礼儀作法が必要だ。この観点はこのあとで深めていきたい。

　バーチャル美少女ねむの書いたものはさらに面白い。著者はメタバース原住民を名乗る、個人系バーチャルユーチューバーである。編集は、20代の技術評論社の編集者が担当している。

　なぜ「美少女」なのかということについては、本人の弁では、著者自体が「本人の技術や、お互いの共通認識、そして相手との掛け合いによって生み出された、本来ないはずの理想の存在であり、集合知による一種のアート作品」であるからで、アニメで見られる「かわいい」という概念を具現化した象徴的な存在だとも言える（ねむ2022 p.171）。この「美少女」についてはのちに触れる。

　ここにメタバースの定義がある。それは「リアルタイムに大規模多数の人が参加してコミュニケーションと経済活動ができるオンラインの三次元仮想空間」というものである（同 p.29）。

　またメタバースはバーチャルリアリティに支えられている。これは実

際の環境と同じ状態で人工の環境を利用する技術のことである。これは以下の3つが支える。

　ひとつ目はゴーグルである。私たちはこれを身に付けてバーチャルな世界に入る。ゴーグルを身に着けたままで、飲み食いもできるのだそうである。

　二番目はバーチャルな空間のアバターと現実の身体の運動を連動させるトラッキング技術である。

　第三がまさしくアバターである。アバターとはユーザーの分身として画面に表示されるキャラクターのことである。このバーチャルな空間では、アバターを活用して、なりたい自分になれるのである。

　このアバターは自分で創るものである。目を大きくするとか、背を高くするという調整も自分でできる。アバターの表情やさらには全身の運動を、リアルな世界の自分のそれと連動させる。そうするとアバターの動きは完全に自分自身の動きとなる。例えばダンスをすれば、アバターと本人の身体が同時に動くのである。

　さらにアバターは名前があり、声を持つ。このあとで詳述するが、ねむは、名前と声を持つアバターこそが真実の存在であると考えている（同p.196f.）。現実世界の私の自己同一性を保って、自分をより深く理解できると、著者は言う。

　この世界では、例えば飲み会がある。コロナ禍で、私たちはズーム飲み会を経験した。私にはそれはあまり面白いものでなく、実際世間でも評判が悪かったように思う。しかしメタバースでの飲み会は、それとは異なる。

　これはまず飲みたいと思ったときにすぐに始められる。友だちがいなければ飲み屋街に行けば良い。すでにそこに会話の輪ができているので、そこに加わる。メタバースでは空間性があるので、飲み相手との心理的な距離感が空間的に可視化される。

ズーム飲み会がつまらないのは、この距離感がないからである。ひとりが話をしているとき、他の人は全員それを聞くしかない。隣の人とこそこそ話すことができない。席を移動することもできない。距離を縮めることができない。メタバースが身体性を持つために、そして身体は空間の中に存在するために、メタバースではオンライン飲み会では経験できなかった、伸縮する距離感を味わうことができる（同p.206ff.）。

　ただ現時点ではまだバーチャルな世界で食事はできていないと言われている。つまり実際の飲み食いは現実の世界でしている。飲み会という場があって、そこに自分の分身であるアバターが参加しているということである。しかし私は、食の世界でもいずれメタバースは重要になると思う。つまりアバターがいずれ食事をするようになるはずだ。

　またスキンシップはある。メタバースの世界では、人は疑似的に触覚を感じることができる。

　さらにはセックスもできるのだそうだ（同p.235ff.）。そこでは新しい人間関係をデザインすることができると著者は言う。

　メタバースでは「身体から解放」されるという表現がされるが、しかし正確に言えば、そこでは新しい身体感覚が得られるのである。例えばアバターを通じて他人の吐息を感じるのだそうである。そこでは吐息の音声から吐息の感覚が得られる。木々の揺れ方で風を感じることもできる。食べ物を見て、味や匂いを感じる。新しい身体がそこにある（p.288ff.）。

　とりわけ性はメタバースにおいて重要な役割を持っている。ねむによれば、メタバースでは物理的に遠く離れた相手と行為に及べる、自分と相手の物理的性別の制約から解放される、妊娠・感染・物理的暴力のリスクが排除されると、バーチャルな空間での性行為について、そのメリットを挙げている（同p.236f.）。今後さらにどう性的な付き合いをするかについて、議論が深まるだろう。

　ここでとりあえずのまとめをすれば、以上3冊の本を通じて得られた結

論は、情報が身体を持っているということである。情報化社会については、様々なことが言われ、私もまた情報化社会の所有概念について本を書いた④。今まさしく、究極の情報化社会が来ているのではないか。そしてそれは身体性を伴った情報化社会なのである。

　さらに話を進めたい。ここで2022年に出版された玉城絵美『Body Sharing』を読む。今までメタバースの身体論を展開してきたから、まさにその問題意識にぴったり合う本である。

　玉城はロボットを研究している。そこから人の知覚の研究に進み、Body Sharingの研究に行き着く。Body Sharingとは、人とバーチャルキャラクター、ロボットが身体情報と体験を相互共有することである。これによって、サイバーとリアルを融合させることができる。するとこれはメタバースとロボットの話なのだと思えば良い。

　メタバースではアバターが身体的存在だということが結論として得られている。玉城理論では、その身体性を人とロボットとアバターと共有するということが主題である。これらは今までの情報理論にはないものだろう。

　例えばバーチャルな空間で、私がオリンピック選手の身体を持ち、100メートルを10秒で走る感覚を味わえるということになる。それは私自身が経験したことのない感覚だが、すでにそれを成し遂げた人の感覚を私が共有するのである。恐らくその際に、多分身体が先に進んでも、私の頭は付いて行かれないということになるだろう。

　まったく逆の経験ならある。子どもの小学校の運動会で父親のレースがあり、俺は昔は足が速かったのだという意識があり、しかし身体はなまって実際には動かないから、意識だけが先行して、身体が付いて行かれずに転倒する。そういうことがあった。私だけでなく、世のお父さんは、そういう時にバタバタと倒れていく。意識と身体の乖離は大変な話

なのだ。本書で展開されているのは、その反対のパターンなのだろうと推測するのである。実際、玉城は、「老人が若かりし頃に身体を使ったのと同じ意識で行動したところ、うまくいかず怪我をするという事態」と言っている（玉城2022 p.73）。

　本の中ではまた、著者自身が乳牛になって、下腹に付いているはずの乳首から搾乳される経験が説明されている。こういうこともできるのである。意識になかった新たな身体の経験が可能なのである（同p.204）。

　具体的に言うと、まず著者は腹ばいになって、Head Mounted Display（バーチャルな現実コンテンツを楽しむために、頭部に装着することで目の前に大画面が広がり、ゲームや映像コンテンツに没入できるアイテム）とヘッドフォンを付け、Unlimited Hand（腕に巻いてユーザーの手指とゲーム内のキャラクターの手指とを連動させ、疑似的な感覚を与えるもの）を腹部に巻き付ける。玉城の著書にはこの時の、腹ばいになっている著者の写真が紹介されている。これで乳牛になった感覚を味わう。まさしくこれが、Body Sharingの一例である。

　ここで電気刺激によって、乳牛が搾乳されるときの感覚が得られる。つまりおなかの複数個所が絞られるような感覚を得るのだそうである。VR（Virtual Reality）で視覚情報を得るだけでなく、搾乳の固有の感覚も味わえる。玉城は、自分は本当は牛なのではないかという感覚すら生じたと言っている（同p.205）。

　メタバースで私たちが身体感覚を得られるのは、以下の技術が活かされているからだ。まず視聴覚、動き、力の入れ具合や緊張感までをもデジタルデータ化し、インターネットを介して体験をシェアする。ロボット、バーチャルキャラクターなどのアバターに自己を内在化させ、それらから得られる複数の体験を相互共有する。さらにひとりの人間が複数のアバターに感覚情報を送り、別の身体として同時並列に存在し、他者と融合する。これが玉城の言う、Body Sharingである。それは「2022年

現在、有史以来はじめての大きな変化」だと言う（同 p.6）。

　この身体の体験の共有が何か役に立つのか。また、この身体の共有を
ベースとするメタバースはそもそも何の役に立つのか。

　メタバースは多くの人にとって、それはまだゲームのひとつに過ぎな
いし、ビジネスに使えると言っても、様々なコミュニケーション手段と
どのくらい異なるのか。今の時点で、その良さが十分理解されているよ
うには思えない。しかしそこに見られる身体性が重要で、そこに着目す
ると、単なるゲームやコミュニケーション手段ではない、メタバースの
特殊性が見えてくる。

　Meta Quest の広告がネットに出ている。そこでは400以上の体験がで
きると書いてある。ラーメン店での修行、剣術シミュレータというのも
ある。スポーツ、ガンシューティング、ダンスといった身体を動かすタ
イプのものが多く、今まで遊園地やゲームセンターでしか遊べなかった
ようなゲームを家にいながらプレイできる。またアバターを使って、現
実には遠方にいる人たちにも会える。マイクが内蔵されているので、バ
ーチャル空間での会話も可能で、他にも、3Dの絵を描いたり、世界の観
光地をバーチャル観光したりと、VRのコンテンツは次々と登場している
ので、日々「できること」が増えている。

　ここで明らかなように、メタバースの有効性が発揮されるのは、ゲー
ムの場合でも身体を使ったものであり、さらには身体の訓練や治療には
大いに役立つものである。以下もう少しそのことを列挙してみる。

　まず武道やその他身体技術を習得するための修行について、達人の身
体感覚をまず味わって、あとはアバターがその能力を持つことで、その
アバターを師として、修行するということは可能だろう[5]。修行と教育
に師は必要である。師は他者である。アバターも他者で、師となり得る。
メタバースは、アバターを師とする修行や教育の手段になる。アバター
は人生相談にも乗ってくれるかもしれない。

ロボットにそのような機能がすでにある。癒しロボットや、自閉症児の治療に役立つロボットもある⑥。ロボットが現実世界でやってくれることを、アバターがメタバースの世界でやるのである。

　あるいは、水を怖がる子どもがメタバースで水泳の訓練をする。こういう風にもメタバースは使える。

　また不登校の子がメタバースの学校に行く。それは単なるビデオ学習とは異なる。そこではその子がいるということが他の子どもによって認知されている。ビデオと異なって、参加者同士の交流がある。子どもたちが互いにその身体を確認し合っている⑦。

　さらにメタバースを活用して、地震による津波の避難訓練をしようというものもある⑧。メタバースはゲームと異なって、まず身体の体験である。避難訓練はまさしくその身体がどのように動くべきかを考えて体験することが必要だから、メタバースの特徴が最大限生かされる。またシナリオが予め固定されておらず、参加者のその都度の判断で避難行動が決定されていく。つまり参加者が共同で避難計画を創り上げていくのだが、ここにもメタバースの特徴が生かされている。

　ここで議論されているのは、身体で思考するということである。そのことは何度も確認したい。メタバースは脳内世界の話ではない。例えば、脳を刺激して快楽を得るという近未来像がしばしば描かれてきた。しかしそれは不十分な理解に基づいている。人は身体全体で世界を生きるのであって、脳だけで人は世界を体験する訳ではない。またその脳も、以下に述べるように、他の脳との相互作用があって機能する。つまり身体性とともに他者性が問題となっている。そういうことがメタバースによって、再確認される。

1-❷ メタバースの身体

さらに進みたい。

人の痛みが分かったり、人の能力を超えた身体感覚を持つロボットやアバターは、様々なシミュレーションを可能にするだろう。それは人工知能を発達させる。もちろん人工知能が発達した結果として、こうした身体能力を持つ人工物であるところのロボットやアバターが生まれたのだが、それはさらに人工知能を発達させるだろう。

先に引用した加藤直人が言うように、計算能力は身体と結び付いている。私たちが10進法を使っているのは、指が10本あるからに他ならない（加藤直人2022 p.138）。そして今その人工の計算機に身体能力が付与されれば、さらに飛躍的に計算能力が伸びるのではないか。

順番から言えば、まず人間が身体を持ち、そこから計算能力が出てくる。さらに計算機を作り、その計算機は身体的な限界を超えて計算を可能にする。機械は眠ることなく、疲れることなく、またミスも最小限に抑えて働くからだ。そこでロボットやアバターが生まれる。そして今やそのロボットやアバターが身体能力を持ち、人工知能をさらに活性化する。

例えば2009年に出版された藤井直敬『つながる脳』を読むと、ここにバーチャル空間のシミュレーションの話が出てくる。すでにこの時点で詳細にバーチャル空間を使った実験が説明されている。人格を持った自律的な存在者としてのアバターが、実にリアルに存在しているために、脳研究において、それらを活用することができる。ヒトや猿を使わなくてもコンピューターがあればそれで済むのである。

藤井によれば、この種の研究は2007年くらいから始まったのだそうである。さらに藤井は、将来の可能性について、つまり他者と自分との距離感を図りたいとか、社会的な役割を持つアバターたちが、相互作用を

する際に、どのような身体的な反応をするかということなどを研究したいと言っている（藤井2009 第4章）。

　メタバースは2020年代に入ってから、この2年くらいで急に話題になり、また私のような素人でも関心を持つようになったのだが、しかし専門家は随分前から着目していたのである。

　もう少し詳細に書いておく。同じく藤井が翌年に出した本『ソーシャルブレインズ』によれば、脳はその進化の中で、様々な機能を持つ様々な構造を併存させていて、時にそれらが矛盾したり、不整合を示すことがあると言う。脳は進化の際に、その時々の状況に応じて、すでに持っている構造を最大限活用して、環境に適応してきた。長い時間を経て環境が変化すると、新たな機能が要求されるのだが、その際に、それ以前のシステムを捨て切れないで保存している。すると非効率的な遺産を抱えることになる。

　具体的には脳には円柱状の機能単位があり、その中に神経細胞が詰まっていて、ネットワーク構造を創っている。その円柱内の神経細胞を増やすか、また円柱の数を増やすかというやり方で、機能を高めていくことになるのだが、脳は特にこの円柱を増やすことによって、環境に適応してきたのである。その結果、現在ではあまり役に立たないものも含めて、様々な機能を持つ構造が残っている。例えば視覚のシステムも新しいものと古いものがあり、それぞれ独立した主体性を持っている。これは脳がひとつのシステムではなく、多様な、つまり社会的と言って良い様々なシステムの集まりだということを意味するのである。またその独立したシステムが、互いに不整合であるということは、それは脳の中に他者性があることを意味している。脳は脳の中に異物を抱え、それらをうまく調整し、しかし時に制御できずに病的な症状をきたす。脳論は、脳における社会性、他者性を問う。

　またこういう話をする際の定番と言って良いミラーニューロンもひと

つの論拠になる。これは次のようなものである。猿は目の前にある餌に手を伸ばすときに、脳内の神経細胞がそれに合わせて反応する。しかし猿は自分の手を動かしたときだけでなく、他者、すなわちこの実験の場合は実験者の手が餌を取るのを見たときも、その猿の神経細胞が反応するというのである。つまり他人の動きを見て、それがあたかも鏡に映った自分の動きを見ているかの如く反応するのである。ミラーニューロンと呼ばれる所以である。

　このミラーニューロンについては、慎重に扱わねばならないと注意を促しつつ、藤井は、次のような実験をする。例えばバーチャル空間の中でアバターは虫になるとしよう。カフカの『変身』では、主人公はある朝目が覚めたら、「多くの足」を持ったUngeziefer（害虫）になるのだけれど、そういうイメージで良い。バーチャル空間の中の新しい足は、現実の身体に対応して、つまり現実の身体のどこかを動かすと、バーチャルな空間の身体もそれに応じて動くようになるというのである（藤井2010第2章）。このときバーチャル空間の虫は、現実の私の姿が鏡に映ったものに他ならないのである。この実験は、先に取り挙げた玉城絵美の、乳牛の体験をするというものと異なるものではない。

　繰り返すが、これは2010年の本の中に紹介されている話で、実際には、この10数年でこの種の実験は飛躍的に進歩している。

　ヒトや猿の脳は長い進化の過程の中で、このように他者と付き合う術を身に着けている。この脳の他者性、つまりどのように他者の行動に反応するかということを、アバターを用いて実験ができる。それは、当初は現実の私の分身として創られたアバターが、独自の身体を持ち、つまり私の他者となり、私と相互作用をするからである。

　アバターが自律的な人格を持っていること、つまり他者としての資格を持っていること、バーチャル空間内に他者が存在することで、リアルな距離感が生まれることが指摘されている。それらのアバターの特殊性

を活用して、脳の研究に役立てることができるのである（藤井2010 p.196）。

　ここで嶋田総太郎（2019）も参照しよう。彼も著書の中で、ミラーシステムを取り挙げている（嶋田 4章）。ミラーニューロンについては、先にも書いたように、いささか怪しい概念ではないかという懸念もあるのだが、嶋田の著書には、最近のデータも入っているから、そこは信用しよう。

　ここでは私たちがバレーやバスケットや野球をする際の反応についての実験が紹介され、さらには乳児や自閉症児の研究もある。

　ここで結論として提出されていることは、ミラーシステムは他者の身体を直接自己の身体へと変換するものではなく、他者の身体の動きが自己の視覚に入力されると、この入力が自己に内在する身体の運動プログラムを駆動するというシステムだということである。身体情報には、視覚や聴覚などの外在的身体情報と、体性感覚や運動指令に由来する内在的身体情報の二種があり、ミラーシステムは外在的身体に対して内在的身体が反応するような脳内メカニズムだとしている（同 p.160ff.）。

　私が興味深く思ったのは、嶋田はロボットを使った研究の成果も出していて（同 p.143ff.）、そこではロボットを使った初期の実験ではミラーシステムについて否定的なものが多いのだが、ひとつには被験者がロボットのアニメやCGなどに馴染んでくると、ロボットを使った実験でも好成績を収めるということである。私がここで感じているのは、メタバースをごく自然に受け入れる世代では、今後ミラーシステムにおけるバーチャルの他者との交流がごく自然に行われるのではないかということである。

　ここでは、私たちの自分の身体の動きと脳の中の神経細胞の変化が対応しているということだけでなく、他者の身体の動きにも私たちは反応するということも確実なのである。そしてバーチャル空間の中のアバターは身体を持ち、他者たる資格を持って、現実の私たちに向き合ってい

る。アバターは私たちの分身として身体を持たせられたのだが、そのために他者となり得ている。ここでさらに、他者にもレベルの違いがあると言うことができる。先の実験のロボットもそうだが、アバターも、私たちがより身近なものとして受け入れるならば、その分他者としての役割も増すということは、ごく自然に考えられるのである。

　ここからこの身体論をさらに展開する。

　先に引用した稲見昌彦は自在化プロジェクトを主宰する。それは、人間がロボットや人工知能などと「人機一体」となり、自己主体感を保持したまま自在に行動することを支援する「自在化技術」の開発と、「自在化身体」がもたらす認知心理および神経機構の解析をテーマに先駆的な研究を展開しているというものである。ここでは稲見本人の書いた『スーパーヒューマン誕生！』(2016) という著作と、プロジェクト研究員たちとの共著『自在化身体論』(2021) の中の第一章を参照する。

　そのどちらにおいても、身体の拡張、分身、変身、合体が論じられる。

　まず義足だとか、眼鏡といった身体の延長としての技術が用いられることで、身体の能力が拡張される。さらにロボットやバーチャルなキャラクターによって、一層人間の能力は拡張される。そしてひとりでいくつもの身体を使い分けるといった分身や、より能力の高い身体へと変身したり、何人もが協力して、ひとつの身体を操る合体が論じられる。自在化身体というのは、このような身体の能力を工学的に設計しようとするものである。

　人間の能力はどこまで拡がるのか、人間は複数の身体を同時に生きられるのか、また他人の身体を生きられるか、身体は融け合うことができるのかということが問われる。

　ここで身体主体感と身体所有感がポイントとなっている。私はロボットやアバターの身体を動かし、それらに対して身体主体感を得る。その

内にロボットやアバターの身体を自分の身体だと思うようになる。それが身体所有感である（稲見2021 p.237）。

　さらにそこに次のような機構が加わる。ロボットやアバターは、自ら身体を所有し、その身体を駆使し、そのことで目的を達成して、自らがその身体を所有する主体であるということになる。これは私が身体を所有し、そのことによって私が主体性を感じる機構と同じではないか。

　アバターもロボットも将来的には人工知能を備えて、自己意識を持つかもしれないが、今の時点でそういうことはないので、それらを主体であると言い切るのは確かに無理がある。しかしアバターもロボットも身体を持ち、その限りで、その身体の主体ではある。それは今の時点で、あたかも主体として自立しているかのように、私には思えるということに過ぎないのだが、しかしこれもその限りで、アバターもロボットも私にとって他者となり得ることを意味している。

　つまり私はロボットやアバターという他者をまずは操縦し、所有する。それから互いに相手も同じく主体であることを確認し、互いに相手を承認し合う。

　発生的機序で言えば、アバターやロボットは私たちにとって何かしらの目的を達成するための対象として成立している。それが身体を持ち、自らの身体を動かす主体となり、そうすると私たちにとって他者となる。他者は主体的に私に働き掛ける。私もまた他者に働き掛ける。

　メタバースが注目されるようになると、それに呼応して、身体論が一気に出てきたという感じがある。

　さらに先に挙げた玉城絵美もまた、身体主体感と身体所有感という言葉を使う。他者、つまりここではロボットやアバターの身体を自分が動かしているという実感があることが、身体主体感である。他者の身体を自分の身体だと思うことが身体所有感である。まずこのように定義する（玉城2022 p.60）。居合の稽古において、刀を自分の思うように動かせる

と感じるのが身体主体感で、その刀を自分の身体の一部であると思うのが身体所有感である。ここではさらに刀という道具と異なって、ロボットやアバター自らが身体主体感と身体所有感を持ち、つまり他者となっていて、さらに私たちが他者であるロボットやアバターに対して、身体主体感と身体所有感を持つという複合構造になっている。

　ここで先の乳牛や、100メートルを10秒で走る人の動きや感覚をインプットして、アバターにアウトプットすれば、メタバースの世界で、リアルな世界での自分の身体能力を超えた感覚を味わうことができるのである。メタバースで、この驚異的な能力を持つアバターを自らのものと感じ、自らが思うように動かすことができるのである。

　もちろんここで、スポーツ選手の鍛錬や修行が必要ないと言うのではない。また実世界で満足していれば、メタバースは必要ないと言うのでもない。現実では味わえない体験を共有するのである。玉城は人類全体のコモンズという言い方をする（同p.8）。実世界で頑張って磨き上げた身体の感覚を他の人と共有するのである。

　さらに身体論は他者論であると言うことができる。それは私たちが他者とともに生きており、他者から承認されて自己を確立するのだということが前提になる。その際に人はまず、その自らの身体こそが自己であると他者から思われるのだし、また他者の身体を他者だと思うので、他者論として身体論が議論されるのは当然のことである。

　そして今ここで議論されているのは、アバターやロボットが身体を所有し、そのために自らを主体として確立し、他者と見做されるということである。身体を所有し、自己を主体として確立することが、他者として存在することと同義だということが、ここで議論されている。

　ここでそもそも身体能力とは何かということを問う必要がある。まず私たちは生まれ、成長し、病になり、やがて死ぬ。それが身体を持つ生命の営みである。また生物はものを食べ、排泄する。また性行為をする。

また他者からは身体を通じて認知される。毛繕いをする。それは移動する能力を持つ。またそれは自らを調整する能力を持つ。それは五感の能力を持つ。ここまでは多くの生物が持つ能力だ。

さらに身体は精神と交互作用をする。精神を生み出し、精神から影響を受ける。また目的意識を持って、自然に働き掛ける。つまり労働する能力がある。それは鍛錬され得る。それは踊ったり、演じたりする。それは衣装を身に着け、化粧する。そんなところだ。

私はこの中で、他者と相互作用をするということが身体の能力として最も根本だと思う。具体的には、人と握手をし、抱擁する。相手の顔を見て、どう行動するかを決める。一緒に踊り、同期し、気を受け取る。食事も人と一緒にする方が楽しい。人の看病をし、また看取られる。

そうすると身体はそもそも他者に開かれているということが言える。そして今やその身体を通じて、他者の身体の感覚を共有することができる。これがここで論じたい観点である。

先の稲見と玉城の言う身体主体感と身体所有感は、古典的な認識の枠組に留まっているように見える。なぜなら、私と他者が二元論的に前提されているものだからだ。しかしそこから、バーチャルな世界における身体もまた自分の身体だと思うようになる。バーチャルな世界におけるアバターの持つ痛みもまた自らの痛みとして感じ得るのである。

ユーザーがアバターを操縦する。そこでは私が主体であり、またアバターを所有する。ところがその際に問題になっているのは、アバターをうまく操縦できるかではなく、そのアバターが感じる身体感覚をユーザーが共有できるかである。つまりアバターという他者もまた主体であり、何かしらを所有しているという感覚をユーザーも共有するのである。

その上で、先に論じたように、オリンピックの選手や乳牛という他者の身体データを分析し、それをアバターに移植する。それがユーザーに伝わる。

　もう少し厳密に言えば次のようになる。体験共有の仕方はふたつある。ひとつは、他者、ロボット、バーチャルな空間のアバターも含めた誰かの身体を使って、リアルタイムに何かを経験する手法である。これは借りてきた身体の感覚と自分の身体をシンクロナイズさせるか、自分の身体を他者に預けてしまうことによって、可能となる。もうひとつは、他者の身体感覚をアーカイブ化して、事後にその経験を得るというものである（同 p.76ff.）。

　そこでは私たちは自分の感覚を超えて、他者と繋がる。主体、所有という認識の古典的枠組みを使って思索を進め、他者と身体感覚を共有することで、自他という二元論を超えていく。

　他者は身体を持っているから他者なのであり、私もまた他者からは身体を持った存在として認識される。互いに身体を持つ存在として、世界を創っている。

　さて身体と他者ということを議論してきたが、もうひとつの論点をここで確認したい。

　出口康夫は「「わたし」としてではなく「われわれ」として生きていく」という論稿の中で、「わたし」というのは、身体や道具や環境要因なども含めており、複数のエージェントが私の身体を動かしていると考えるべきだと言っている[9]。つまり「わたし」を含む複数のエージェントが全体としてひとつのシステムとなっている。それを自己と捉えるべきなのではないかと提案している。そしてそこには他人も含まれる。「わたし」も「あなた」も「われわれ」というひとつの自己を構成している要素であると考えるのである。「われわれとしてのわたし」という主張がここで出てくる。また現代の情報環境ではAIやロボットも「われわれ」の一部なのである。

　さらに出口は、鳴海拓志との対談「わたしとアバターと自己と：メタ

バース時代の「自己」とは何か考える」において、アバターもまた「われわれとしてのわたし」を構成していると言う[10]。以下、引用する。

「アバターを持つことで、自己が「We化」し得る、ないしは「自己のWe化」が前景化しうると思います」。

「Self-as-Weでは、「自己＝We（われわれ）」だと捉えています。「I」は「We」の一員ではあるけれど、自己と完全にイコールの存在ではない。アバターとしての自己、ないしはアバターと自己の関係もこのようなWeという枠組みで考えると、新しい視座が開けるのではと考えています」。

「アバターを含んだWeは生身の私をも含んでいます。アバターがバーチャルなメタバースの住民だとしたら、生身の私はリアルな世界の一員です。アバターを持ったWeはバーチャルとリアルにまたがった存在なのです。匿名化されたアバターを含むWe全体を、自らが属しているバーチャルとリアル、両方の世界に対して責任感を持つように設計していくことが重要です」。

「私は、Self-as-Weのメンバーを結びつける一つの原理は「共冒険性」だと考えています。一緒に冒険をすること、共にリスクを冒すことです。さらに言えば、身体を賭ける、失敗したら痛みを伴うという身体的コストを共同で引き受けることでもあります。例えば、身体に食い込む重さを感じながらお神輿を一緒に担ぐ行為は、一緒に転んだり、下手をしたら怪我をしたりする危険と常に隣り合わせです。でも、だからこそフェローシップ、仲間意識が生まれる」。

ここでアバターは複数であっても良い。

「「この生身の私だけが自己で、その自己が複数のアバターを使っている」というように、「自己＝わたし」とアバターたちの関係を主従関係のように考えるのではなく、「生身の私」と「私が使っているアバターたち」を一つの共同行為を行う仲間の集団として捉え、その集合全体（We）を自己と捉え直すということです」。

　出口康夫を参照し、リアルの世界にいる私もアバターもともに身体を持ち、そこで私たちという関係を創っているのだと結論付けることができる。

　この出口の理論と玉城の身体の共有理論を併せると、メタバースの理論が補強できる。もちろん出口と玉城の理論はそもそもロボットやAI一般に当てはまるものであって、メタバースの理論を補強するために創られたのではない。しかし上述したごとく、実に興味深い理論がここにある。

　まずはメタバースにおいては身体性が強調される。それは情報化社会が生み出した究極の産物である。

　またそもそも私の身体とは別の身体を持った存在が他者である。メタバースの世界においては、アバターは他者になり得る。そしてその他者と私は繋がる。

　さらに私と他者とで私たちが成立する。するとアバターという他者を含めて私たちになり得る。

　そういう世界を真の世界と呼んで良いのではないか。

　バーチャル美少女ねむは、メタバースの世界こそが真の世界であると、プラトンのイデア論を使って説く。私たちの現実の世界は、実は本質であるメタバースの世界の魂が現実に落としたひとつの影に過ぎないと言うのである。メタバースの世界では、私たちは現実よりもひとつ上の次元にシフトし、現実の世界では知覚できない自己のイデアと向き合うことができると言うのである（ねむ p.197f.）。

　イデアが真の実在で、その不完全な模写として現実があるというプラトンのイデア論をそのまま使い、しかしメタバースは元々現実を模倣する疑似現実であり、さらにそこから自律的なバーチャルな世界として出現したものであったはずで、つまり現実を映し出す世界なのに、それを

ひっくり返して、その人工的な世界こそがイデアなのだと考える。この転倒は興味深い。

　これは本当の世界など存在しないという小賢しい教えを超えている。実際私たちは、バーチャルな世界に遊んでいると、世間からは、お前は現実から逃げているのだと言われる。バーチャルな世界はあくまでバーチャルな世界なのである。しかしそういう世間の圧力の中で、あえてバーチャルな世界の方が現実なのだと、このメタバースの住人は言う。

　ポストモダンの主張では、私は偶然の中で編まれたものであり、つまり私は他でもあり得たし、私が私であることに必然的な根拠はないと考える。そもそも人間の本質など存在しないのであって、それは制度が生み出したものに過ぎないと考える。

　例えば鷲田清一は、衣装について論じた論稿の中で、まったく以って偶然的な存在である私が、衣服を着ることで共同体的な表象を纏い、そのことによって私の無根拠性が隠蔽されると言う（鷲田 p.130）。これはポストモダンのひとつの典型的な主張である。服を着るという共同体の中での作法が、私という存在の偶然性を隠蔽する。

　ここで言われているのは、本当の自分など存在しないのだということである。ここからメタバース論者はさらに話を進める。メタバースの世界では、私たちはアバターに自由に衣装を身に付けさせて、身体性を持たせ、自由に動かしていくことによって、現実に近付けるのだが、しかしそれは本当は逆で、そうやって創られたメタバースの世界こそが真の世界で、メタバースを動かしているはずの私たちの現実の方が、本質の影に過ぎないのではないかということになる。この屈折した転倒は評価すべきである。バーチャルな空間の自分こそ本当の自分なのだと言い張ることができるのである。これはポストモダンを突き抜けている。

　ここでひとまず身体について、理論の整理をしておく。アバターはSNSとゲームから発達したもので、最初は私が使いこなすために創られた道

具である。しかしそれに私の分身として身体を持たせたために、自律し、私にとって他者となる。するとそれは私と繋がっている分身であり、かつ自律した他者であるということになる。

しかしそもそも他者と私は原理的には繋がっている。アバターはアバターだから、それは他者であるにもかかわらず、私と繋がっているというのではなく、他者と私はそもそも繋がっており、アバターは最も良く私と繋がった他者のひとりなのである。

ここで重要なのが身体である。身体があると身体を所有している主体があり、かつ身体は他者に開かれているのである。先に論じた身体の所有感と主体感はまさにこのことを言っている。そしてここからさらに他者が主題となる。

1-❸ メタバースの政治経済

さらに話を進める。

佐藤航陽は、メタバースは世界を創造する、つまりそれは神の民主化だと言う（佐藤2022 第1章）。私たちは今や誰もが簡単に世界を創ることができるのである。そこでは空間的な制限は取り払われ、無数の人がそこに参加できる。そういう世界を創り出す技術を、今私たちは急速に発達させている。

そこで創られる世界とは何かということを詳細に論じたのが、佐藤の著書の意義であるのだが、ここではその結論だけを掻い摘んで紹介すると、それはビジュアルな視空間と社会的な機能と役割を持った生態系が融合したものである。ビジュアルな視空間は、アバターとアバターが動き回るフィールドのふたつから成り立つ（同 第2章）。そして生態系は、私たちが今まで住んでいた世界の持つ問題点を克服するために、新たな社会的機能と役割を持たせて、私たちが自ら創っていくものである（同

第3章)。そこでは専門的な知識がなくても、想像力と創造性があれば、新たな世界を創り、富を生み出すことができる（同 第4章）。

　さらに佐藤はそこから、アルゴリズム民主主義を提唱する（同 第5章）。上述のように、メタバースが普及すると、データとアルゴリズムの影響力が増す。データの取得量は飛躍的に増大し、アルゴリズムは精度を増す。私たちはこのアルゴリズムに従って生きていくことになる。

　このように書くと、あたかも私たちが科学技術の奴隷になるかのような印象を受けるかもしれない。しかしそうではない。私たちは今までも法という、人が歴史的に蓄積し、集合的に創り挙げてきた知に従って生きている。特定の為政者の横暴から身を守るために、法を創ってきたのである。ここで言われているアルゴリズムとは、法のことであると言っても良いし、佐藤は、かつて王の上に法を置いたように、今や法の上にアルゴリズムを置くという言い方をしている。このアルゴリズムを参照しながら、最終的には議会が方針を決定し、国家運営をしていく。こういう物事の決定の仕方をアルゴリズム民主主義と呼ぶのである。

　これはディストピアでも、またテクノクラート支配でも何でもない。そもそもなぜ法の支配ということが言われるのか。法の支配とは人智を集約したものであろう。それは個々の為政者の判断を超えるものなのである。すると法とアルゴリズムは基本的に同じものである。

　佐藤はIT企業の経営者であるが、その政治的感覚はまともだと思う。

　さらに重要なのは、メタバースは社会の実証実験の場だということである。今まで実験は理系の技術者が、専門家だけに入室が許される実験室において行うものだった。しかし今や誰もが、メタバースを使って様々な実験ができる。さらに未来においては、現実がメタバースの在り方を模倣する可能性もあるという指摘もある（同 p.249）。このことはあとで再度確認をしたい。

　先に佐藤の「ビジュアルな視空間と社会的な機能と役割を持った生態

系が融合」すると言う指摘を参照した。ここで重要なのは、アバターが身体を持っているということではないか。

　つまり人と人とがどう共生するかということが問われている。その際に、人は誰もが身体を持って生きている。より正確に言えば、身体で生きている。そのことがあらためて問われている。

　またメタバースの世界が意味を持って充足し、かつその影響が現実の世界に及ぶのは、そこに身体を持つアバターがいて、かれらは他者としての資格を持ち、私と共に私たちの世界を創るからである。メタバースは世界を創造する。従ってそこには身体を持った人がいなければならない。

　第二にその世界の創造は多くの人に開かれている。このことは言い換えれば、参加者の多くが、自ら価値を創り出す生産者であり、かつその価値の消費者でもあるということである。

　それに対して、当然批判もある。メタバースを現実逃避のゲームであると考えて、大衆は廉価なゲームに没頭して、批判的精神を失い、一部の為政者の言いなりになるだろうというディストピア批判は随分前から繰り返し、主張されている。

　例えば宮台真司・藤井聡『神なき時代の日本蘇生プラン』の第5章は、「神なき時代のメタバース」というタイトルが付けられているが、そこではひとりにひとつのメタバースがあり、メタバースの数だけ神がいると主張されている。そこでは先の佐藤の主張と同じものが確認される。

　そしてこれもまた拙稿でこのあと展開されることになるが、その未来社会ではベーシックインカムが配られ、人々はメタバースの世界で一日の大半を過ごすという未来像が語られる。

　問題はここからである。そこではわずかな「卓越者」が社会を動かすという権威主義社会が来る。テクノロジーによる社会変革がものを言う（宮台・藤井 p.250f.）。つまり大衆はゲームに興じて、易々と支配者の言

うことを聞くようになると言うのだ。さらにどれだけ実りある現実を生きられるかが、メタバースに持っていかれないストッパーになると宮台は言う（同p.231）。

　ひとりにひとつのメタバースがあるという観点は、メタバースの本質を突いている。そこまでは正しく理解されているのに、しかしそれがなぜ衆愚に繋がってしまうのか。

　私はこういったメタバース衆愚論を批判したい。しかしだからといって、メタバースで人々が積極的に熟議をする政治が実現できるとは思わない。悲観でも楽観でもなく、実際にはその中間あたりに落ち着くはずである。

　このアルゴリズム民主主義をもう少し展開したい。

　東浩紀はすでに2011年からこの問題を論じている。まずルソーの言う一般意志はデータベースのことであると言う（東2011 p.83）。そしてグーグルやツィッターなどを活用して、人びとの選好を集める。これは集合的無意識だとも言い換えられる（同p.101）。この人々の無意識の欲望の集積がネットワークの新しい公共性の可能性を開くと主張するのである。SNSを利用して、集合知を集めよというのである。

　成田悠輔も2022年の本の中で、無意識データ民主主義論を主張する。それは選挙を必要としない民主主義、アルゴリズム民主主義である。

　民主主義とは民意を表すデータを入力し、社会的意思決定を出力する装置のことである（成田2022 p.164）。選挙もまたこの入力手段のひとつだが、私たちは必ずしも選挙だけに頼る必要はない。今や人々の意志や価値観に関するデータは無数にある。例えば、人がテレビをどのように見ているかということを数値化する技術がある。人体認識技術を搭載したセンサーをテレビに設置して、視聴者の視線を毎秒読む。そうすると、ニュースに対してどのように人が反応するかということが分かる。そのデータを蓄積すれば、これも民意データになる。あるいは家庭内や会社

の会議室での発言も、すべて観測し、蓄積することができる。町中に設置された監視カメラが捉える政治家への悪口の集積も民意である。もちろん夥しい世論調査や価値観調査もある（同 p.171ff.）。それらをアルゴリズムで変換していけば良い。

　さてこれらの主張はどうしてもアルゴリズムによる全体主義だとか、監視社会だという批判を招くと思う。それに対して、私はここにメタバースを導入することで、民意が調整されると思う。つまりデータ集積に、身体を持った人びとの積極的な政治参加の要素を足していくのである。人々が日常的にメタバースの世界を通じて、政治に関する議論を積み重ねることが可能なのではないか。

　現在の民主主義において人びとは余りに受動的であり、そこでは民意とはただ単にデータの集積に過ぎないように思われているが、しかしメタバースを活用することで、その民主主義に人々の身体性を取り戻すことが可能になるのではないか。ここで話は逆説的であって、メタバースはバーチャル空間で展開されるのだが、それを活用することで、人びとにとって自らが参加しているという意識の希薄化した政治世界を、現実感のあるものに変えていきたいのである。

　さて、民主主義の話のあとは資本主義である。

　先にメタバースでは、参加者の多くが自ら価値を創り出す生産者であり、かつそれを消費する側でもあると書いた。ここから資本主義論に話を繋げられる。バーチャルな世界では、人びとは複数の貨幣を持って経済活動をする。それはひとつひとつの貨幣の価値が相対化されていく世界である。

　しかしこれで資本主義が越えられるのか。そういう問いを立ててみる。例えば井上智洋は、メタバースの議論でしばしば使われる分散型自立組織はアソシエーションだと言う（井上 p.192f.）。そしてそれによって資本

主義を超えることが可能だと言う。その論点を追っていく。

　そうすると資本主義を超えるという議論で必ずと言って良いほど出てくるアソシエーションが、メタバースの世界では実現されるということになる。

　それは社会主義になる訳ではないということはまず押さえる。資本主義が高度な段階になるのである。しかしそれを脱資本主義と呼ぶことが可能ではないか。

　つまりアソシエーションがメタバースによって可能になり、資本家が銀行から資金を借りて、投資をし、金儲けをするという仕組みから脱し得ているのである。今までは私は、アソシエーションは欲望の渦巻く現実社会では不可能だと思ってきた。しかし今は、メタバースの世界においては可能だと思う。協働ということが具体的にイメージできるからである。

　また資本主義を加速させることで、脱資本主義がなされるという、加速主義の考え方も私は批判してきた。そんなことをしたら、資本主義を超える前に人類は滅亡するだろうと。しかし今、展望が見えてきたように思う[11]。

　そもそも資本主義の欠点のひとつは格差が大きくなることと、もうひとつは環境破壊が起こることである。これが人類を滅ぼす可能性がある。しかし前者に対しては、確かにメタバースの世界は格差を一層拡大する懸念があるが、先のアソシエーションと同じく、人びとが共同して改革をすることができるだろうと言うことができる。そのひとつの試みとして、井上が言うようにベーシックインカムを、その対策として考えることができる。これについてはここでは示唆するに留める[12]。

　後者に対しては、それこそメタバースで改革することができる。それは単なるシミュレーションではなく、人々が具体的に関わって、メタバース上で、取り組みの様々な案を提出する。

　繰り返すが、私はメタバースですべてがうまくいくとは考えていない。しかしメタバースが私たちの生活を悪化させるという悲観論に対しては、明確な楽観を対峙させることができる。少なくとも人々の能動性を活性化できるのではないか。先の民主主義論における議論と同じく、人びとは現代資本主義社会で、過度に受動的な消費を迫られているのだが、アバターの他者性を通じて、他者との協働を実感できるのではないか。

　さらに少し視点を変えて、シンギュラリティというのは、人工知能に人間が支配されるときが来るという話である[13]。しかしアバターやロボットという人工知能の産物は、人間と共存し得ると私は考える。人とアバターやロボットとの新しい関係がそこに生まれたと言っても良い。それを可能にするのがアバターやロボットの持つ身体性で、これで彼らが他者となる。そして私たち人間と新しい世界を創っていくのである。

　さてその身体を持った他者としてのアバターは、しばしば「美少女」である。すでに「美少女ねむ」という、アバターの名をそのままペンネームにしている人の本を紹介した。この人が実世界でどのような人なのかは知らないが、恐らくは男性であろう。そして多くの場合、おじさんが「美少女」になりたがるのである。それはなぜかということをここで考えたい。

　今の時点で、まだそれほど多くの人がアバターを持っている訳ではないので、その中でおじさんが「美少女」に変身する例が目立っている。もっともアバターを創るのは簡単だと言われており、さらに数年経てば、もっと容易になるはずで、そうすれば今後は多様なアバターが生まれるだろう。つまり「美少女」が目立つというのは、これは過渡期の問題なのかもしれない。

　まず黒木萬代の「少女になること」という論文を参照する。黒木は以下のように説明する（黒木2019）。

今や「バーチャル美少女受肉」という言葉があるほどに、おじさんは美少女になりたがる。それは男性である自分の身体に対して強い否定性があるのかもしれず、ロリコンのオタクの強い幻想に基づいているのかもしれない。

　さて黒木によれば、まずはこのことは肯定される。それは少なくともファルス中心主義、つまり女性はファルス（男根）を持っていないために、男性よりも劣った存在であるという考え方がそこでは否定されているからである。おじさんは男であることに絶望しているから、少女に救いを求めているのである。それはファルス中心主義や家父長制を批判する力を持っている。

　問題は、少女になりたい異性愛男性は、自らを救済してくれる存在として女性を求めている。しかしここでこの理想的救済者像と生身の女が照らし合わされて、後者が暗黙の裡に裁かれるという事態が生じていないか、つまり現実の女性は男性に完全な救済を与える存在ではないとして否定されはしないかと黒木は問い掛ける。

　しかし彼女は、そういう問題があるものの、少女になりたいという端的な肯定の希求はそのまま認めるべきではないかとも言う。

　実はこのあたり、多くの論者がいる⑭。もう少しそれらを参照して、考察を続けたい。

　さておじさんが「美少女」になることは肯定されるとして、しかしユーザーは様々な欲望や思惑があって、アバターを創る。例えば小説を書くという行為において、当然、作者の狭隘な意識がステレオタイプ化した登場人物を生むことは良くあることだ。同じことがメタバースにもあるだろう。

　しかし私たちの現実の世界でも、様々な意識を持った人がいて、必ずしも人格的に優れた訳でもない人たちが集まって、社会を構成している。その中で私たちは揉まれ、互いに影響を与え合っている。また小説にお

いても、作者がその登場人物を通じて成長することはあるだろう。メタバースでも同じことが言えるはずだ。

　もうひとり、ここで長門裕介を参照して、この間の議論を補強する。バーチャル空間において如何にアバターが充実した生を送り得るかというのが、彼の問題意識である（長門2022）。

　長門によれば、アバターは道徳行為者である。それは自分の行為の帰結について責任を負う存在であるということである。また同時に道徳被行為者でもある。他の道徳的行為者の行為に巻き込まれるに当たって配慮をされるべき存在でもあるということである。

　それはなぜかと言えば、アバターがユーザーの制御下にあり、自分に対してなされた行為の意味を理解できる存在だからである。差し当たって、アバターは現実の世界の私たちの分身として、私たちが道徳的行為者であり、かつ道徳被行為者であることに対応して、アバターもまたそうであると言い得るのである。

　ただその道徳の在り方は現実世界のそれと異なるはずである。つまりそれはメタバース独自のものであって良い。

　私たちは何かしらの欲求を持ち、しかしその欲求をストレートに実現すべく行動するのではなく、まずはその欲求が望ましいものであるかどうか、反省したり吟味したりする能力を持っている。そしてこの文脈で言えば、私たちはアバターを通して様々な欲求を抱くのだが、しかしさらにそこから私たちは、アバターの身になって、その欲求の妥当性を考えることができる。私の言葉で言えば、アバターは他者である。そのことを長門は、アバターはまた人格でもあると言う。すると私たちは、アバターがバーチャルな世界でアバターとしての人生を生きている、その感覚をこちら現実世界において得るのである。

　さらにアバターはメタバースの世界の中で、他のアバターと相互作用をする。互いに心理的な距離を測ることもあれば、助け合うこともある

だろう。するとさらにそこから、アバターはメタバースの中で固有の道徳性を発揮し得ると言うことができる。

そこから結論が導かれる。「美少女ねむ」が言うように、バーチャルな世界において、現実の制約を取り払って、アバターたちが理想的な関係を創る可能性はある。

メタバースを作成する側が、ステレオタイプな差別意識を持っていたとして、その意識がそのままアバターに反映される。しかしそれでも、作者がその登場人物を描くことにより、作者自身が成長することはあるだろう。さらにアバターは身体を持っている。つまり人格であり、他者である。とすれば、アバターもアバターの世界で成長する可能性はある[15]。

これらは遠い未来の話ではない。私が言いたいのは、シンギュラリティが2045年に来るとして、そのくらいのスパンで、誰もがアバターを創ることができるようになるはずだということである。今まではSF小説の中でしか実験ができなかったが、今後は誰もがそれぞれの物語を容易に創ることができる。これは先に佐藤を援用して書いたことである。

また私がここで参考にするのは、1980年代にパソコンが大学院生が買える程度の値段になり、それまでは大学の大規模な実験室でしかできなかった様々な複雑系のシミュレーションが、貧乏学生の手によってなされ、それが複雑系の研究を著しく飛躍させたという話である（吉永1996）。これと同じことが起きるのではないだろうか。つまりこれから様々なメタバースの体験が広がり、進化するだろうと思われる。身体の様々なシミュレーションが行われれば、身体の様々な能力が明らかになるだろう。

さらに先に進む。以下、最後の観点を提出したい。

S.ジジェクの提議する問題から始める。1993年に出版された著書の中で、ジジェクは、人工知能の問題を論じている。そこではバーチャルな世界と現実との転倒が起きている、つまり真の現実そのものがバーチャ

ルなもの、人工物として理解されなければならなくなるのではないかと言う（Žižek1993 原文 p.42f. = 訳文 p.86）。

このことは何度も言い換えられる。人間とアンドロイドの関係で言えば、「人間とは自分がレプリカントであることを知らないレプリカントである」（同 p.40f.=p.82）。またコンピューターを用いてオリジナルな人間の思考のモデルを創っていく場合、「もしもこのモデルがすでにオリジナルそれ自身にとってのモデルだったらどうしようか」とか、「人間の知性そのものがプログラムされていたものだったら、どうしようか」と問い掛ける（同 p.42f.=p.86）。

さらにはバーチャルな現実の最終的な教えは、真の現実そのものが、それ自身の見せかけとして、純粋に象徴的なものとして措定されるとも言う（同 p.44=p.90）。「現実とはいつも幻想によって枠付けられている」とも言うのである（同 p.43=p.88）。

ここで「現実」と言われているものは、J.ラカンの「現実的なもの」という概念と重ねられて議論がされている。そのことはきちんと検討しなければならないのだが[16]、ここでは以下に説明するように、ヘーゲルの論理が隠されているということを指摘しておく。

ジジェクの言うところは、現実がバーチャルであり、つまり確固とした基盤があるとされている現実がバーチャルであり、またそれはバーチャルなものとしてしか認識され得ないならば、逆にバーチャルはバーチャルであるということを経由して現実となり得るのである。ここで転倒が起きている。

もう少し詳しく言えば、現実だと思っていたものは、意識がそのように捉えたものに過ぎず、私たちは現実そのものには近付き得ない。現実だと思っているものは、意識の中にあるものに過ぎず、従って、それはバーチャルなのである。しかしここからすべてがバーチャルであるということが結論として導かれるのだが、同時にそもそも現実とはバーチャ

ルなものを生み出すために、バーチャルなものの根拠として存在すべく、意識によって創り出されたものなのであると言うこともできる。するとバーチャルの方は、まさしく最初から意識によって創り出されたものであって、バーチャルなものはかくして現実となる。

　これはヘーゲルが「論理学」（『大論理学』と『小論理学』の総称）の本質論で展開する関係性の論理である。対立するふたつのカテゴリーが、互いに自己の根拠を相手の内に持っている。それぞれが成立するのは、相手との関係においてである。

　例えばそれは、本質と現象の関係とパラレルに考えることができる。そこでは次のような論理展開がなされる。本質は現象する。しかし私たちは現象を捉えて、そこから本質を探り出す。それはつまり本質を創っているのである。すると本質は現象が現象したものに過ぎないということになる。かくして現象が本質であり、本質は現象の現象である。

　このジジェクの本は1993年のもので、メタバースを念頭に置いていない。当時、つまり1990年代は電脳空間（cyber space）という言葉が使われていた。加藤夢三は当時の熱狂について語っている。「「電脳空間」のノスタルジア」という題の論文の中で、先のジジェクも引用しつつ、ITの発達によって、バーチャルな空間が現れ始めた時期に、そこに「何か過剰とも言うべき期待が託されていたような印象を受ける」と言うのである（加藤夢三2022 p.152）。当時は「何か途方もないパラダイム・シフトが生じつつあるのではないかという漠然とした実感が、この時期の言論空間で大まかに共有され、その思想的意義もまた旺盛に議論されていった」と言う（同）。

　しかしそれから30年経ってメタバースが出現したとき、その時の熱狂に比べれば、今のブームは少し冷めているのではないかと加藤は言っている。そこでは形而上学的な思索は退けられていて、よりテクニカルな安全性や利便性が謳われていると言うのである。そういう状況から30年

前を振り返って、そこにノスタルジアを感じるという訳である（同 p.160f.）。

　私は別にパラダイム・シフトが起きているとは考えないが、しかし本質的に今、大きな変革が起きていると思う。それは身体の問題なのである。現実の世界とバーチャルな世界を身体が繋いでいる。

　つまり1990年代の電脳空間論においてさえ、現実とバーチャル、本質と現象といったことが相互に転換し得るという議論があったのである。加藤はそういった論調に対して、冷ややかな目線を向けているが、私はジジェクの慧眼を評価する。そして今や2020年代になって、もっと大きな変化が起きていると思う。

　繰り返すが、ここで身体の役割が問われている。ふたつの世界があり、それをそれぞれに属する身体が繋ぐということである。

　この機微をもう少し説明する。身体のひとつの能力は、自己と他者を結び付けることである。これはまず現実世界において、私たちの身体がそういう能力を持っていると言うことができる。そしてメタバースにはアバターの身体がある。これがメタバースの世界の中で、アバター同士を結び付ける。その上で、このアバターの身体と私たち現実世界の身体が結び付く。そうしてバーチャルな世界と現実世界が繋がれる。このことを私は今まで説明してきた。

　また身体の役割には、自己と他者を繋ぐということのほかに、これも先に述べたようにもう一点、精神と物質を繋ぐというデカルト以来の役割もある。これは例えば、フロイトの、精神的な悩みが身体に現れるという例を考えれば良い[17]。この問題をメタバースの議論の中でどう考えるか。

　次のように考えてみよう。進化の過程の中で、物質としての身体が精神を生んだ。これが身体の根源性である。また人は脳だけで思考するのではなく、身体全体を使って思考する。身体の様々な器官が発達して精神を生んだのだから、それは当然の話である。しかしそうして精神が生

まれると、今度は精神が身体を支配しようとする。精神は身体を完全に制御し得ると考えてしまう。しかしそう単純ではない。身体は精神の命じるままに動くのではなく、自律して、精神の思いもよらない動きをすることもある。また身体の方が精神を動かすこともある⑱。ここで差し当たって言えるのは、精神と物質としての身体は密接に結び付いているということである。

　メタバースもまたこの進化論に即して考えられないか。アバターは最初は物理的な存在である。それが身体を持ち、私たちと交流し、人格、すなわち他者としての資格を持ち、メタバースの世界を創り、さらには私たちの世界と交流する。

　つまり精神は今やバーチャルな世界に物理的な身体を創ることができる。そしてその精神によって創られた身体は、今度は私たちの精神に影響を与える。その影響について、ここで議論をしているのである。

　進化論的には生物の身体が発達して、私たちの精神が生まれる。しかし一旦精神が生まれると、精神は身体の隅々にまで入り込んで、両者は密接に結び付き、切り離すことができなくなる。ここでは、精神と物質としての身体が統一されている。そして今度は、その精神がバーチャルな世界で、物理的実在としての身体を生み出すのである。それは精神の産物である。しかしそれはただの人工物ではなく、紛れもなく身体であり、身体として人格を持つ。

　メタバースの世界こそ真実の世界だということを先に書いた。もちろんメタバースは人工物なのである。しかしその人工物の創り出した世界こそが、人格の集まりとして真実の世界なのである。この倒錯が評価されるべきである。

　同様に、メタバースのアバターは精神がバーチャルな世界に創り出したものであるが、それはまさしく実在し、また私たちにとって他者とし

て存在している。そしてそのアバターの身体と私たちの身体とを通じて、バーチャルな世界と私たち現実世界とは繋がっている。身体が精神を生み、その精神が身体を創り出し、さらにその身体が精神性を生み出す。

　現実世界とメタバースのバーチャルな世界は、本質と現象の関係から、相互転換し、ふたつのそれぞれ独立した世界の関係となる。これは対立するふたつのカテゴリーが、互いに自己の根拠を相手の内に持つということである。

　郡司ペギオ幸夫は、物理世界とバーチャルな世界との双対性について議論する。つまりメタバースは現実世界に接続したバーチャルな世界である。彼は、バーチャルな世界は、直接アクセスできない現実世界をバーチャルな世界の外部に潜在させていると言う（郡司2022 p.183）。つまりメタバースが、相関の外は何もないという世界観から脱却する材料を提供すると言う。

　メタバースの世界と現実の世界は影響を与え合うが、しかし別の世界である。メタバースの中にいるアバターは現実世界にアクセスできない。しかし現実世界が存在することは知っており、そこから影響を受けている。逆に私たちはメタバースの世界に直接入ることはできない。あくまでもアバターを通じてメタバースの世界と交渉するだけの話である。これはまるで、自らの世界が現象で、もうひとつの世界が物自体であるかのようだ。重要なのは、他の世界はアクセスできないし、ましてやそこに住むことはできないが、しかし別の世界が存在していることは知っており、影響を与え、かつ与えられるということである。ふたつの別の世界をそれぞれの世界の中にいる身体が繋いでいる。これがまとめになる[19]。

①本書ではメタバース（metaverse）を「バーチャルな現実」（Virtual Reality）とほぼ同義であるとした（岡嶋2022 p.26f.）。しかしバーチャル（virtual）を「仮想」と訳すことには、多くの人が違和を感じている。それは仮想などではなく、実質という意味であって、本質的には現実そのものである。舘暲は、「抽出された現実」と言い換えられると言っている（舘2002 p.14f.）。本稿は以下、「バーチャル」、または「バーチャルな」という表現を使い、Virtual Reality については、これは訳さずにＶＲと表記する。これも「仮想現実」ではなく、「人工現実感」と訳した方が望ましいという人もいる（稲見2016 p.133）。

②幻影肢は、メルロ＝ポンティが自らの哲学の主題として取り扱った。メルロ＝ポンティの議論とこの伊藤亜紗の議論を繋げることが重要であり、それは本書5-2で行った。またメルロ＝ポンティは、幻影肢とともにキアスム概念（本書4-2）と、またもうひとつはシュナイダー症例と呼ばれる症状（本書5-3）を取り挙げている。

③深田萌絵は『メタバースがGAFA帝国の世界支配を破壊する』という著書において、その題名の通り、まさしくメタバースはインターネットを取り戻す戦いなのであると書く。またそこにはGAFAと戦うことが民主主義を取り戻すことになるのだという発想がある。大手企業がメタバースを独占している訳ではなく、個人がこの業界に参入できることに注意すべきである。

④拙著4冊（高橋2010、2013、2014、2017）は、情報化時代の所有の問題を論じたものである。

⑤本書6-1のテーマである。

⑥本書4-3と7-2で扱う。

⑦朝日新聞２０２３年２月７日（同日閲覧）

⑧朝日新聞２０２３年１月３０日（同日閲覧）

⑨出口康夫「「わたし」としてではなく「われわれ」として生きていく」
http://furue.ilab.ntt.co.jp/book/202002/contents1.html（2023.5.14閲覧）

⑩出口康夫×鳴海拓志対談「わたしとアバターと自己と：メタバース時代の「自己」とは何か考える」
https://www.moguravr.com/metaverse-special-with-me-my-avatar-and-myself/
（2023.5.14閲覧）

⑪加速主義については拙著2冊で論じている（高橋2021、2022）。

⑫ベーシックインカムについては、拙著（高橋2013）、及び井上2018を参照せよ。

⑬人工知能の能力が人間のそれを追い抜く瞬間を指す。

⑭L.ブレディキナは、メタバースにおいては「かわいい」という言葉がキーワードになり、先に論じたように、「美少女」が多く創られるのだが、そういった「バーチャル美少女受肉」をした男性たちへのインタビューやアンケートに基づく実証研究をしている。まずは彼らが少女になりたがるのは、日本では人形浄瑠璃や歌舞伎があり、そこでは変身は容易であること、第二にそれは「かわいい」という理想的な概念を具現化しようとしていること、第三に、男性中心の社会で、男性が直面する困難と痛みから逃げて自由になりたいという気持ちを表していると言う。それは男性にとっての新しい自己表現なのである（ブレディキナ2022）。

　しかし先に書いたように、これは過渡期の現象であって、いずれ誰もがアバターを創るようになれば、この「美少女」は相対的に減っていくだろうと私は考えている。

⑮ゲームAI研究者の三宅陽一郎は、2020年からの2年間の、メタバースを巡る環境の変化は極めて大きいと言う。そして我々が現実の三次元空間で持っている欲望をメタバースに持ち込んだのだが、しかしそこに生じた世界は現実世界と比べて望ましいものである可能性が高いと言う。オンラインゲームの多くは善意から成り立っているとか、メタバースを通じて人を助けるということがなされていると言うのである。例えば現実的に私たちが自分の住む世界でゴミ拾いをするのは難しい。手は汚れるし、面倒でもある。しかしこのゴミ拾いのメタバースは容易に創れると彼は言う。そういうところから始めて、メタバースが社会参加の在り方を変えていく技術となり得るのではないかと言う（三宅2022）。

⑯拙著でラカンを扱っている（高橋2021 第4章）。また本書5-2でも少々ラカンを援用するが、しかし現実界は、本書で扱うには大き過ぎるテーマである。

⑰フロイトの取り上げる心身問題については、本書5-2で扱う。

⑱本書第4章と第5章の課題である。

⑲木澤佐登志は、身体／精神、物質／情報と、二元論的前提で物事を考察する思考パターンを批判する。その上で現実はもっと進んでいて、今やバーチャル空間と現実世界を組み合わせた複合現実（Mixed Reality）が唱えられているとしている。両者は互いに折り返される関係にある（木澤2022）。

　また注9で取り上げた出口康夫は、メタバースを一種の可能世界と見なす（出口2022）。それは現実の人間の分身であるアバターが闊歩する世界である。このアバターは独立した存在だと見做すことができる。このアバターがいる世界は、私たちが物理的事象を活用して共同で思考する可能世界である。

　メタバースの世界を私たちの共同作用として考えている点は重要であるが、しかし可能世界という考え方を私は採らない。確かに可能世界を認めれば、メタバース

はそのうちのひとつである。出口は、小説の世界もひとつの可能世界であると考え、それに対して、メタバースの特異性を探っている。しかし私はそのように議論を持っていくのではない。カフカの小説を読んで、虫の気持ちになることと、虫のアバターの身体感覚を理解することと、やはり話は異なるのである。前者は文学的な想像力の問題で、その意義は重要であるのだが、本文で議論してきたように、どうしても受動的なものに留まっている。それに対して、後者はその受動性を突破する可能性を秘めている。

　出口の議論では、世界はたくさんあり、その中でメタバースの世界の特殊性は何かという問題設定になる。しかし私はそういうことを論じるのではなく、ここでは現実世界とメタバースの世界とふたつのカテゴリーがあり、それが身体で繋がっているということだけを論じたい。

ヘーゲル論❶

所有・身体・他者

　ヘーゲルの身体論をここで書いておく。身体と所有、及びその所有する主体と他者の関係こそヘーゲルの論じたものだからである。本節の結論を先回りして言えば、身体が自己と他者を繋ぎ、またその他者が私の精神と身体を統一させる。ここではまず『法哲学』の議論を参照して、そのことを確認したい。

　ヘーゲルは身体について論じる際に、他者の重要性について、次のように言う①。

　「身体は精神の意志ある器官となり、活気のある手段となるためには、まずもって精神によって<u>占有取得</u>されなければならない。だが<u>他者にとっては</u>、私は私が直接的に持っている私の身体において、本質的に一個の自由な者である」(『法哲学』48節)。

　「だが」という言葉で始まる後半部の文言が重要である。「他者にとっては」、私は私の身体において、私である。私が私であるのは、他者が私の身体を私だと認知してくれるからである。ここでは私の身体こそが、他者から見て私そのものであるということで、このことは当然、他者においても他者の身体こそが他者そのものであると私が思うだろうということになる。つまり身体が私と他者を繋いでいるのである。このことが指摘すべき第一点である。同時にここにはもうひとつ論点があり、それは他者が私の身体を私であると認識するということは、ここで他者によ

って、精神としての私と身体（物質）としての私が結ばれているということである。

　この文言はしかし、その前の文から続けて考え直さねばならない。前文で言われているのは、精神が身体を所有するということである。しかしその所有した身体によって、私は私であると他者から認知され、上で述べたように、そこから私の身体が私と他者を繋ぐことになり、さらにはその他者が私と私の身体を結び付ける。

　精神が身体を所有するとなると、これはデカルトの二元論の亡霊がまだヘーゲルまでは残っているのだと思われるかもしれない。しかし重要なのは、精神が身体を所有したあと、他者はその身体を以って私であるとするということである。ここにおいて、つまり他者から見て、私の身体と精神が統一される。これは精神と身体の二元論ではない。

　ここでヘーゲルの他者論をさらに展開したいのだが、そのために先にヘーゲルの所有論を書いておく[2]。

　ヘーゲルは『法哲学』で、所有の定義を3つ与える（同53節）。所有とは物をまず占有取得し、次いでそれを使用し、そして最後に交換や売買を含めた譲渡をすることである。所有するというのは、一般にはまず、あるものを自分のものにすることだと思われている。それはそれで正しいのだけれども、重要なのは、さらにそれを使用することであるとヘーゲルは言う。使用しないものは所有してはならないということもここでは含意されている。かつヘーゲルにとって、最終的に所有とは、所有物を人に譲渡することである。

　このようにヘーゲルにおいて、所有の定義は3つあり、そしてヘーゲルが何かを3つ並べたときは、最後のものが一番重要なものだから、所有物を他人に譲渡するということが、所有の本質なのである。するとここで他者が必然的に要請される。何ものかを所有するということは、それを通じて他者との繋がりができるということなのである。

　さて以上のようにヘーゲルの所有論をまとめた上で、今度は、人は身体をも所有するということを指摘したい。ここには以下のような機序がある。

　まず精神は身体を占有取得する。これは先に書いた通りである。さらにここから、ヘーゲルの労働論が始まる。精神にとって身体はまず客体だが、今度はその客体としての身体が主体となって、自然に働き掛ける。自然という客体に対して、身体が主体となる。これが労働である。そしてそうして得られた生産物を私は所有する（同55節─58節）。

　ここで身体は客体であり、かつ主体でもある。その両者が統一されていると言っても良い。これが第一の論点である。またそのほかに、自己が身体を所有することから労働が始まり、労働生産物を所有するに至るということも言われている。身体の所有は所有の始まりである。これが精神としての私と身体と自然と三者の関係である。私の身体は私から見れば客体だが、自然から見れば自然に働き掛ける主体である。

　この自然から見れば、身体は自然に迫っていく主体だということは、それは身体が能動性を持つということである。精神は直接自然に関わる訳には行かないから、身体を使って自然に働き掛けるのだが、それは十分に身体を乗っ取って、そこに自らの意志を隅々まで行き渡らせるのである。まずはそういう構図を取る。しかしそのように、精神と身体の二元論的な分離を前提にしたような記述をしつつ、両者は統一されていて、その限りで自然に働き掛けることができる[3]。

　このように拙論をまとめた上で、加藤尚武の言うところを見ていきたい。加藤は『法哲学』の48節の他、40節と57節を挙げて、以下のように論じる（加藤1986）。

　まず40節は次のような文言である。「人格は自分を自分と区別することによって、他の人格に対して振舞う。しかしどちらの人格もただ自分のものの所有者としてのみ、互いにとって、現存在を持っている。」

所有というのは、自己を二分して、所有する主体と所有される客体に分けることである。ここで自己を自己から区別するというヘーゲルの良く使う論理が出てくる。「論理学」で「否定的なものの自己への関係」と言われる論理である（例えば『小論理学』97節）。この内面的な自己と自己の区別が、外面的には自己と他者の区別になる。つまり上の文言の中の「自分のもの」とか、「互いにとって、現存在を持っている」というのは、身体を表していると考えれば、これは先の48節の文言にストレートに繋がる。つまり私は所有主体の私と所有される私の身体に二分される。他者もまた同じことが言えて、そのことによって、外面的に、つまりそれぞれ身体を持つものとして、私と他者は区別される。

　57節は以下の通りである。「自分の自己意識が自分を自由なものと捉えることによって、自分を占有取得し、自分自身の所有となり、他の人たちに対して自分のものとなる。」

　ここでも「他の人たちに対して」というのがポイントである。この所有される自己は身体に他ならず、つまり私は私の身体を所有するのだが、その所有は他者から見て遂行される。つまりここでは所有論から他者を導出している。

　先に述べたように、まず身体の所有が所有の根源であること、そして所有とは何かしらの自然物を自分のものにすることから始まるが、最終的にはそれを他者に売買・交換・譲渡するということにその本質があること、端的に言って、所有とは譲渡であるというのがヘーゲルの理論であった。

　このようにまとめると、上述のヘーゲルの記述と整合的になる。身体の所有が所有の根源であり、所有とは最終的に他者への譲渡に終わるのであれば、ここに必然的に他者が招聘される。私の身体は他者に開放され、私の身体が私と他者を繋ぐのである。

　加藤の簡潔な説明を引用して、以上のまとめをしたい（同）。

　まず所有は心身を分離する。つまり所有主体をイデア界に、所有の対象を感性界に定立する。また、私は私の身体を所有する。身体の所有があらゆる所有の根源となる。

　さて、ここまでは私とその所有物、精神としての私と身体としての私は二元論的に対立しているように見える。しかしここで先の、他者から見れば、私の身体が私そのものであるという文言が重要となる。私は私の身体を所有しているのだが、私の所有物は他者から見れば私の存在である。私の存在の最も具体的な在り方は他者にとっての私の存在である。私の自己意識における心身分離は、かくして他者を媒介して心身結合に至る。他者こそが所有によって分離した心身を統一する。

　デカルトの二元論的存在論では心身分離が他我の存在問題を解決不能に陥れていた。しかしヘーゲルは、デカルトから完全に自由である。ヘーゲルは心身問題と他我問題というデカルトの難問を解決している。正確には、ヘーゲルがデカルトの二元論を克服したのではなく、そもそもデカルトの二元論は克服されるものとして設定されている。それはそもそも虚像である。このように加藤は言う。

　さらに整理をする。先に少し触れ、このあとで詳述する拙論において、所有は他者への譲渡であり、ここに他者が出てくる。また労働する主体という観点において、身体を所有する精神と精神によって所有される身体とは統一されて、労働主体となって自然に働き掛ける。

　また加藤説では、身体の所有が所有の根源であり、そして他者から見て、所有する私と所有される私の身体とは統一される。

　この加藤説を拙論に接続させて、補強することができる。

　市野川容孝は、身体には自己と他者を繋ぐという軸があり、かつ身体にはもうひとつ、精神と物質を繋ぐという軸もあるとしている（市野川 2000）。

　このことはしかし、単にふたつの軸があるということではなく、ヘー

ゲルが述べているように、このふたつの軸を関連させていかねばならない。

　これはまず他者から見て、私の身体が私であり、また私から見れば、他者の身体が他者であるということで、ここでそれぞれの身体が私と他者を繋いでいるのだが、これは同時に、他者から見れば、物質としての私の身体が私の精神そのものであるように見えるということである。だから身体は、他者から見れば、物質と精神と両方を統一したものだと言うことができる。これが先のヘーゲル『法哲学』の解釈である。そして市野川ならふたつの軸があると言うのだが、加藤の言い方では、心身問題と他我問題を身体論が解決するということになる。

　さて以下、所有は譲渡であるということ、また身体の所有が所有論の根本であるというふたつのことから、身体の譲渡ということも議論されるべきである。さらにそこに無限判断も議論されるべきである。私と身体は無限判断的に結び付いているからである。

　まず、この譲渡という点で、身体がどう関わっているか。ヘーゲルは上述のように所有について論じながら、もう一度身体を所有できるかということを問う。ひとつは奴隷の問題がある。これは奴隷の精神と身体を人は所有できるのかという問題である。これに対して、ヘーゲルは、歴史的に人は奴隷制度を認めてきており、そこでは奴隷はモノとして扱われる。そう見做せば奴隷を、つまり他者の身体と精神を所有し得るということになる。しかし人間をモノではなく、自由な存在と考えれば、もちろん奴隷制度は不法である。実際、奴隷は歴史的な段階、つまり「不法がまだ法であるような世界」（57節補遺）において認められるものである。これは妥当な話であろう。さらにここにもう一点付け加えるべき論点がある。それは、自分の持っている活動の全範囲が主人に譲渡されていれば、それは奴隷であり、一部だけであれば、それは今日

の日雇い労働者であるとされている（67節補遺）。これが最初の例である。

　次は自殺の権利についてである。ここでも人格が身体（ヘーゲルは生命と言うのだが）を所有しているのならば、その身体を自由に処分して良く、人は自殺する権利があるとまずはヘーゲルは言う（47節注）。そして事実として自殺はある。しかしそう言っておきながら、生命は人格そのものであって、つまり精神と身体は一体化しているのだから、人は従って自殺する権利は持っていないとヘーゲルは論じる（70節）。

　ここでは自殺は生命の放棄であり、そしてヘーゲルの所有概念にとって、所有物の放棄こそが所有の最も重要な概念となるから、ここで生命を放棄する権利を人が持っているかどうかは、重要な話である。そしてここでもヘーゲルは、人は身体を所有している限りでは、権利として自殺し得るし、事実としては人は自殺しているから、精神と身体は別のものなのだが、しかし同時に人格と生命、つまり精神と身体は不可分だから、自殺の権利はないと訴える。

　所有の論理を自らの契約論の基底に置いたロックの場合、その理論は、まず人は身体を所有しており、それが根拠となって、その身体を活用して自然に働き掛け、つまり労働し、その結果自然物も自己の財産となるという仕組みなのだが、それは自然物を所有しているということに力点があるのではなく、所有物は自己そのものだという意味合いに話を持っていく。身体は自己そのものなのである。その自己そのものである身体が自然物に働き掛けて、それを自己の所有とし、しかしそのことは同時に、その財産を自己そのものにするということでもある。財産は自己なのである[4]。

　ヘーゲルだと、最終的に、所有物は放棄することで真に所有しているということになるから、自己と所有物は一体化しない。単に所有しているという点で繋がっているに過ぎない。しかしその繋がり方が所有の意

味するものなのである。

　すでに所有の最初の段階で、他者の承認が必要で、つまり他者が要請されている。それがこの所有の放棄に至ると、他者がより一層様々な関係性を以って要求される。つまり社会はモノの交換・譲渡・売買をすることで成り立っている。実際、『法哲学』は、所有の分析に始まり、その後に様々な法的関係の説明に入っていくのである。

　さてそこで身体は本質的な役割を果たしている。ロックの場合は身体が自己で、所有物も自己の一部であった。ロックの所有論にあって、身体が本質的なものであるのは、その身体を使って、所有をするからである。ヘーゲルの場合、まずはロックと同じように、所有物が身体を通じて獲得されるから、その限りで身体も本質的である。そしてヘーゲルの場合、所有物は他者に対して放棄され、そのことを通じて他者と人は関係を深めていく。その説明をする際に、わざわざ身体は所有できないということをヘーゲルが書いているということから、逆説的に、所有において、身体が重要であるということが、つまり所有しつつ、所有し得ないという所有の本質に身体が関わっているということが分かるのではないか。

　もう一点確認すべきは、この所有物の放棄は無限判断を成すということである。所有物は放棄してしまえば私の所有物ではない。しかしそれこそがまさしくその所有物を私が所有していたという事実を示している。所有していないものこそ、真に所有しているのである。このことを説明するのが、無限判断という考え方である。

　ここで無限判断の説明をする。まず、ヘーゲルは、先の所有の3定義、すなわち占有取得し、使用し、譲渡するということは、「論理学」の概念論の中の判断論の質的判断の3つに対応すると言う（53節）。すなわち肯定判断、否定判断、無限判断である。

　『小論理学』の例を使って、詳述しよう（172節、173節）。

　まず肯定判断は、「バラは赤い」というものであり、否定判断は、「バラは赤くない」というものである。それに対して、無限判断は、「精神は象でないものである」となる。

　これに対して、私は次のような判断表を考えた。肯定判断「私はこの消しゴムを自分で作った、または社会的に認められる方法で入手し、占有取得したので、この消しゴムの所有者である」というものであり、否定判断は、「私はこの消しゴムを使用することができるので、この消しゴムの所有者であるが、しかし使い切ってしまえば、この消しゴムはなくなってしまい、所有者ではなくなる」というものである。そして無限判断は、「私がこの消しゴムの所有者であるのは、この消しゴムを他人にあげることができるからであり、実際には人にあげることによって、この消しゴムの所有者ではなくなり、しかしそのことによって、他者との社会的関係を創ることができる」となる。

　ここでこの無限判断が本節のキーワードとなる。所有は人と物件との無限判断論的な繋がりである。つまり最終的に他人とその物件を交換・譲渡・売買することによって、他者との関係を作り、その物件そのものはもはや所有しなくなるのだが、しかしそのことが真にその物件を所有していたということを示すのである。物件と主体の否定的な関係が所有の本質である。無限判断とはその否定性の徹底を表現したものである。

　ヘーゲルが『小論理学』で、死においては、身体と魂が完全に分離してしまうので、これこそが無限判断であるという説明がある。これを所有の例で言えば、消しゴムを譲渡することで、完全に所有者ではなくなるのだが、しかしそのことによって、私は、例えばその代金をもらうとか、感謝されるとかといった、何かしら社会的な恩恵を受け取るのである。

　所有においては、主体と対象は明確に別のもので、一致するはずがなく、そのためにそこから様々な社会的関係が生じる。『法哲学』はそのよ

うに出来上がっている。

　またこの無限判断がなぜ「無限」と呼ばれるのかということについて
は、石川求の簡潔な表現を使えば、「無限判断の無限性は、内的に充実す
るような肯定的で積極的な含意の無限」ではなく、「数限りない無際限の
…外的に拡散する…否定であるという意味での無限」であるからである
（石川 2018、p.xvi）。そして石川によれば、カントの無限判断において、
主語と述語、現象と物自体は徹底して区別されているし、ヘーゲルにお
いても、無限判断は、そもそも主語と述語を媒介すること自体を拒否す
るものと解釈されている⑤。私はそれを徹底した否定と表現する。

　ここでこの節のまとめをしておく。精神と身体は別のものである。精
神としての私は、物件を所有するのと同じように、身体を所有する。し
かしそのことによって、身体は精神の器官となり、手段となって、他者
から見れば、精神としての私と身体はひとつのものになっている。私は
身体において生きている。だから私は身体を譲渡することはできない。
しかし事実として、人は奴隷を所有するし、自殺、つまり自らの身体を
捨てることができる。しかし、ここで三度逆接の接続詞を使って、精神
と身体はひとつのものだから、権利として、人は身体を譲渡することは
できないのであると言うべきである。精神と身体がひとつのものであり、
かつひとつのものでないということ、及び精神は身体を所有し、その所
有という行為は無限判断論的に主客を一致させる。こういうことが本書
で展開される身体論の基本となる。

注
---

①加藤尚武から示唆を受けた。引用は加藤が引用するものである（加藤1986、1993）。

②拙著所有論4部冊（高橋2010、2013、2014、2017）を使う。

③もうひとつ考えるべきは、精神と身体の関係において、身体の方が根源的であるとする論点である。これも私が繰り返しているが、進化論的には自然が精神を生んだのである。ここからも自然と精神は一元論的に考えられる。このことはこのあと論じられる。

④ロックについては、拙著（高橋 2010）1-1を参照せよ。

⑤石川求の大部の本は、題名の通りカントの無限判断論の意義を中心にまとめたものだが、単にそれに留まらない（石川 2018）。一体に無限判断とは、「プラトンからゆうに 2000年を超えてヘーゲルまでを貫いている一条の光線」である（同 p.vii）。つまり同書は無限判断を中心において、哲学を見直そうという野心的な試みである。またカント研究者はヘーゲルの無限判断論を誤解ないしは無視するのが通例だが、著者はそこに意義を見出している。ヘーゲルこそカントを受け継いでいるということを確認しているという点で、興味深い本である。なお、「論理学」と『精神現象学』の無限判断論の形式的な違いについては、すでに詳細に論じている（拙著（高橋2021）3-6）。実は『法哲学』において所有の定義を説明する際に、ヘーゲルは「論理学」の無限判断を使いながら、密かに『精神現象学』のそれとすり替えている。

第2章

性

2-❶ 谷崎潤一郎とM.フーコー

　谷崎潤一郎の『刺青』という短編をM.フーコーが論じている。小説の粗筋は以下の通りである。時は江戸、まだ「世間がのんびりして居た時分」、清吉という名の腕利きの刺青師(ほりものし)がいた。「彼の年来の宿願は、光輝ある美女の肌を得て、それへと己の魂を刷り込む事で」ある。そこに年の頃は16か7かという娘が現れる。実は清吉は以前、その娘の白い足を垣間見ている。「この足を持つ女こそは、彼が永年たずねあぐんだ、女の中の女であろうと思われ」、以来その女を探していたのである。清吉は偶然に彼を訪ねて来た、その女を口説き、さらには麻酔剤を飲ませて、女の背中に刺青を施すのである。

　谷崎は次のように描く。「若い刺青師の霊(こころ)は墨汁の中に溶けて、皮膚に滲んだ。焼酎に混ぜて刺り込む琉球朱の一滴々々は、彼の命のしたたりであった。彼は其処に我が魂の色を見た」。まさしく刺青師の魂が女の背中という対象を得て、そこに命を吹き込むのである。

　彫り物が終わる。「その刺青こそは彼の生命のすべてであった。その仕事をなし終えた後の彼の心は空虚であった」。女は湯を浴びて色上げをすると、「親方、私はもう今までのような臆病な心をさらりと捨ててしまいました。お前さんは真先に私の肥料(こやし)になったんだねえ」と言う。

　ここで主客が逆転する。清吉の魂はすべて女の背中に移っている。女は刺青を得て生まれ変わっている。そして自信が漲って、勝ち誇ったように、清吉を見下す。谷崎は、「折から朝日が刺青の面にさして、女の背中は燦爛とした」と記して小説を閉じる。

　これは主客の反転の物語であるとみなすことができる。まずは彫り物師としての清吉の魂が主体で、女の背中は格好の客体である。そして刺青を施すと、清吉の魂は見事に女の背中に移ることができ、今度はその背中が主体となって、それを見る人を魅惑する。女はそのことを自覚し、

その刺青ゆえに世にその名を轟かすことになるだろう。清吉はこうなるともう女に従うのみである。

フーコーはこの刺青を施された身体をユートピアであると、「ユートピア的身体」という短い講演の中で言う。「身体はまた、仮面、化粧、刺青が問題であるときには、偉大なユートピア的俳優でもある。・・・刺青をすること、化粧をすること、仮面をかぶること、それは・・・身体を秘密の力、不可視の力との交信状態に入らせることなのである」(Foucault2009 原文 p.15＝訳文 p.24)。「ある場合には、極限においては、まさしく身体そのものが、自らのユートピア的な力を自らの方に向け、宗教的なものと聖なるものの空間全体を、他の世界の空間全体を、反世界の空間全体を、自らに割り当てられた空間の内部そのものへと導きいれる、ということである」(同 p.17＝p.26f.)。

フーコーがこのように書くのには訳がある。まずフーコーは、身体を反ユートピアであると規定する。「私の身体、それはユートピアの反対物で」ある（同 p.9＝p.16)。「私の考えでは、結局のところ、身体に抗して、そして身体を消去するためであるように、人はあらゆるユートピアを生み出したのだ。・・・ユートピア、それはすべての場所の外部にある場所であるが、それは私が身体なき身体を持つような場所、つまり美しく、澄み渡り、透明で、光に満ち、敏捷で、巨大な力能、無限の持続を」持つ（同 p.10＝p.17)。ユートピアとは、「どこにもない場所」という意味であるが、それは身体を持たない場所である。それは妖精の国であったり、死の国であったりする。「魂、墓、精霊、妖精は、身体を奪い、瞬く間に身体を消し去り、その重さ、その醜さに息を吹きかけ、光り輝く永遠の身体を私に返してくれたのである」(同 p.12＝p.20)。

このように身体を反ユートピアと規定する、また反身体としてのユートピア論を展開しておいて、しかしそこから突如フーコーは前言を翻す。「しかし本当のところ、私の身体はそう簡単に縮減されるがままにはな

らない。結局のところ、身体は、それ自体、固有の幻想の能力を持っている」(同)。「理解不可能な身体、透過的であると同時に不透明な身体、開かれていると同時に閉じられた身体、つまり、ユートピア的身体である。ある意味では、絶対的に可視的な身体だ」(同 p.13=p.21)。「私がユートピアであるためには、私がひとつの身体でありさえすれば十分なのである。・・・私は先程、諸々のユートピアは身体に背を向け、身体を消去すべく運命付けられていると述べたが、それはまったく間違っていた。それらのユートピアは身体そのものから生まれ、恐らくそののちに、身体に背を向けたのである」(同 p.14=p.23)。

　つまり身体はユートピアそのものである。しかしここで重要なのは、身体はユートピアなのか、反ユートピアなのかということではない。身体はユートピアであり、また反ユートピアである。身体は反転する。その身体の両義性が問われている。

　そこに谷崎の小説が参照される。この小説において、女の背中という身体が如何にしてユートピアになり得るかということが語られている。ユートピアは女の身体において開花する。背中に受肉する。

　フーコーはここで単純に身体の優位を訴えてはいない。身体は魂がそこから離脱する反ユートピアであるのかもしれないが、この小説においては、身体の中に封印されていたユートピアが開眼し、飛び立つのである。つまり身体は反ユートピアでもあり、同時にユートピアでもある。

　岑村傑はA. コルバンの大著『身体の歴史』の導入のために書かれた著作の中の一節、「二十世紀の文学と身体　－ユートピア、目覚め、刺青－」という論文の中で、上述のフーコーの身体論に言及する[1]。まず、デカルト以来の物心二元論の世界では、身体は精神に従属している。精神は理性の力によって、身体を襲う情念を制御する。19世紀の終わりまでは、主体を考慮する際に身体が考慮されることはなく、身体を考慮するにあたって主体が考慮されることはなかったのである。しかし20世紀

になって、S.フロイトやM.モースやM.メルロ＝ポンティが出てきて地殻変動が起きるのである。そこで初めて身体と精神の関係や、両者の不可分性が示されたのだとしている（岑村2014 p.273ff.）。

　私はこのことについて、以下で反論したいのだが、しかし一般的にこのように言われているのは確かであり、大勢としてはその通りであろうと思う。岑村の言うところをさらに追ってみる。

　20世紀になると、身体の復権が起き、今度は身体を絶対視して、精神を蔑ろにする動きさえ見られる。身体至上主義の登場である。しかしこういう反動は、心身二元論を克服はしない。必要なのは、身体を物質と精神の交わる場にすることではないかと岑村は言う（同p.300f.）。そしてそのことをフーコーは谷崎の小説を介して主張しているのではないか。身体はユートピアであると同時に反ユートピアであり、つまり両義的であり、その両義の永遠の振動が、身体という問題の複雑さと魅力の源泉であると岑村は書く（同p.283f.）。

　この岑村の指摘は正しいし、また文学を通じてこそ、身体の問題が浮かび上がると私も思う。私自身の積極的な文学論、つまり文学作品の中における身体論をさらに展開したいのだが、ここでは、そのための理論的な基礎をもう少し作っておこうと思う。

　本書補遺1で、私はヘーゲルの身体論を展開した。ヘーゲルの理論において、身体は客体として所有できるものである。しかしもうひとつ、その反対の論理もヘーゲルは持ち合わせている。つまりヘーゲルは同時に、身体において、私は自由であるとも言う。

　私は2010年の『所有論』以来、ずっとヘーゲルの所有論を問題にしてきた[2]。そこであらためて思うのは、私は身体を所有しているというのはまったく倒錯した話ではないかということである。私がまずは身体を所有して、しかる後にその身体が他者と交流し、その交流の中で私が作

られるというのではなく、そもそも最初に身体活動があり、他者が見るのはまさしくその私の身体活動だけであり、そしてそれが私そのものなのである。それは言語活動がそもそも先にあり、それが他者との交流を通じて私を作っているというのと同じ話である。

しかしそうすると所有とはどういうことなのかが問われるべきである。私たちはまず精神として主体性を確立し、その主体がモノを所有すると考えるけれども、しかし本当に主体が先にあるのか。またそもそもモノを所有するとはどういうことか。そのように問うと、所有と存在は分けることができないということに気付く。

まずロックの時代、財産を「持っている」人が紳士「である」。マルクスの時代、資本を「持っている」人が資本家「である」。

情報化社会において、つまり知的所有が主たる所有形態になると、そのことはさらに明確になる。専門的知識を「持っている」人が専門家「である」。

所有がそもそもそういう性質を持っているのであれば、身体の所有も一層そういう性質を帯びる。だから身体の所有ができるとか、できないというだけの話ではない。この身体を所有している私を私と言うのである。身体を私が持っていると言っても良いのだが、それは同時に身体が私であるということでもある。ここで私は、人は身体を持つことができないということを主張しているのではない。モノを所有し、知識を所有することができるという限りで、人は身体を持つことはできる。つまり身体をモノ化する、身体を売買するということができる限りで、人は身体を所有できる。それが望ましいものかどうかということはここでは問わない。しかし同時に私の身体は私そのものなのである。

このモノを持っている私が、このモノの所有者としての私である。所有が主体を創る。このことが確認すべき第一点である。

その際に、存在（sein）と所有（haben）の問題がある（加藤2013）。

普通は「私は理性を持つ」と言うところを、ヘーゲルは「私は理性である」と言う。理性を所有することが私を創っている。「私は身体を持つ」という事態は、正確に言えば「私は身体である」ということが本当は先行し、その身体を持つ私がそこから創られ、それから主体としての私が身体を持つようになると考えるべきである。

　第二に、私は身体を所有するのだが、これが所有の根源である。そうしないと次の所有が始まらないのである。人は身体を所有し、次にその身体がモノを所有する。そして身体の所有が所有の根源ならば、身体の所有が主体化の根源である。

　ここでヘーゲルの心身論を見ておく。ここでも加藤尚武「ヘーゲルによる心身問題の扱い」を参照する（同）。

　「ヘーゲルは心身二実体論の構図を根底から否定して、心と言われるものの発生を説明した」（同 p.195）。「ヘーゲルの描く自然から精神への発展の過程は、もっとも物質的なもののなかにも観念性の要因が存在していて、それが発展して、やがて人間の精神になる」（同 p.201）。「それは元々精神でないものが精神に変化するのではなくて、物質が精神の要素を内に持っていて、その内在的要因が発展する」（同）。このあたりのことについても、私はすでに論じている[3]。

　するとヘーゲルの体系においては、精神は自然よりも高いということになる。ヘーゲルの体系では常にあとから出てきたものが上位の存在だからである。しかしその際にヘーゲルは興味深い単語を使う。忘恩（Undankbarkeit）である。この言葉は『精神哲学』第5節の補遺にある[4]。精神は身体という自然から出てきて、自らを確立するのだが、それは身体のお陰なのだということを忘れて、自分の方が身体よりも偉いと思ってしまうのである。このことについて加藤は、この言葉の含みが、「精神よ、いい気になっていると身体から忘恩の復讐を受けますよ」と唯物

論的訓戒を垂れているように思われると書く（加藤2013 p.208）。精神は自らを自然＝身体よりも上位にあると思っているが、本当はそんなことはないのだということである。こういうことをきちんと論じているのがヘーゲルの面白さである。

　人は身体を通じて労働をする。身体を介して社会ができる。労働と社会が人間を人間にするのだが、それはともに身体を通じての話である。さらに言語の起源が身体的な人と人との接触であるということを加えれば、身体の主体性と媒介性が明らかになる。私はここで、現在の猿が行う毛繕いのような身体的接触を人類の祖先が行っており、それによって集団の連帯を維持してきたのだが、より大きな集団を維持するために、言語が発生したというR.ダンバーの説を念頭に置いている（ダンバー1996）。毛繕いという身体的な快感が社会の連帯の基礎にある。このことは本書4-2と5-1でも述べる。

　精神と身体のどちらが主で、どちらが従かということについても、それは反転すると言うしかない。精神はしばしば身体を支配しようとする。しかし逆に身体に縛られる。
　精神はときに身体性を帯び、身体はまた精神的である。
　もう一度「刺青」に戻る。清吉の魂がまずは主体だが、次に清吉の指が主体となって、女の背中に刺青を掘る。そうして今度は女の背中が主体となって、女は世に打って出る。女の背中がこの小説の主役となる。
　身体は主体として世界に積極的に関わり、しかし客体として受動的な存在でもある。それは自らの存在そのものが美であると同時に、そこから魂が抜け出してしまうものでもある。つまり精神をユートピアと考えれば、身体は反ユートピアかもしれないのだが、しかし身体もまたユートピアになり得るものなのである。それは意志が働き掛ける対象であり、

自ら能動的に自然に働き掛ける存在でもある。それは所有されるものであり、しかし所有されることで、今度は自然を所有すべく、乗り出していく主体でもある。この身体の両義性において、ヘーゲルとフーコーが呼応する。モダンを克服してポストモダンを主張するというのではなく、モダンの虚構性を暴く。

　フーコーはさらに愛について語る。指で相手の身体を愛撫し、互いに唇と唇を重ね合わせ、互いに視線の先にある顔を確認する。これが愛である。「愛もまた、鏡や死と同じように、あなたの身体というユートピアを宥め、沈黙させ、静め、それを箱の中にしまい込むようにしまい込み、それを閉じ、封印する。だからこそ愛は、鏡の幻想と死の脅威の極めて近い親類なのである。そして、愛を取り巻くこれらふたつの危険な形象にもかかわらず、人びとがかくも愛を交わすことを好むとすれば、それは愛において身体とはここだからなのである」（Foucault2009 p.20＝p.30）。

　一方谷崎の小説は、谷崎の被虐趣味も手伝って、男女の関係は常に一方的に見える。つまり男は無理やり女の身体に入れ墨を施し、そして刺青が完成すれば、今度は女が男を支配する。しかしその一方向性が谷崎流の愛を作っている。このことは以下、谷崎の他の小説を使って論じてみたい。

　『春琴抄』は私が10代半ばの時点で読んでいる。50年近く経って読み直すと、感動は新たなものがある。

　裕福な商家に生まれた盲目の女に、男が生涯仕える。男は、最初は丁稚としてその商家に入り、少女の世話係となる。その内に事実上の夫婦となるのだが、女は気高く、美しく、驕慢であり、男は一生を女の下僕として過ごす。のちに女が賊に襲われて、その顔に終生癒えない火傷を負うと、男は自ら目に針を刺して盲目となる。醜くなった女の顔を見ないようにするためである。夫婦ともに盲目となってからが、このふたり

にとっては至極のときである。人生の絶頂期が訪れる。

少年少女の時代から、男は食事から入浴まで、一日のすべてを女の世話をすることに費やす。例えば女は不浄の際に手を洗うことはない。男が世話をするからである。男は女のすべてを見届けている。そして当時としては初老と言って良い年齢になって、自ら盲目となったあとは、今度は触覚で女のすべてを知る。この恍惚感が男を満たす。

ここに逆転はない。男は終生下僕だからである。もちろん男尊女卑の時代にあって、世間の通念に逆らっている。しかしこの小説では、ひたすら従者である男がふたりの愛を仕切っているように思われる。この意味でやはり転倒が起きている。

次に取り挙げる『猫と庄造と二人のをんな』では、その題名が示す通り、猫がこの一家にとっては最も上座に位置している。主人公の庄造は雌猫のリリーを溺愛している。そしてペットとして飼われた猫がいつの間にか、この家の主人になる。もちろん猫が主人であるのは、主人（庄造）の方が自らを下僕であると考えるからだ。さらにこの小説の中では最も下位に位置付けられるふたりの女、つまり妻と前妻の、猫を巡ってのコミカルな会話のやり取りがおもしろい。ここでは人間と猫の立場の転倒が主題で、このあたりはいかにも谷崎の小説らしく、この人は巧みな物語の作り手であると思う。

また若い女を自分の理想通りに育てようとして、妻に迎えるのだが、いつの間にか、男の方が女に支配されてしまうという顛末を描いた『痴人の愛』も同じ作りである。

男は15歳の娘を見つけ、「大いに教育してやって、自分の妻に貰い受けても差し支えない」という気持ちで、女が勤めていたカフェを辞めさせて、家を借り、周囲には女中を雇ったと言って、一緒に住み、彼女には英語と音楽を習わせる。

その女はナオミと表記される。彼女は外国人の家庭教師を付けても、

英文法の初歩が分からない。しかし「頭脳の方では私を裏切りながら、肉体の方ではいよいよますます理想通りに、いやそれ以上に、美しさを増して」いく。そして周りの男を誘惑する。主人公は、会社員で、それなりの高給を取っているのだが、風采の上がらない容姿にコンプレックスを持っている。一方ナオミは年を増すごとに魅惑的になる。男の家には、ふたりが通う舞踏会で知り合った人たちが始終遊びにくるようになる。ついには大学生とナオミとの密会がばれてしまう。男は自分が育てた果実を人に取られてしまったと思う。主人公はナオミがまったく信じられなくなり、しかしその肉体には負けてしまう。夜になると、ナオミは「一個の娼婦」となる。主人公は彼女の肉体の魅力に抗うことができず、彼女から離れられない。しかもナオミはそのことを見抜いている。そして主人公はナオミの奴隷になるのである。

石井洋二郎は、「身体小説」という概念を提出し、この『痴人の愛』を論評する（石井1998）。身体は社会の空間的な構造や時間的変化を映し出す記号であると石井は言い、この身体を文学の特権的なテーマとする小説が「身体小説」である（石井1998 p.19）。身体は構造化され、階級化されている。ナオミは西洋風の容貌を持つが、しかしそれにもかかわらず、ナオミは遊郭の街に育った、性道徳の抑圧が一切刻印されていない娘である。男はまずはナオミを調教しようとし、しかしそれを断念することになる。精神性が除去されることで、ナオミの身体性が一層際立つという言い方を石井はする（同p.171）。

また同時に主人公の身体コンプレックスも注意すべき点である。男の身長は低く、肌は黒く、歯並びは悪い。それが西洋人女性崇拝をもたらす。身体に纏わる記述の多さがこの小説を特徴付ける。そこに日本と西洋、男と女、知性と身体性と対立する概念が反転し合う。

また丸川哲史は谷崎の『細雪』を論じている（丸川2022）。この小説は、旧家の4姉妹の生活を描き、その中で、上流階級の生活の絢爛さと煌び

やかな日本の美を追求したかのように言われるが、実は小説の中で、彼女たちの身体の不調や顔の染みや死産やらといった負の側面が作者によってことさらに強調されている。そこでは病が支配している。丸川は谷崎を「倒錯的な資質を持つ」「逆様の国の住人」であるとしている。衰退する名家の、未来のない美がこの小説の主題である。ここでも美と醜が反転する。

2-❷ 円地文子とC. マラブー

　C.マラブーの新著『抹消された快楽　クリトリスと思考』はもうその題名を見ただけで、私の手に負えるものではないと思う[⑤]。冒頭に「クリトリスとは性的な想像力という大きな履物の中に潜んでいる小さな石である」と彼女は書く（Malabou2020 原文p.11＝訳文p.5）。それは「快楽にしか役立たない―それゆえ、「何の」役にも立たない―唯一の器官が持っている秘密である」（同p.11＝p.5f.）と続ける。

　J.デリダの弟子で、ヘーゲル論を書いて世に知られ、ハイデガー論を続けて出して、脳論でフロイト批判をし、今やマラブーは現代思想のスターになった感がある[⑥]。その彼女が、学生から「男根中心主義をそれほど論じているのに、なぜクリトリスに言及しないのか」と問われて、衝撃を受けて本書を書き始めたと、これは訳者が後書きに本書成立の事情として書いている。

　マラブーは男根を中心に物事を考える男性優位の思想を、デリダに倣って、男根ロゴス中心主義と呼び、それを批判する。特に前中期のJ.ラカンがその批判されるひとりであることは、これは以前私が論じたJ.バトラーと良く似ているし[⑦]、これは多くのフェミニストと共通している。そして多くの人は、男根に対立するものとして、ヴァギナ―子宮（こういう表現がマラブーの訳書に使われているので、それをそのまま使う）

を考える。これは女性の生殖器官である。女は生殖器官としてのヴァギナ—子宮に還元される。そこでは「女の快楽は一度も問われていない」とマラブーは書く（同 p.18=p.16）。しかしそれに対して、クリトリスは生殖に関わらない。純粋に女性の「快楽にしか役立たない」器官であるとされる。マラブーはきわめて戦略的に、その器官にこだわるのである。

つまり男根 vs. ヴァギナ—子宮という従来からある対立を克服して、後者を称揚するというのではなく、新機軸としてクリトリスに着目し、それが決して男根 vs. クリトリスという対立になるのではなく、またヴァギナ—子宮 vs. クリトリスを主張するのでもない。「不在と見なされ、切除され、切断され、否認された存在。クリトリスは否定とは異なる仕方で、精神、身体、無意識のうちに存在しうるのだろうか」とマラブーは問うのである（同 p.14=p.10）。

M. フーコーはその大著『性の歴史』において、一行もクリトリスに言及せず（同 p.18=p.16）、『存在と無』におけるサルトルにとって、クリトリスは「縮小され、切断され、去勢されたペニス」でしかない（同 p.47f.=p.60）。大部の『第二の性』を書いたボーヴォワールにとっても、「結局、クリトリスはヴァギナの快楽に優先権を与えなければならない」ものに過ぎない（同 p.48=p.61）。そう言われると、マラブー以前に、レズビアンを公言している人たちやフェミニストやフランス現代思想がなぜクリトリスを取り挙げなかったのか、不思議なくらいだと思う。

しかしマラブーはていねいに資料を探していく。C. ロンツィというイタリアのラディカル・フェミニズムの先導者は、「女性器とはクリトリスのことである」と 1974 年の本の中ではっきりと書いている[8]。

このロンツィの思想が評価できるのは、まさしく先の男根 vs. ヴァギナ—子宮、男根 vs. クリトリス、ヴァギナ—子宮 vs. クリトリスという対立で物事を考えるのではなく、差異を主張しているところである。クリトリスを肯定すること、「自分の快楽がどこにあり、それが何であるか

を知らずして自らを知ることはできない」とマラブーはロンツィに言及しつつ、「欲望の真の源泉を覚醒させる」べきであると書く（同 p.67f.=p.88）。

ここでこの議論の本筋には関わらないのだが、私自身の関心で少し横道に逸れれば、ロンツィはさらに主張を進めて、2017年には『ヘーゲルに唾を吐こう』という題の本を出す。そこでは例の、「主人と奴隷の弁証法」が批判される。つまり支配権を持つ主人に対して、奴隷が力を付けて、権力関係をひっくり返すという思想が批判される。フェミニズムは解放された奴隷の思想ではないと言うのである。

ロンツィの言うこと自体は正しい。劣位にある女性やクリトリスが、優位に立つべきだという話ではなく、同等の権利で以って並び立てば良いからである。しかしこんなところでヘーゲルを出されたのではヘーゲルが可哀そうだと私は思う。つまり「主人と奴隷の弁証法」は、若きヘーゲルが持っていたたくさんのアイデアのひとつに過ぎず、決してヘーゲルの考えを典型的に表すものでもなく、後年のヘーゲルが彫琢した概念でもない。世の中には時に、権力関係が転覆されることがあるだろうということに過ぎない。こんなところにヘーゲルを出さなくても良い。

さて、マラブーがその論理を進める上で、大きな役割を担っているもうひとりの思想家は、L. イリガライである。「女性器はひとつではない。少なくともふたつはあるが、ひとつずつには識別できないものだ。その上、女性にはもっと多くの性器がある」。これがマラブーの引用する、イリガライの主張だ（同 p.71=p.95, イリガライ 1987 p.30）。

女性は至るところに性器を持つ。ひとつの身体の部位で快楽を享受するのではない。このことが意味するのは、ひとつには、男根に対立する部位が問題ではなく、「能動／受動といった対の彼方へと快楽がもたらされる」ということであるとマラブーは書く（同 p.75=p.99）。もうひとつ含意されているのは、性を性器に還元することを拒否するということ

である。女性は性の価値を剥奪されてきた。それは女性という自然性故である。要するに、女はこういう身体を持っているのだから、こうあるべきだと、自然性を根拠に規範付けがされてきたのである。イリガライはそこを鋭く突く。

イリガライはしばしばレズビアンのためにその主張をしていると言われている。異性愛が自然であるという世間の主張に違和を唱える。マラブーは、唇を重ね、抱擁し合う女性たちを記述するイリガライの文章を引用しつつ、フェミニストは実際にレズビアンであるかどうかに関わらず、レズビアンの意識を持つことが必要だと言う（同 p.77=p.102, 同 p.270f.）。自然性を強要する異性愛と男性優位は通じるからである。

先に対立ではなく、差異が論じられ、ここでは支配的な単一の文化の押し付けではなく、複数性が論じられる。

イリガライに触発されつつ、マラブーはここでヴァギナ‐子宮とクリトリスと、どちらが優位かという議論をするのではない。両者の差異と隔たりがテーマとなる。マラブーの本の最後のふたつの章では、クリトリスはアナーキストであるという主張が繰り返される。クリトリスは特権ではない。女性の抵抗の源泉ではあるが、それによって、新たな権力を創り出そうということではない。支配や統治は最初から否定され、欠如しているのである。

またそこから師匠のデリダも批判される。デリダは確かに男根ロゴス中心主義を脱構築した。しかしデリダとは異なる方法で、つまり女の快楽を問う仕方で、脱構築ができないか。クリトリスは男根をモデルにする必要はなく、またクリトリスの方が男根よりも強力なのであると言う必要もない。二項対立とは異なった論理において、「私はクリトリスを思考する」。いやむしろ、「私のクリトリスは思考する」とマラブーは書く（同 p.118=p.160f.）。

円地文子の『朱を奪ふもの』（初出1956）、『傷ある翼』（初出1962）、『虹と修羅』（初出1968）という三部作を取り挙げる。これは谷崎潤一郎賞を受賞している。だからというのではないが、円地は谷崎を思い起こさせる作家である。いささか倒錯しているのではないかというくらいに性にこだわり、江戸時代の頽廃的な耽美文芸の影響を受けている。しかし男から見た女を描くのではなく、女が自らを描くという点で、円地は卓越した女流作家である。

　先に書いておくと、この長編三部作が扱うテーマは重い。性的な告白が続き、私の手に余るのではないかと思う。

　小説は半ば自叙伝の体裁を取っている。円地の父親は著名な国語学者の上田万年であり、彼女は父親の影響で早くから漢文学や歌舞伎、浄瑠璃に親しんで、若い時から戯曲家として認められる。小説の主人公も同様である。明治の終わり頃の生まれで、大正時代に少女時代を過ごし、昭和の戦前、戦後を生き抜く女性の物語が展開される。

　彼女は望まない結婚をさせられ、しかし結婚の直前に、別の男と肉体関係を結ぶ。結婚後もその関係は続く。相手は女たらしであるが、主人公の方から積極的に付き合いを求めている節がある。女性にだけ姦通罪が適用された時代の話である。

　その後、この第一の男は主人公の積極性に付いて行かれず、逃げ腰になり、やがて第二の男となる若い男を紹介し、自分は身を引き、間もなく病に倒れる。第二の、と言うのは、主人公は夫には愛情を抱いていないから、夫は数えないで、主人公が愛した男はふたりいたということであるが、このふたり目の男は先の男と違い、不器用で、うぶで、知り合ったのちに容易に関係は進まない。そして戦争を挟んで、10年の間隔を置いてふたりは再開する。その間に女は、結核性の乳腺炎で乳房の片方をなくし、戦後すぐに今度は癌で子宮を摘出されている。「女ではなくなった」とか、「女の性質を失った」とか、「片輪者」だという言葉が何

度も使われ、「化け物のような自分の肉体」（『虹と修羅』）という表現さ
え使われる。剰え、主人公は司馬遷を自らに結び付けるのである。宮刑
を受けた、つまり男でなくなった二千年前の歴史家に思いを寄せる。そ
して「司馬遷は失われた性の執着を全部史記の中に注ぎ入れた」と円地
は書く（『朱を奪ふもの』）。これは伏線である。

　ところが主人公は女でなくなった訳ではなかった。ちゃんとこの男と
性行為をするのである。ここがこの長い小説の一番の見せどころで、子
宮摘出後の予後が悪く、不安を抱えながら、しかし女は行為に及ぶ。そ
して性行為のあとは、さすがに手術後の敏感な部位に充血があり、女は
慌てて病院に行くのだが、医者に心配することはないと言われ、そのこ
とを男に告げる。男は女に言う。「そう、それは良かった。じゃあ、も
っとあなたに対して、無遠慮に振舞えるわけだ」と（『虹と修羅』）。

　ここで少なくとも主人公の眼から見て、男も性的に満足をしているこ
とが窺える。女はそれをうれしく思う。

　乳房を片方失い、子宮を失ってから、むしろ女の本領発揮というとこ
ろで、このあたりの生々しさはもう、凄いとしか言いようがない。「自
分の破壊された生殖器・・・いわば荒廃した女の墓穴に再び何ものも招
き入れようとは夢にも思わなかった」のだが、同時に「こういう日が来
ることを乾くほど待ち望んでいた」のである（同）。

　血のイメージが何度も語られる。初潮の時の、その血糊の記憶。最初
の男との最初の性行為のあとの血の滲み。そしてふたり目の男との、子
宮摘出手術後の性行為での出血。

　物語のクライマックスはこのあとに来る。男は肺癌で急死するのであ
る。主人公はもう二度と男と性行為をすることはなくなる。代わりにと
言って良いと思われるが、主人公は小説を書き始める。男に勧められて
の話である。「女が男によって動かされ、変えられ、やがてそのことが
逆に男を変えていく、そういう男女の愛情や相克の相の内に自然に形づ

くられて行く人間の歴史を描いて見たい」と主人公は言う（同）。

　女性性を失ってからなお性行為をし、しかし主人公も相手の男もともに配偶者がおり、その関係が長くは続かないかもしれないということが暗示され、実際に男は間もなく亡くなって、関係は永遠に閉ざされる。しかし女の性は、主人公が小説を書くことで、つまり小説の中で確立される。女の性がいよいよ小説の中で開花することが示唆されて、この小説は閉じられる。

　福田和也は、病気と日本文学を論じた本の、最終章に円地文子のこの三部作を挙げる。そこでは11人の小説家、文芸評論家が論じられており、円地の小説がこの本の締め括りに最もふさわしいものであると福田が考えていることが分かる。彼は「女性の身体と文学というテーマを論じるにあたって、これ以上適切な作品は見当たらない」と書く（福田2012 p.259）。そして円地の小説の次の箇所を引用する。主人公は、戦後すぐの、医療環境の良くない時代に子宮摘出手術を受ける。予後が良くない。「生け殺しのような状態に縛り付けられて、毎日切除された後の子宮口にラッパ型の金属を挿みこまれ、数人の男の眼に両股を開いたカエルのような姿勢をさらして、冷たい液体で傷あとから膿を洗い出されている」（『虹と修羅』, 福田2012 p.275）。

　実際、円地に対して、ここまで露骨に書くのかという印象を私は持つ。男には書けない。この強さは何なのか。

　小説家は主人公を自虐的と表現するが、そうであるのは作者自体である。福田は、「この作品で円地文子は明確に体を張っています」と言うが（同p.273）、いささか露悪的と言うべきである。

　しかしこの身体上の喪失があって、主人公は作家として自己形成をする。福田は、「言い方が難しいけれども」と断った上で、「女でなくなることと作家になることが、トレードオフになっている」と書く（同

p.280）。私はそうではなく、主人公は、「女でなくなった」と大騒ぎを
するが、しかししっかりと好きな男と性行為をして、女であることの実
感を得て、しかもその男の助言で、女は小説を書き始めるのである。身
体上の喪失が、女としての主体性を確立させる。それも二重にである。
まずは性行為を通じて、次いで小説を書くことによって。前者において、
女はすでに満足しているが、それは永続しないことが予感されている。
そして後者もまた、男女間のやり取りの中で推奨され，つまり男から触
発されて、取り掛かられるのである。

　実際、男と性行為をし、その後、男と付き合いを深めつつ、その際に
男から小説を書くことを勧められるあたりは、この小説の中で主人公が
最も幸せを感じている時ではないのかと思う。新たに書き始められる小
説は女の性を主題とするものだが、直接的には、主人公の父親の妾だっ
た女と主人公は戦後に交流があり、その彼女の突然の死に触発されて、
この自由奔放に生きた女の一生と、主人公自身の生き方を重ね合わせて、
小説を書くことを決意するのである。ファザーコンプレックス気味の主
人公が、父親とその妾との男女関係に思いを馳せるとき、いささか複雑
な気持ちになる。この人は「女として生まれ、生きることには悔いのな
い生涯を送ったのではないか」と思いつつも（『虹と修羅』）、自分とは
あまりに異質であると思い、その人の人生を小説化できるのかと主人公
は悩む。しかし男は強く小説を書くことを勧める。主人公の想像力が女
の像を作り上げること、それが男の望んでいることである。それはその
父親の妾の人生だけでなく、むしろ主人公の女としての生き方が問われ
るものになるはずだ。男が考えていたのは、そういうことではなかった
か。そしてそういう会話をしているときが、一番主人公の充実した時間
ではなかったか。しかしそれはあまりにも短く、男はそのときにはもう
すでに病を発症していたのである。

　主人公が小説を書くことを決意して小説を閉じるのは、プルーストを

思い起こすまでもなく、小説のひとつの定番である。この小説の中では男の尽力もあり、主人公はすでに小説を書き始めており、それは世間で好意的に受け止められ始めている。そこで小説は終わる。

もうひとつ書いておくべきは、主人公は子宮癌に掛かり、長く苦しむ。また第二の男も肺癌になり、こちらはあっけなく死ぬ。癌というロマンティックな響きのない病がこの小説を支配している。

　ここでロマンティックな響きのない病という言い方をしたのは、S.ソンタグを受けての話である。彼女は『隠喩としての病』という本の中で、病は隠喩（メタファ）として使われること、またその際に、結核は上品で繊細な感受性を示す病だが、癌は無残で、苦しみが付きものの病だとされている。結核はロマンティックだが、癌はむしろ悪をイメージさせるものである。

　また池田功は、医学の進歩に伴い、文学に描かれた病の表象が変容していく様を描く。その結論を使えば、結核は、医学の進歩により、治療可能な病となって、その隠喩は変わってくる。しかし癌は今なお完治が難しい病であって、ロマン化されず、痛みを伴う病であることはなお変わらない。癌に苦しみの中でもがきながら死んでいくというイメージは付き纏うのである[9]。

　実際ロマンティズムというものが、どうしても男の目から見た感覚のように私には思えてならない。例えば、『風立ちぬ』に見られる堀辰雄の描く世界は、つまり結核に掛かり、サナトリウムで静かに過ごす女と、彼女に付き添う男の紡ぐ愛の物語は確かに美しいが、それは男の感覚から描かれたものではないだろうか。一方、癌は男のロマンを拒絶する。それは無機質で、冷酷である。まして子宮癌とあれば、これは円地文子にしか書けないものである。

　マラブーは子宮ではなく、クリトリスを論じ、円地は子宮を摘出された女の性を描く。女の性はひとつではない。哲学者は複数の女の性を語

ることで、西洋哲学の枠組みを揺さぶり、小説家は小説の中の主人公に
小説を書かせることで、女の性を成就させる。

2-❸ 笙野頼子とJ.バトラー

「水晶内制度」（2003）は、私が笙野頼子の小説の中で最初に読んだも
のであり、これは幸運だったと言うべきである。傑作である。笙野は夥
しい数の作品を書いているが、その中で最も完成度の高い作品から、彼
女の世界に入っていくことができたのである。ネットを見ると、この作
品は「フェミニズム批評的ディストピア」と言われているようだが、以
下展開するように、私の考えでは、これはセックスとしての性愛が拒否
された、女だけのディストピアであり、ジェンダーとしての性が強調
されているものではない。

　それは以下のようなストーリーを持つ。まずここはウラミズモという
女性だけから成る国家である。「わが国は移民の国。希望者の性別はほ
ぼ女のみです」。ただしこの国に同性愛者はいない。ここでは「女性同
士の官能はむしろ抑圧される」。「ここは実際にセックスレス国家なのだ」。

　ここが本節のテーマとなる。女だけの国を作るということになると、
皆レズビアンなのかと思われるかもしれない。しかしそうではなく、こ
の国では性（セックス）が否定されている。

　この国はかつては日本の一部であったが、原発施設を引き受けること
で日本から独立し、日本に電力を売って経済が成り立っている。廃炉に
莫大な費用の掛かる原発を日本はもう作りたくなく、この国に押し付け
たのである。そしてウラミズモでは、原発を廃炉にしなければならない
ような遠い未来のことは考えない。「そんなことは私たちの知ったこと
ではありません」というのである。そもそもここは「滅ぶことを前提に
した国家」なのである。あとは経済的には、日本からの女性観光客のも

たらす収益と彼女たちのカンパで成り立っている。

ここには女子トイレや女湯も存在しない。トイレも風呂もすべて女子用だからである。

男がまったくいない訳ではない。ごくわずかだが、日本から払い下げられた男が飼育されている。男に人権はなく、一定期間観察されたのち、使い物にならないと見做されると処刑される。「ここでの最大のタブーは男女が性交して子供を作る事」なのである。

話者＝主人公は、「神話の語り直しを国から委託された日本からの亡命作家」である。「与えられた仕事は神話の書き換えと旧母国の文学批判」である。

この小説はディストピア小説として書かれているけれども、ここは作者のユートピアではないかと私は思う。歴史を振り返って、ユートピアとして書かれたものが実はディストピアであるということはしばしばある。トーマス・モアの『ユートピア』も、私の眼には、ここではお酒が思うように飲めないとか、性的に厳格であり過ぎるとか、何よりこの国から逃げ出すことが困難という点で、ディストピアに見えてしまうことがある。それに対して、この作品のように明らかにディストピアとして書かれたものが、しかしそこに作者のユートピアが垣間見えるというのは、珍しいように思われる。少なくともこのウラミズモには、出入りの自由はあり、価値観も押し付けられるのではなく、自ら選択した結果、この国を選ぶという自発性が保障されている。理想的なユートピアの条件は揃っているのである。

さて小説の末尾に付けられた「作者による解説」に、笙野がしばしば自分がレズビアンだと見做されてしまうと書いている。しかしはっきりと彼女は書く。「私はおそらく、ヘテロだと思う」。そう書いたあとに、「私はキスとかセックスとかをした事がない。男とプライベートで食事をした事もほとんどない。ペニスというものをほぼ見ていない」。

　実は笠野はこういうことをあちらこちらで書いている。この幻想的な小説は、実は私小説だと私には思え、つまり著者が自分で創り上げた妄想の国に、自ら住み、その体験を書いているのである。

　この小説でも例えば、「私がどのように男を苦手とし、男性社会に違和感を感じ（ママ）、ブスとして嫌われ、ブスとしてセクハラを受け、「女流」として黙殺されて来たかは、私の著作を読めばすべて判る」と笠野は書く。これは小説の中の文言である。このディストピア的妄想小説が、実はユートピア的私小説であると私が言う所以である。小説の中の「私」は著者そのものであり、また話者であると同時に、その小説の中の主人公でもある。そして彼女は男と「戦う前に私は引きこもった」のであり、そこで著者としての私はこの小説を書き始め、話者＝主人公としての私は小説の中で日本を脱出するのである。

　そして多くの場合、小説における身体が問題になるとき、それは性と同義であり、男女の性が描かれるのだが、ここでは性のない身体が描かれている。それは以下に論じるように、徹底したひきこもりの身体感覚だけの世界である。

　斎藤環は、この「水晶内制度」はひきこもりの文学であると断じている[10]。多くの場合、ひきこもりは男である。それは男の方が社会参加すべきであるという圧力に晒されているからだと、通常は説明される。女性の方は一旦ひきこもっても、一般にはそこから抜け出すことが容易である。ところが一部の女性においては、徹底したひきこもり状態が長く続くことがある。これは何故かと斎藤は問い掛ける。

　それに対する回答は以下の通り。男はどれほどひきこもっても、異性との出会いを諦めきれない。「つまり「若い素人の女性とつきあいたい」「あわよくばセックスもしたい」といった願望は、「どうせ無理だけど」という言葉とセットになって、彼らの脳裏から去ることはない。どれほど社会を拒否しようとも、ほとんどの男性事例は、「異性関係」という

社会性までも断念することはないのだ」（斎藤2004 p.249f.）しかし一部の女性においては、まったく男性が不必要ということがあり得る。そうなると「一部の女性は、徹底して社会に背を向け、深いひきこもり状態を維持しうるのだ」ということになる。だから本当に引きこもることができるのは、恐らく女性だけなのだ」と斎藤は結論付ける。

　男はどこか「男根至上主義」に引きずられて、ペニスで社会と繋がってしまう。しかし笙野は、そこを正しく認識して批判する。
以下、私が読んだ他の笙野の小説の感想を列挙し、このことを補強したい。

　まず野間文芸新人賞を取って注目された「なにもしていない」（1991）から引用する。
「どういうわけか、子供の目には私は時にオジサンと映るらしい」と、著者は自らを描く。そして「思春期からの私の全エネルギーは閉じ籠りを完遂することのみに消費された」と書く。「私はずるずると親の仕送りを受け・・・一年に一度入るか入らない仕事に振り回されて暮らしていた」。これは著者が何度も書いているが、彼女は大学在学中に小説を書き始め、卒業後も別の大学を受けると言って、親から仕送りを受けて小説を書いている。やがて少しずつ文芸誌から仕事が入るようになるが、生活は苦しく、ひたすら家に閉じこもって小説を書くのである。

　そして次のように書くに至る。「何時しか私は植物になりたがっていた。それも大木の下で光りと湿度に伸縮する苔の花のような、怠惰でエゴの固まりというタイプである」。

　このくらいのことを引用し、次の作品に移ろう。

　初期の「皇帝」（1984）は、ありふれたアパートに「一見社会的にも性的にも死者に等しいようなひとりの青年が暮らしている」という描写から始まる。これは主人公を男に据えた私小説である。彼はそのアパートの部屋で自らを皇帝と名乗っているのである。

「毎日、朝起きて自分が生きているという事実に気が付くや否や皇帝の肉体は死にたがった。目覚めて数秒で、喉が死のうとし肩がおかしくなり腸や胃や首が死のうとするのだった」。

　そして「私は私ではない」と彼は呟くのである。そしてその言い換えとして、「私は皇帝である」と言い続けるのである。狭いアパートの一室で、自分の身体とだけ向き合っている男の物語が描かれる。

　要するに笙野が延々と描き続ける小説はすべて私小説である。私小説は多くは男性によって描かれてきた。私が好きなのは、とりわけ破滅型私小説として知られる、田山花袋、近松秋江、葛西善蔵、嘉村礒多、太宰治といった面々である。彼らは、逃げた女への未練をだらだらと語り綴ったり、妻と子が飢えているのに、わずかばかりの原稿料が入ると、それで飲んだくれる男の心境を描いている。いずれも身勝手な男が主人公で、なぜか女にもてたり、あるいは逆にまったくもてないけれども、女に異常なほど執着するといった点で共通している。またこれは太宰治に時々見られるのだが、女を主人公にしたり、語り手にしたりする場合もある。いずれにしても、主題は男女関係である。

　ところが笙野の小説には、異性がいない。これは本人が書いているのだけれども、若い頃は男を主人公に小説を書き、ある時から女を主人公にするようになる。しかしどちらの場合でも、その主人公はひきこもっている。そして主人公は異性をまったく必要としていないのである。

　もちろんこれは性的な感覚が全くないということを意味しない。芥川賞を受賞した「タイムスリップ・コンビナート」（1994）では、主人公はマグロに恋をする。それは「平均的なマグロは何となく違う。マグロのシルエットを持った影のような生き物」である。そのマグロが恋愛対象なのだが、「但し、恋といっても目と目を見交わす以外のことは起こり得ないし」、「そこから先の展開は一切なかった」のである。そのマグロに誘われて主人公は海芝浦に出掛けて行く。そこには「運河の向こう

に石油タンクが並んでいる」コンビナートがある。それは笙野が生まれた四日市がモデルだろうし、小説の中でも「既視感」という言葉も使われている。それは幼少期の思い出やそれに触発された主人公の感覚を延々と描いた小説である。

　マグロはここで、男性性をまったく剥奪された存在として登場している。

「説教師カニバット」（1997）では、話者は自らを「カルト小説家」と称する。「四十になったのに、子供も産まず、恋愛もせず海外旅行も歌舞伎見物もしていなかった」と書く。「年とともに白髪は増え体重もますます増えつつある」と書いた後、これは私の言葉ではなく、小説の中の表現をそのまま引用するのだが、「揺るがしようもない程、確たる、ブスだったのだ」。「男は側に来ず、縁談はない。恋愛以前にもう、社会から捨てられていた。千古の昔からただそこに聳える巌のように、ひたすら変わらないのはこの容貌」。著者は「ブスの私小説」を書いているとも言い、「醜い私について書くことを許されるのは本人だけなのだ」と書く。

「金毘羅」（2004）は幻想小説の形を取った自伝小説である。主人公は自分が金毘羅だと思っている。正確に言えば、生れてすぐに死んだ赤ん坊に、金毘羅である「私」が宿ったという設定である。これはその女の子の肉体を使用する金毘羅の物語なのである。

　自己存在の核に金毘羅があるという点で、幻想小説だが、しかしこの小説は子どもの時から現在に至るまでの自伝であり、私はこれも私小説だと思う。

　具体的に言えばまず主人公は、幼い頃は自分が男だと思っている。女の跡取りが風習としてある土地で、女の家父長になるよう育てられたが、やがて弟が生まれて、自分の立場は不安定になる。その中で主人公は、自分が女であることを自覚させられる。

　衝撃的な事件がある。小学6年生の時には、胸が大きくなり、教師から、「お前、胸に雑巾はさんで拭いたら廊下が拭けるだろう」と言われるのである。そこで著者は、女を自覚すると鬱になるとも言う。さらにその矛先は自らの身体に向かう。「この胸を無効にしてしまうためにはそれ以上の腹が、三段の出腹が大切でした」と書く。自虐的に惨めな自らの身体を描き切る、この凄さが笙野頼子の小説の魅力になっている。そして著者＝話者＝主人公は女であることが嫌で、そこからさらに性（セックス）そのものを拒否するようになる。

　そののちに書かれた「だいにっほん、ろりりべしんでけ録」（2008）において、「金毘羅」は虚構であり、かつ私小説であると作者自らが説明している。「作者の頭の上には、蛇がみっつ生えて」いるという告白から話は始まる。これは告白であって、この限りでこの小説は私小説の伝統に則っている。「私」は「幻想に走っていくような人々の系譜の自我を持っている」のである。

　私の頭に蛇が生えてしまったのは、私が金毘羅だからである。「私」は、「金毘羅の一代記を書いた「私小説」作家なのだ」ということになる。さらに小説「金毘羅」が近代小説を超えているとしたら、それは私小説なのに金毘羅という点なのだとも書く。

　小説の中で、自分がかつて書いた他の小説に言及するのは、彼女の常套手段だ。これも常に小説の著者がその小説を語る話者であり、またその中の主人公だからである。

話をさらに進めたい。

　水上文は2022年の文芸時評において、笙野の「質屋七回ワクチン二回」（2021）を取り上げる。その中で、著者＝話者＝主人公は、WHRCに繋がっているという文言がある。小説の中で笙野は、彼らを仲間だと書いている。WHRCは Women's Human Rights Campaign の略で、「女性人権キャンペーン」と訳す。ネットで見る限り、「女性に対するあらゆる

形態の差別の撤廃を含む、女性（セックス）に基づく権利の再確認」を
する団体だそうで、これだけだとよくその趣旨が分からないが、生物学
的生（セックス）に基づくということは、生物学的に女性である人だけ
が女性であるということを意味し、従ってそれはトランス女性に差別的
な言動をしている団体であるということになる。なぜそういう団体が、
著者＝話者＝主人公の仲間なのかと言えば、著者がかねてから、自らは
女だと称しても、しかし身体的に陰茎を持った人に対して恐怖心を持っ
ているからである。つまり笙野にとって、生物学的に男であれば、それ
は男なのである。

　水上は書く。「小説の中で語られる「私」の「仲間」とは、トランス
女性に差別的な言動を繰り返す人々のことなのであった」。「何より問題
なのは、トランス差別への批判や権利の擁護が、小説ではあたかも世界
的に広まる陰謀であるかのように描かれていること」で、「こうした小
説をどうして小説としてのみ評価できるだろう？」と問うのである。そ
して「書くことが孕む「暴力」とは、すでに現実的に物理的に差別によ
って攻撃され、身体を暴力に晒され、殺されている人々をさらに追い詰
めるために、流布する偏見を強化するために行使されるべきではない」
と笙野を糾弾する。

　水上の言うことはもっともで、笙野の方があまりにナイーブである。
ナイーブという言葉をここでは否定的な意味で使う。

　事態はここからさらに進んでいく。この数年に書かれた笙野の小説の
初出の多くは『群像』であって、当然この小説を含む小説集が講談社か
ら出るべきものを、講談社は発禁処分にしたのである。

　ここで講談社は責められるべきではないと思う。笙野の記述が「流布
する偏見を強化する」ものであることは明らかである。笙野は明らかに
トランス女性を差別している。ただ彼女が、強固な異性愛主義に支えら
れて、LGBTを認めないと考えている訳ではないと、ここで私は笙野の

擁護をしても良いだろう。「セックスをしたことがない」、「ペニスを見たことがない」とあちらこちらで書き、女だけの世界、性のない世界を夢見る。彼女はレズビアンを批判するが、レズビアンが規範的に望ましくないと考えている訳ではない。それはそこに強い性が感じられるからであって、彼女は、異性愛も含めて、とにかく性が嫌いなのである。それだけの話だ。

　いや、嫌いというよりも、そこにあるのは恐怖心なのだと思う。「水晶内制度」にもわざわざ女湯への言及があり、つまり風呂と言えば、それは女湯だけしかないのだと書く。そこに男が闖入することは怖い。男が嫌いで、本当にペニスは見たくないのである。

　繰り返すが、笙野はLGBT批判をしているのではない。ましてや異性愛規範に基づき、自然的性が本来的なものであるということで、そこから逸脱する性を批判しているのではない。ただあまりにもナイーブで、事実の問題として、つまり結果として、差別的な発言をしているのである。

　このような経緯があって、2022年5月、笙野は『笙野頼子　発禁小説集』を上梓した。版元は、長野の小さな出版社・鳥影社である。講談社から「発禁」処分になったためである。以下は笙野自らが書くのだが、それはこの小説集の中に収められた作中にある「ご主張」が不可の理由として告げられたためである。

　それはどんな主張か。笙野が書いたのは、性自認至上主義に社会が侵食されることへの批判と恐怖である。性別が自己申告で通れば、脅かされるのは生物学的女性だと笙野は警告する。「女が消される」「女消運動」という強い表現も用いる。それは性自認にちょっとでも懸念や疑問を挟むと、「ターフ！」（TERF＝トランス排除的ラディカルフェミニスト）と差別者認定され、吊し上げられる風潮への抵抗である。片やトランス擁護者は「TRA（トランス権利活動家）」と揶揄される。SNSでのTRA

とターフの闘争には止め処がない。

　笙野の言い分では、自分は「まず、女湯には男、ていうか陰茎のある人を入れないでくれという平凡な」主張をしたに過ぎない。彼女の言っていることはただこれだけである。彼女の夢見る女だけの世界に男が入ってきてほしくない。たとえその人が、自らの認識では女だと思っていても、笙野の目には、陰茎を持っている以上、男にしか見えない。『発禁小説集』に収められた「難病貧乏裁判糾弾／プラチナを売る」(2021)にも、分かりやすい説明がある。つまりそこでも執拗にトランス女性が攻撃される。「体はそのままで男性器ありOKで。その雄体で女湯も女子更衣室も入れるようになる」。それは明らかに差別的な言辞である。

　ただこれも繰り返すが、笙野は、LGBTが生産性がないとか、異性愛以外は不自然であるとしているのではない。性的なものが感じられれば、男も女も、あるいは自らを男、または女、またはその両方と見なす人すべてを拒否するのである。

　私がここで言いたいのは、笙野をあたかもフェミニズム運動の旗手のように持ち上げておいて、ここで一気に貶めるのは、いささか筋違いと言うべきであるということである。笙野は一貫している。フェミニズムもレズビアンも嫌いである。男はもっと嫌いである。セックスがそもそも批判されているのである。

　実際異性をまったく必要としていないひきこもりの女にとって、陰茎を持った生物学的な男が女風呂に侵入してくるのは恐怖なのである。その恐怖感が彼女のすべてであろう。ところが女だけの世界を夢見ると、直ちにそれはレズビアンなのかと思われてしまう。少なくともフェミニストだとされる。彼女は誤解されてきたのである。

　例えば『現代思想』は2007年に笙野頼子特集を組んでいる。そこでは20人ほどの論者が彼女にオマージュを捧げる。「ネオリベラリズムを超える想像力」というのが、キーワードになっている。

　確かに笙野の小説はネオリベラリズムを超えていると思う。しかしネオリベラリズムを批判しているのではない。また異性愛に基づいて作られているこの世界を抜け出している。しかし異性愛至上主義を難詰しているのではない。

　徹底したひきこもりという著者＝話者＝主人公から世界を見れば、たいていのものは無化される。それだけの話ではないか。

　『現代思想』特集からひとつ取り挙げれば、新城郁夫は、「国家に抗する「私」」という論文で、笙野の所有概念に言及する。それは市場経済システムから絶縁すると同時に、国家の管理下における資本主義的欲望からも離脱するものであると新城は言う。

　実際、所有は笙野がこだわる概念である。例えば「金毘羅」の文庫版あとがきに、笙野自身が「この金毘羅のテーマは所有である」と書いている。「自分とは何か所有する主体である」とし、「この所有物の代表的なものは土地と言える」。自らの生れた土地の風習があり、それは祈りを呼び、また自分の死後についての想像も付いて回ると笙野は書く。「つまり人は所有し、自我に目覚め、祈り、想像し、内面世界を保つ」。

　ただそれを資本主義批判、近代国家批判として論ずべきものなのか。同様に、女だけの国を夢見る笙野を、異性愛主義に基づき、男性が優位な社会に対する批判の急先鋒だと見做すべきなのか。

　ここでJ.バトラーを引き合いに出したい。私は以前、バトラーの『ジェンダー・トラブル』を読解し、性的主体の確立について論じている[11]。彼女は、異性愛を前提にする男根至上主義を執拗に批判する。つまりこの社会は男と女の自然的性差に基づき、男根を持つ男が優位である。フェミニズムはしばしばこの男性優位を批判するが、しかしその場合でも、異性愛は自明視されている。バトラーはそこを突くのである。その際に彼女は自らレズビアンであることを公言している。彼女の主張において、

男根中心主義批判は異性愛規範に対する批判とセットになっている。

　しかし笙野は、男根主義をバトラーと同様に批判するが、異性愛も同性愛も批判する。そもそも性愛を拒否している。

　それはまたクリトリスを称揚するかのようにも見えるC.マラブーの戦略とも無縁である。マラブーは男根を中心に物事を考える男性優位の思想を、男根ロゴス中心主義と呼び、それを批判する。

　しかし笙野は、先に書いたように、少女期に乳房が発達したことを嫌悪している。男らしさも女らしさも、否定されるべき概念である。その特異性が笙野の小説の面白さである。

　ここでもう少しバトラーと笙野を比較していく。異性愛規範に基づき、男根崇拝に裏付けられた社会を批判するバトラーと、自らはレズビアンではないという意味で、恐らく異性愛者だと言いつつ、男は知らないし、性のことばかり考えている男社会を批判する笙野とでは、一見似ていても根本的にその主張は異なっている。レズビアンはこのウラミズモでは住めないという批判がネット上で笙野に向けられていることに対して、彼女は、確かに異性愛規範の強い日本でレズビアンは住みにくいだろうが、「けれど、その場合は男女込みでも、やはりセックス中心主義の国にそのままいるのが、その方にとってはまだしも幸福な生き方ではないか」と言い返すのである（「作者による解説」）。笙野はレズビアンを批判するのではない。彼女が批判するのはセックスそのものなのである。そして性のない世界を克明に描く。性が拒否されているのに、不思議なことに、その世界は抽象的なものではなく、身体的なイメージが豊かな世界である。著者自らの身体的特徴については、すでに書いてきた。小説の登場人物たちも、良く食べ、排泄をする。小説の描写は身体感覚であふれているように私には感じられる。

　一方で、バトラー理論の優れているところは、フェミニズム理論の多くが、社会構築主義を強調する余り、ジェンダーが身体性を帯びない社

会的属性だと考えられてしまうことを批判する点にある。

バトラーの『問題＝物質となる身体』前半は、M.フーコーが参照されて展開される。そこで論じられるのは、セックスは身体という物質に与える規範であるということである。それは統制的理念である。セックスはこの理念を、強制的反復を通じて身体化させる。かくして規範的な身体が生産される。

するとジェンダーは、単に構築主義的に捉えられてはならない。つまりジェンダーを身体の表面に押し付けられた文化的構築物だとされてはならない。ジェンダー化とは、身体としてのセックスの形成である。ジェンダーの効果は身体の様式化を通じて生産される[12]。

バトラーはそこからこの本を後半へ進める。そこではJ.ラカンが批判される。

ファルスを持つ、ファルスであるという男女の理論化が、異性愛規範を前提として、同性愛を排除していると、バトラーはラカンを批判する。そしてこの図式の棄却を求める。称揚されるのはレズビアンファルスである。これはファルスを持つ、ファルスであるという男女の二分法的性化を攪乱するものである。それを根本的に破壊することで、異性愛的規範に基づく社会の枠組みを批判しなければならないのである[13]。

一方で笙野は、自らを恐らくは異性愛者だとしつつ、しかし男根至上主義からも、異性愛主義からもまったく免れている。ペニスは見たこともないと言い、それで話はおしまいである。そんなものはまったくこの世界で必要がないのである。そしてレズビアンをも、それが性的であるという理由で拒否した上で、女性だけの国を夢見るのである。

両者は身体にこだわるという点で共通している。身体は重要だというのがバトラーの言うところである。笙野のひきこもりの感覚は身体論として、つまり身体が社会からひきこもっているものとして考えられるべ

きだ。

　笙野においてさらに、性の嫌悪が身体的に語られるという点が興味深い。本人が記す言葉をそのまま使えば、自らを「デブ」「ハゲ」「おじさんのよう」と書き、ひきこもりの身体感覚を詳細に書くのである。

　バトラーが性という身体を語り、笙野は性のない身体を語る。その着眼点は似ている。しかし男根至上主義を批判することと、男根を見たくないということとは、全然違うという話である。

　もう少し詳しく言えば、次の様になる。まず異性愛者がいて、自ら多数者を任じている。そこにその異性愛を批判する、または異性愛が正常だと見做されることを糾弾する同性愛者がいる。さらに異性愛でかつ同性愛であるとか、身体的性と性自認が一致しておらず、異性愛なのか、同性愛なのかが分からないということもある。それに対して、これは4番目のカテゴリーと言うべきものがあり、そもそも性的なものすべてを拒否するということもあり得る。自らは異性愛者かも知れないと思い、周りからは同性愛者だと思われ、時にはその両方であると見做されて、しかし実際にはどのカテゴリーにも入らないのである。このように二項対立を4つにして考えると生産的なこともあると思う⑭。

—————————————— 注 ——————————————

①コルバンは身体を論じる際に無視する訳にはいかないが、その著作は大部であり、岑村の論文が収められたこの入門書で以って、代わりとしたい。

②所有論はヘーゲル『法哲学』の第1部第1章で展開される。また拙著（高橋2010）はヘーゲルの所有論を真ん中において、ヘーゲル以前とヘーゲル以後の所有論を論じている。

③自然から精神へというテーマは、拙著（高橋2017）第3章で展開している。本書補遺2でも繰り返す。

④忘恩という言葉は、『小論理学』でも使われる。第12節の注にある。このことは加藤から教わった（加藤2013 p.209）。

⑤原文は2020年に出て、訳書は2021年に出ている。本節の初出原稿は訳書を入手してすぐに書き始められた。

⑥拙著（高橋2021）4-3、及び（同2022）2-3で私はマラブーを論じている。

⑦バトラーについては、拙著（高橋2022）2-5で論じている。

⑧ロンツィの邦訳書も英訳も仏訳もない。マラブーはイタリア語の原著を読んでいる。

⑨柄谷行人も、ソンタグの主張を受けて、日本近代文学における結核のイメージを論じている（柄谷1999）。

⑩斎藤環は、2003年から2004年に掛けて書かれ、『文學界』に発表された文芸時評の中で、笙野頼子を取り挙げている。それはのちに単行本となり、その中に「第十五章　妄想戦士ルサンチマン　笙野頼子」として収められている。

⑪バトラーについては、本章注7を参照せよ。

⑫ここは『問題＝物質となる身体』に収められた佐藤嘉幸による解説を参照した。原著はBodies That Matter であり、matterを訳者は「問題＝物質」と訳している。「重要なのは物質としての身体だ」とでも訳すべきだと私は思っている。

⑬以下、この注の一節は試論であり、本稿に必ずしも入れる必要がなく、しかしS.ジジェクをずっと論じてきた私としては、今後考察を深めるべき課題としてあるものである。

　まずバトラーは以下のようにラカンを批判する。個人の世界を作っている想像界の闘争から、異性愛主義という社会を支配する象徴界の再分節化への移行が重要である。象徴界の父の法をまったく批判せずに、自らの性（ジェンダー）の問題を想像界での抵抗に格下げしてはいけないということがその主張だ（Butler1993 第3章）。

　そこからさらにバトラーはジジェク批判をする（同 第7章）。ジジェクの理論においても、象徴界が批判されずに、人は常に現実界に引きずられてしまうとされている。

そのことがここでも批判されている。つまりジジェクのように現実界の前で無力な人間のありようを強調するのではなく、象徴界に断固立ち向かうべきだということである。

　私の考えでは、性はそれに支配されてしまう場合でも、笙野のように断固拒否するときにおいても、それは現実界なのである。その力の強さは認識すべきである。しかしだからと言って、象徴界＝社会のルールが批判されることがないという訳ではないし、象徴界を批判する想像界の役割が軽視されるということでもない。
⑭ここで私は、グレマスの四辺形を念頭に置いている。またはメルロ＝ポンティの論じるキアスム（4-2を見よ）をふたつ組み合わせても、同じ四辺形が得られる。

第3章

食

3-❶ 毒を喰らう、または消化と排泄

　旅行記と言えば、どこでおいしいものを食べたとか、珍しいものを飲んだといった話になる。私はそういう話は好きで、自分でも書いたことがある①。しかし今回は趣向を変えて排泄の話をしたいと思う。

　まず旅にあっては、トイレをどこで確保するかということは重要な問題だ。ホテルを出て、次のホテルに着くまで、どこにトイレがあるかということを考えて、旅の予定を組むことになる。

　例えば次のような思い出話を披瀝したい。1990年代後半、私はしばしばロシアを訪問した。あるとき夜行列車でモスクワを出て、サンクトペテルベルクに着く。朝方便意を催すが、列車内のトイレを使うのはどうも落ち着かないと思い、我慢して列車が到着するのを待ち、やっと駅のトイレに入ることができる。しかし驚くべきことに、大便用のトイレにドアが付いていない。両隣とは壁で区切られているが、前が開け放たれている。しかもトイレは通路に沿ってあり、部屋として仕切られていないから、用を足しているそのすぐ前を多くの人が通り過ぎていく。もちろん皆気を使って、こちら側に目をやらないのだけれども、恥ずかしいことこの上なく、つくづく列車の中で用を済ませておけば良かったと思う。

　対照的な話をもうひとつ書く。ドイツの列車の駅には、多くの場合、有料のトイレと無料のものとがある。清潔さと安全性を考えれば、絶対に有料のものを使うべきである。ただし小銭が必要で、釣りは出ないし、札はそもそも使えない。カードも無論使えない。従って、旅に出る際には、小銭は常に用意しておかねばならない。

　私が2000年代前半にドイツ滞在していた折に、はるばる遠くから友が来ることがあった。駅まで迎えに行き、友が列車を降りる。その時に友が真っ先に発した言葉は、トイレはどこかというものだった。恐らく列

車の中で便意を催したが、狭く揺れる列車のトイレよりも駅の方が安全だと思ったのであろう。そういうこともあると思って、私は小銭を用意しておいたのである。ドイツではこういう配慮が必要である。どこにどういうトイレがあり、それを利用するにはどういうことが必要かということを頭に入れておかねばならない。

　実際私はコロナ禍の前までは、年に数回海外に出掛けて行った。まずは多くの場合はひとり旅なのだけれども、その場合、大きな荷物を持ったままトイレを使用することが困難なことがある。トイレが狭く、汚く、大きな荷物を持ち込めないということもある。またふたり以上の旅では、自分がトイレを使用している間、相方に荷物を見ておいてもらえるのはうれしいが、連れが私よりもトイレに行く頻度が高い場合、常にどこにトイレがあるか、考えなければならないのは煩わしいと思う。

　あるとき、空港でチェックインの手続きを終え、離陸までの間に時間があって、空港内のパブで酒を飲んでいた時、隣に座っている女性が私のことをずっと見ている。まさか私に気があるのではあるまいと思っていたら、声を掛けてきて、トイレに行きたいから、この荷物を見ていてくれないかと言う。結構大きな荷物を機内に持ち込む気らしく、大型鞄が椅子の脇にある。またトイレはパブから少し離れたところにあり、かつパブは混んでいて、一旦席を離れたら、ほかの客に取られてしまうだろうという状況下での話である。彼女は私が信用するに足る人物かどうか、品定めをしていたのであろう。そういう経験は何度かある。

　もう少し下の話を続ける。旅に出ると、珍しいもの、いつも食べているものとは異なるものを口にすることになる。この経験が旅の楽しみの大きな部分を占める。そして異なったものを食べれば、それは排泄物にも影響する。自分の排泄行為を意識せずにはいられなくなる。

　2017年に半年ほどケンブリッジに滞在したことがあった。家具の付いている部屋を借りたのだが、鍋も食器もなく、どこにそれらが売られて

いるのかも分からない。町中を歩き回って、買い集めるのに少々時間が掛かる。

　そのために朝食は何も食べず、昼はカフェでスコーンと紅茶を頼み、夜はひとり部屋でチーズとワインを楽しむという生活を3日ほどしたら、便秘になる。生れてはじめてのことだ。妻や娘が便秘勝ちで、その辛さをかねてから耳にはしていたが、自分が体験するとは思わなかった。しかしバナナとトマトを買い、雑穀の入った黒パンを買ってくれば、問題はすぐに解決する。その後はフライパンが手に入って、肉や鮭を焼くときに、付け合わせにブロッコリーやアスパラガスも用意する。野菜スープも作る。そうすれば快適に過ごすことができる。あとにも先にも便秘になったのは、その時だけだ。

　この程度で体験談を終えようか。食べ歩き録は山のようにあるが、排泄を書き綴ったものはない。そんなものは誰もあまり読みたくないだろうと思う。しかし排泄は旅に出れば、誰もが意識することなのである。

　S. ジジェクは食卓を囲む集まりではなく、排泄を巡る団らんについて語っていた（Žižek2006b第1章）。それはL. ブニュエル『自由の幻想』という映画で展開される光景である。人々はテーブルを囲んで便器の上に座り、談笑している。用を足しながら、人びとは交流する。逆に食事の方は、皆、人目につかない所でひっそりと済ませるのである。これは断片的に奇想天外な話が次々と展開される映画の中のごく一部のシーンにすぎないのだが、こういう逆転劇に比べれば、私の排泄旅行記など、控えめ過ぎると言うべきだ。

　さらに後述するレヴィ＝ストロースの「料理の三角形」をジジェクが茶化す。レヴィ＝ストロースは「料理の三角形」として、生のもの、火にかけたもの、腐敗させたものと3つを挙げる。自然と文化の二分法を前提に、それぞれの文化がどのような料理を作るのか、つまり自然に対して働き掛けるのかを決定する。この図式はその文化の様式をうまく説

明する。

　それに対してジジェクは次のような三角形を提出する。ひとつは伝統的なドイツに良くあるトイレで、排泄物が消えていく穴が前にある。便は水を流すまで残っている。典型的なフランスのトイレは、穴が後ろについているので、便はすぐに姿を消す。アメリカのトイレは、トイレの中に水が満ちていて、便は水の中に納まる。これでレヴィ＝ストロースの三角形に対応するものができ上がる。それぞれトイレは自然に裏打ちされて作られているのではなく、どれも文化の問題なのである。「そこには、主体は自分の内部から出てくる不快な排泄物とどう関わるべきかについての、ある種のイデオロギー的知覚がはっきりと見て取れる」とジジェクは言う（同 p.17＝p.39）。

　この「イデオロギー的知覚」について考えねばならない。つまり料理をし、食事をとることは、それぞれの社会の中での文化とされていて、つまり一定の価値観に支配されて、そのもとで人々が営んでいるものである。しかし食事をするということは、食べたものを体内で分解、消化して、排泄するという作用がそのあとに接続している。それもまた論じる必要がある。本節では時間を逆に遡り、まずは排泄の話をし、次は分解、消化の話をし、最後に料理の話をしたい。そこに考えるべき論点がいくつも含まれている。

　まず D.モントゴメリ ＆ A.ビクレーの『土と内臓』を参照する。そこで主張されていることは、腸の内部は外部であるということである。この意味を考えていく。

　まず腸は身体の一部である。人がものを食べると、その食べたものは腸の内部を通って、やがてその大部分が外に排泄される。口に入れたものは最後まで身体にとって異物であり、それは時間を掛けて腸内を移動し、その間に小腸の腸絨毛という無数の突起がそこから栄養を吸収する。

そういう仕組みになっている。それはモントゴメリたちの言い方を借りれば、「ヒトの消化管をひっくり返すと植物の根と同じ働き」ということになる。根は栄養を求めて土中を突き進む。人間は食べ物を体内に取り込み、消化管がその体内にある土壌から栄養を吸収する。つまり腸内には土壌があり、そこは身体にとって外部なのである。

　また根が広がっていく土壌と腸内とそれぞれにとって、微生物が大きな役割を果たす。私たちは土壌に住むものと同じ微生物を体内に住まわせているのである。このことがモントゴメリの主張の要である。この微生物が土壌の健康と人間の健康の両方に果たしている役割に注目すべきなのである。

　続いて桐村里紗『腸と森の「土」を育てる』という著書も引用したい。彼女はモントゴメリたちの著作を受けて、人は森であり、腸内に土を持つと言う。人は消化管で外部の自然と繋がっているのである。その腸内の土壌を作り上げているのが腸内細菌である。私たちは意識的にこの腸内の有用な細菌を活性化させていかねばならない。

　桐村はさらにそこから、心身の病と腸内環境との関係を考察する。ここがこの本の興味深いところで、腸内という土壌の悪化がもたらす心身の不調を論じ、その対策を求めていくのである。

　そもそも主体というシステムの外部と内部という問題がある。腸内は身体システムの外部である。身体はその外部から栄養を吸収する。食べたものは腸で分解されて、その大半は排泄物となり、体外に排出される。しかしその過程はすべて身体にとって外部でなされるのである。その外部が心身の健康に影響する。

　もうひとつは、如何に栄養を吸収するかという問題よりももっと根本のところで、食べ物の分解に注意が払われるべきである。それは腸内土壌に微生物がたくさんいて、それらが働いて食べたものが分解されるということである。その根本を押さえねばならない。ここでも分解の能力

の衰退が心身の不調を招くのである。

　さらに藤田紘一郎『脳はバカ、腸はかしこい』という本を使いたい。彼は脳と比較して、腸の方が生物にとって根源であることを説く。まずは進化論的に考えて、最初に神経系細胞が出現したのは脳ではなく、腸である。しかしそののちに哺乳類は脳を肥大化させてきて、私たち人間が生まれる。すると私たちにとって、脳が人間が人間である根拠となってしまって、そのために腸の働きが身体にとって根源的であることを忘れてしまっている。しかし人間の感情を決定する物質は腸で作られるし、腸内細菌が脳の発達を促している。人間の精神生活を規定しているものは腸であるということを忘れてはならない。藤田が説くのはそういう腸の根源性である。

　実は消化と思考の同型性というヘーゲル的な問題もここには隠れている。この問題は本節でこのあとに論じたいのだが、先にもっと徹底してこの分解するという側面に力点を置く論稿を紹介する。

　藤原辰史は『分解の哲学 ―腐敗と発酵をめぐる思考―』という本の中で、そのサブタイトルにあるように、腐敗と発酵を巡る思考について書いている。藤原は、分解すること、消滅することを重視する。何事においても腐敗が根源的である。そしてまた腐敗の一種である発酵も併せて論じられるのである。

　藤原はこの観点で、ネグリ＆ハートの『＜帝国＞』を解読していく（以下、藤原2019 第1章）。まず藤原によれば、ネグリ＆ハートは帝国とそれを支える諸制度が、腐敗を前提に、分解と生成を繰り返すこと、また家族、企業、国家がコモンを腐敗させていると論じている。しかし彼らはせっかく腐敗を論じ、その担い手としてのマルチチュードを論じてもなお、マルチチュードに生産や建設の主体というイメージを与えている。

　それに対して必要なのは、帝国を腐敗死させることであると藤原は論じる。その際にマルチチュードが腐敗させる役割を担う。マルチチュー

ドは土壌に生息する生き物のように、解体と分解を遂行すべきこと、ま
た農業に従事するマルチチュードは土壌の腐敗作用を最大限生かすこと、
そして第三にマルチチュードは食べる主体となって、腐敗、消化、排泄
にもっと時間を掛けなければならないと藤原は言う。彼らは生態系の一部で
あることを自覚し、「自然の腐敗力を借りた食べ物に移行する」（同
p.64）。そうやって帝国を瓦解させるのである。

　ネグリ＆ハートを論じる章の最後は次のように締め括られる。「食べて、
消化して、排泄する存在として、つまり分解者としての自分と自分以外
の人間を認めること、それで十分なのである」（同p.70）。

　言われていることは間違っていない。ただそこから藤原は、「労働を
称揚し、物質代謝を高めることは、テクノロジーの介入する余地を広げ、
逆に生を制御してしまうだろう」と言う（同p.65）。そこでは徹底して
主体化に向かう概念は嫌われている。

　主体／脱構築、生成／分解、摂取／排泄、労働／腐敗と対立する二項
を立てて、前者を批判し、後者を称揚するというのは、よく使われる手
であるが、それでは議論が単調になる。批判すべき議論の持つ枠組みを
自ら超え出ることがない。重要なのは、前者には後者が必然的について
回り、それが根源であるという指摘である。主体化を拒否するのではな
く、それをきちんと論じ、そこに腐敗が根源的について回ることを指摘
することである。

　私はここで労働、所有、思考、消化は同義なのだと言いたい。それら
は獲得して自分のものにするという面ばかりが強調され、そのために藤
原のように闇雲にそれらに反発する人が出てくるのだが、しかしそのど
れにおいても実は、否定作用が根源であり、かつそれが先行するのであ
る。そこを押さえれば良い。

　ヘーゲルは『自然哲学』で、消化を定義して、「主体と外面的なもの
との対立である」と言っている。当時の科学の水準を反映して、段階的

に栄養物を自己のものにしていく、その順をていねいに追っている。まずは食べたものは胃液と膵液に溶け、次いで胆汁となって「自己の内へ還帰した存在」となる（『自然哲学』364節）。そうしてヘーゲルに親しんでいる人にはお馴染みの表現なのだが、「有機体は、その外面的な過程で自己が自己自身と合致し」、栄養摂取がなされる（同365節注及び補遺）。

　このように消化を論じたあとで、ヘーゲルは排泄にも言及する。「自分を自分自身から抽象的に反発すること」が排泄である。これは同化過程の完了である。それは「抽象的に他なるもの」となるである（同365節補遺）。つまりヘーゲルは消化を論じ、同時にその際に分解と排泄という否定的な作用を強調する。こういうところにヘーゲルの面白さがあるのである。

　話をさらに進める。食べたり飲んだりという行為は、栄養のあるものを摂取して、それを快感だと思うということだけでは論じ尽くせない。そこにおける否定的なものを見ていかねばならない。

　檜垣立哉は『食べることの哲学』という本で、様々な魅惑的なテーマを取り挙げる。まずはそれらをふたつのラインに沿って論じていこう。

　ひとつは人が食べるものはたいていが生物であり、つまり人は何かを殺して食べているということである。これは菜食主義者であっても、植物を食べているのであり、何かしらの生物を殺して食べているということに変わりはない。そしてどの動物は食べるけれども、何は食べないのかといった議論はあり、つまり牛は食べるが、鯨は高等生物だから食べてはいけないとか、犬はペットであって食用ではないといったことがある。それを決めるのは文化なのだが、ここで重要なのは、どういう理屈を付けようが、何がしかの生物を殺しているのである。そこに後ろめたさを感じるべきではないかということである。

そこからさらにどの文化でも食人はタブーであるということが指摘される。動物の中には仲間を食べるものもいるから、この食人のタブーは自然的なものではなく、これは人類の多くに見られる文化に他ならない。しかし著者はここで、人は他の生物を殺して食べているのであり、「食べることはそもそも生命のカニバリズムである」と言う（檜垣2018 p.173）。そう論じた上で、生き物を殺すことに人は快楽を見出しているのではないか、それは人間の本性なのではないかと問い掛ける。食人については次節で取り挙げる[2]。とりあえず先に進む。

　もうひとつの話は、人は何をうまいと感じるかという問いを立てた場合、発酵食品を人は好んで食べるという事実にぶつかる。納豆、味噌、醤油、漬物、ヨーグルト、酒と言った食べもの、飲みものがすぐに思い浮かべられる。これらは言ってみれば、腐敗したものであり、さらには毒と言って良いものでもあり、つまり人は毒を食べるのである。

　このふたつは繋がっている。殺すことの快楽が食の中にはある（同 p.177）。「もう一歩踏み込むなら、それは他の生き物を殺していることと引き換えの快楽につながっている旨さ」である（同 p.176）とも言う。

　つまりここで言えるのは、人は自分とは異なったものを食べるということであり、他なるものを体内に入れるということである。このことと毒を体内に入れるということは繋がっていないだろうか。

　これはまた毒という少々有害なものこそが、人にとって美味であるということでもある。これが人の嗜好を形作る。そしてこれは他の生物を殺すことの快楽に繋がる。言い換えれば、食べるという行為は、自らの命を長らえさせるためのものなのだが、そのためには一方では他の生物を殺さねばならない。そしてそこから得られる快楽を享受する。また他方で人は自らを殺しかねない食べ物を好む。酒や麻薬がその代表的なものだが、身体に悪いことが分かっている砂糖を好んだり、先の発酵食品も、身体に良いとされるが、しかしそれは管理された限りでぎりぎりそ

うだということに過ぎない。

　つまり他の生物を殺して食うということと、毒を食らうということは繋がっている。それが料理という文化の核にある。

　先に挙げたレヴィ＝ストロースの料理の三角形が引用される。つまり「料理の三角形」として、生のもの、火にかけたもの、腐敗させたものと3つが論じられたのだが、それらは自然と文化という二分法のもとにある。生のものは自然の側にある。一方で文化の側にあるものの内、火に掛けたものは空気に曝されており、腐敗させたものは水が使われて、それは発酵でもある。つまり料理という人為的な行為には、火と水という自然が使われる。料理は自然と文化、人間の持つ生物の側面と精神のそれとがせめぎ合う場である。

　この図式はもっと複雑に読み込んでいくことが可能なのだが、ここはそれを省いて、檜垣の結論に進む。それは料理においては、この図式の中の腐敗したものが、すなわち発酵が極めて重要だということである。発酵はかなりの時間を要し、またその技術は火を使うよりもさらに高度な文化を要する。そうしてそこから、先の毒を食らうという話になる。

　檜垣は料理とは自然と文化の矛盾の統合だと言い、自然への働き掛けだと言う。その限りで料理は労働の一種である。ここで檜垣の言いたいことは、生きるために他の生物を殺さねばならないという矛盾にあるのだが、その言いたいことを汲み取れば、料理とは特殊な労働だということになる。もちろんこの本は、料理は労働だということを言いたいというのではなく、自然＝他の生物を殺すという、この特殊性の強調にポイントがある。そこは理解した上で、あえて料理を労働の一種だと言っておく。つまりまずは自然と精神の交互作用なのである。

　社会の制度とその中における個人の行動に対して性がどのような意味を持っているかということを前章で考えてきた。その前提として言えるのは、性欲は本能ではなく、異性愛であれ、同性愛であれ、性を拒否し

たいという欲望であれ、どれもが屈折していて、精神が自然から離脱する際に刻印された捻じれを持っているように思えるということである。今回の食についても同じことが言える。つまり私たちは本能に従って、物を食べているのではない。それは文化と言っても良いのだが、精神の持つ複雑性が食を巡る諸問題に作用している。つまり精神は自然に規定されつつも、そこから離れ、それを超えようという志向性を持つ。

　ヘーゲル哲学において、消化と思考は同じものである。それは他者を否定することから始まる。他者を否定して、それを自分のものにする。普通はその自分のものにするということに力点があるのだが、しかしそもそも他者は自己の中に他者性として残る。食べ物の大半は排泄物になる。それは腸という肉体の外側にあって、やがて完全に外側に出すことになる。体内に取り入れられたものも、運動すればエネルギーとして使われて、最終的には身体の外に出ていく。ましてそれが余分な脂肪となれば、積極的に分解して体外に出す努力をすることになる。また酒は体内に取り込まれて、長い間有害な作用を及ぼす。そして人はその有害な作用を快楽として受け止める。ここに他者の否定を根本に置くべきだということを確認したい。
　以下のように本節の話をまとめる。人は他の生物を殺して物を食べる。その否定的な行為に食は支えられている。また人は殺りくに快楽を覚える。否定的な行為こそが快楽の源である。さらには自らを否定しかねない毒を食らう。
　毒は快楽である。強い否定性こそ、快楽である。否定性が根本である。
　食べ物を消化吸収するためには、まずは分解という否定的な作業をしなければならない。ここがむしろ消化吸収の根本である。
　さらに食べたものの大部分は排泄される。そのことにももっと関心が払われるべきである。

　言い換えれば、腸と脳は同型であると言うこともできる。腸の働きは分解、排泄といった否定作用にこそ注意が払われるべきである。すると思考の方もまた、他者の考え方を分解し、それを外に出していくことが重要だということにもなる。またそれは、自己自身への否定にも繋る。さらに分解は発酵作用に拠る。それは腐敗でもある。創造とその裏腹の関係にある腐敗に力点を置く。

　さらに食について考えるということは、拒食や過食についても考えねばならないということを意味する[3]。

　本節で、食について書きたいと言って書き始めて、しかし私はいきなり排泄の話をした[4]。また排泄以外に体験談は書いていない。酒についてならいくらでも書けるのだが、それについては、このあと（本章第3節）で少しだけ触れたい。

3-❷ 食人について、またはC.レヴィ＝ストロース

　檜垣立哉を参照しながら、食について書いてきた。また前節の注で、雑賀恵子の著作に言及した。彼らはそこから食人に言及する。本節ではその食人について書きたい。

　食人はなぜいけないのか。それは近親相姦と同じく社会が定めたタブーであるからだ。そしてこれはこのあと検討していく課題であるが、歴史上の幾つかの社会では、必ずしもそれはタブーではない。そのことを確認することが、またなぜそれらの社会においてはタブーではないのかということを説明することが本節の目的のひとつである。またそうは言っても、私たちの社会ではそれはタブーであり、その中で止むを得ず食人をした場合に、どのようなことが起きるのかということも見たいと思う。それがもうひとつの本節の目的である。

　その際に生物学的な理由では食人タブーを説明できないということを

まずは確認したい。こののちに取り挙げる雑賀は、福岡伸一が食人タブーの根拠を分子生物学的に説明していることを批判する。福岡によれば、消化とは、食べ物を細かくするだけでなく、元の生物が持っていたたんぱく質の情報を解体して、体内で自分に適合的なものに再構成することである。しかし自分と同じ種の肉を食べた場合には、消化酵素によって解体されずに他者の情報の干渉を直接受ける恐れがあると言うのである。福岡によれば、これが食人タブーの生物学的根拠である[5]。しかし雑賀はそれに対して、食人タブーは法の問題であり、善悪は言葉によって決定されると極めて正当な説明をしている（雑賀2008b p.94ff.）。生物学の知見をそのまま人間の文化に当てはめることの危険性について、ここであらためて指摘しなければならない。

　私は進化論を論じたことがある[6]。そこで得られた結論は、精神は自然から生まれたということであり、しかし一旦精神が発生したら、精神は精神の論理で動くので、そこに自然の論理をそのまま当てはめてはならないということである。自然科学と精神科学は相互に刺激を与え合うべきで、精神科学が完全に自然科学のもとにあるのではない。人間の行為は自然によって影響は受けるが、それをすべて自然科学で説明できるものではない。食人の問題においても、自然と文化のせめぎあいを議論すべきである。

　さらにここで注意すべきは、食人について、それがタブーであるにせよ、タブーでないにせよ、それは単に構築主義的に、社会によってその考え方が異なるのだということではなく、普遍的な正当性を要求するということである。つまりそれは人間の精神的な問題であるのだが、しかし自然性も問われている。そこにおいては先ず、生物としての類意識が発達したものが精神なのだと考える。そうすると自己が自己を成り立たせている類の一部である他者の肉を食うことができるかということが問われている。場合によっては、類の一部である他者の肉だからこそ、食

うことが奨励される場合もあり、しかし多くの社会ではそれがタブーと
なる。いずれも精神を持つ、つまり類意識を持つ人間にとって、根本的
なことが問われている。

　この問題を以下、深めていく。

　まず食人のパターン訳をする。それは個人が①飢餓状態において、ま
たは②異常な精神状態で猟奇的な事件を起こしたときがあり、また共同
体が③宗教的、文化的な理由で食人をするという場合もある。この区分
けに従って、整理する。

　檜垣と雑賀はこの①を扱う。私もまずそこから入っていくが、しかし
その前に世にどんな食人論があるか、見ていく。

　実は結構たくさんの本が出ているのである。そしてそれぞれの著者が
それぞれの関心で食人について書いている。例えば、O.ケリー『世界
食人事件簿: 食人犯罪者の知られざる素顔』は、パリに留学していた日
本人が女子学生を殺して、その肉を食べたという佐川一政事件などの数
例を集める。これは①極度の飢えから起きたものでもなく、③宗教的、
文化的な理由に基づくのでもない、②精神異常と言って良い個人の犯罪
を集めている。

　ただここで思うのは、この②のパターンは、どれも性的なものではな
いかということだ。加害者は多くの場合、殺人をし、死体を犯す。場合
によっては死体を見ながら自慰をする。性的な欲望が極まって、食人が
行われているという印象を持つ。するとここでの私の関心は食だから、
ちょっとこれらの性的な異常を対象にして私が何か書くべきことはない
ように思える。

　そのため、とりあえず②はここで対象から外す。性と食の関係、つま
りそれらの同一性と差異は、実は本書の隠れたテーマなのだが、本節で
は主題としては取り挙げない。いずれ詳しく書きたいと思う。

　また吉岡郁夫『身体の文化人類学 身体変工と食人』においては、食

人とは、飢餓状態や精神異常の時に人肉を食うことを含まないとある。①飢餓状態や②精神異常の時を除くと、あとは③宗教的、文化的な理由で食人をする場合を扱うということになる。①と②は特殊な状況下の個人の食人ということだろう。すると吉岡にとって食人とは、ある共同体の持つ風習なのである。

　問題はこの個人と共同体の接続である。吉岡は世界各地でみられる食人を分析する。そこで得られる結論のひとつは、①、②という個人の食人と、③の共同体の食人はきれいに分かれる訳ではなく、幾分かは重なるということである。吉岡は、どんな場合に食人をするかということについて、飢餓のとき、または食料が尽きたとき、さらには嗜好物として怨敵の肉を食う場合があり、医療の目的でということもある。これらは個人のものもあり、また共同体のものでもあるだろう。つまり個人と集団的な行為とは重なるのである[7]。

　また本節は後半で、レヴィ＝ストロースを参照して、アメリカ先住民の食人を論じるが、結論を先に言えば、檜垣と雑賀の論じる①個人の食人は、レヴィ＝ストロースの論じる③共同体の食人と本質において変わらないのである。結論を先回りして言えば、そういうことになる。こういったことを頭に入れた上で、①個人の食人の問題から分析を始める。檜垣と雑賀は、以下の小説を題材にする。

　野上弥栄子『海神丸』、大岡昇平『野火』、武田泰淳『ひかりごけ』と、この3つの小説はどれも、①飢餓状態の食人を扱っている。ただし、『海神丸』では殺人があったが、食人はなく、『野火』では死んだ人を食う場合と、殺して食う場合と両方があり、また主人公は殺人はしたが、食人はしていないと言い張っている。『ひかりごけ』では、食人は明らかで、あとはその死体が殺人故なのか、餓死したものなのかということが問われる。これらの違いは法的には大きな問題であるが、しかし食人がなされたときの状況を考えると、どこまで大きな違いなのか。

　まず野上弥栄子の『海神丸』について見ていきたい。

　1916年師走、貨物帆船「海神丸」が、嵐に遭ってすべての帆が吹き飛ばされ、救助されるまでの56日間大洋を漂流する。乗組員は船長以下 4名で、途中食糧が尽き、飢えた乗組員のひとりが、一番若い乗組員を食べようと斧で撃ち殺すが、船長の必死の抵抗で諦めて水葬にするという実話を元にした物語である。

　続いて大岡昇平『野火』を取り挙げる。

　太平洋戦争末期、フィリピン戦線でのレイテ島において、主人公は肺病のために部隊を追われ、野戦病院からも食糧不足を理由に入院を拒否され、ひとり熱帯の山野を彷徨う。そこでふたりの戦友に出会い、人肉を猿の肉だと偽って食わされる。そののち、このふたりのひとりが他を殺す。しかしその時に主人公はその殺された人の肉を食うことは拒否し、殺した方の戦友に銃を向けるのである。

　最後に武田泰淳『ひかりごけ』を見る。

　1943年12月、7人の乗組員を乗せた日本陸軍の徴用船が、知床岬沖合で大シケに遇い、座礁したという実話に基づく。小説は二幕の戯曲仕立てである。第一幕は真冬の島で、ここに4人の男が流れ着く。食糧もなく、4人は徐々に衰弱していく。初めにふたりが死に、そのふたりの肉を船長と一番若い船員が食って生き延びる。やがて人肉がなくなって、ついにふたりは争い、最後は船長が若者の屍をひきずって再び登場し、幕が下りる。

　第二幕の舞台は法廷で、食人を犯した船長の裁判が行われる。ひとつの争点は食人そのものである。最初に死んだふたりはついに食人はしなかったし、3番目に死んだ若者も食人をしたが、それを恥じて死んでいく。ひとり船長だけが反省もせずに生き残ったのである。それに対して、弁護人は、食人をしなければ飢え死にし、食人をすれば罪を犯すことになると、船長を擁護する。

小説はここで終わるのだが、しかし食人は罪ではない。実際には船長は死体損壊罪で1年間の実刑を受けているが、食人に対する罰ではない。食人を罰する法律はない。ただし問題はさらにここから先に進む。つまり彼は死んだ人間の肉を食べたのか。それとも肉を食べるために人を殺したのか。このふたつは法的には大きな違いである。しかし極限状態であり、証拠は何もなく、相手は殺さなくても間もなく死ぬであろう状況で、殺したか殺さなかったのかということは、実は大して違いがないのである。こうなると、人肉を食ったという、法的には大きな問題にならないことだけが、重要な意味を持ってくる。

　また武田泰淳はこの小説の中で、「殺害したが喰うことはしなかった」事例として『海神丸』を参照している。そして『野火』については、その主人公――彼は人を殺しておきながら、人肉は結局飲み下すことができず、つまり食人に至らなかった――を、「「俺は殺したが食べなかった」などと反省して、文明人ぶっている」と批判している。

　さて雑賀はまず、食人が刑法の中に存在しないことについて、近代理性は「人間存在の昏く根源的なところを揺さぶるおぞましさ」を退けてきたからだと説明する（雑賀2008b p.88）。人間を食べるということの是非は法体系の中では問えないのである。

　そこから彼女は大岡を批判する。戦争時のような極限状況では、食人は善悪の向こうにあり、それを理性が裁けるものではない。しかし『野火』の主人公は、法を疑わず、食人を拒否したことを誇っている。そのために人間の業を凝視し得なかったのではないかと言う。

　食人タブーは実はおぞましい悪ではない。しかし『野火』の主人公は、人肉を突き付けられて、激しく嘔吐する。「身体の欲望を身体が反抗する。・・・『野火』で闘争されているのは、剥き出しになった世界と、ほかならぬこの私、言語に拠ってしか思考し得ない、しかしまごうことなく肉体を持ったこの私との関係にのみ在る、倫理なのである」と、この

論稿を結んでいる（同 p.98）。

　さらに雑賀は武田をも批判する。武田もまた言語 - 意味の世界に囚われている。「全ての人が担うべき業（カルマ）を、理性で裁断される善悪の彼岸にあるはずの業（カルマ）を、むしろ武田は、意味の体系に組み込んでしまっている」と批判する（同 p.90）。

　檜垣は、上述の雑賀の議論をていねいに読み解いていく。食人は法の外に置かれており、それはタブーではあるが、法律で明文化されないということをまずは確認する。それはおぞましいものだが、それは文化で論じることができないものなのである。

　さらにそこから檜垣は、宮沢賢治を引用しつつ、考察を深める。例えば「よだかの星」ではよだかは虫を食い続けることを嫌悪し、ついには自死する。ここでは他の生物を食わねば生きていけないという、食の根本が疑問視されている。また「注文の多い料理店」は、客が危うく食べられてしまうという話である。人が他の動物を食うだけでなく、人もまた食われ得るのである。檜垣は、「生きるものを食べるわれわれの試みとは、すべてがカニバリズムでありうるということではないだろうか」と問うのである（檜垣2018 p.94）。

　檜垣はそこから生き物を殺す欲望を、さらには人を殺す欲望を示唆する。人は動物を殺して食う。人は殺さない。しかし人と動物は連続しているのではないか。生きているものを同類とみなしてしまえば、食べることはそもそも生命のカニバリズムであるというのが檜垣の考えの根本にある。そしてさらに、生き物を殺す快楽もまた人間の本性ではないかと考える。

　しかし一方で、人は毒を好んで食う。これは前節で書いたことである。ここのところで、檜垣は、他なるものこそが毒であると考えている。つまり人は毒を好み、他なるものを食べる。そういう仕組みで、人は食人を避けることになる。「カニバリズムを避けるということは、自分と近

いものは食べないことである。毒を食べることは、構造的な必然である」と檜垣は書く（同 p.174）。毒を食べるというパラドックスが檜垣の主張の根本であり、そのために食人は避けて、他の動物を食うことの快楽に話を持っていく。

　私もまた、そもそもすべての生物を殺して食べるということと食人は繋がっていると思い、しかしそうすると檜垣のように、他の生物という毒を食うことこそ快楽であると話を持っていくことで、食人は避けられると結論付けることに不満が残る。つまり人は毒を好むものだとした上で、しかしなぜそれが食人タブーを説明することになるのか。他の生物を殺して食べることが毒であるとして、なぜそうすると食人は避けられるのか。そこが分からない。先に他の生物を食べることと食人は繋がっていると言っておいて、しかし両者は異なるのである。そこが十分説明されているように思えない。

　しかし一応の結論としてここに書いておき、あとでもう一度考えたい[8]。

　さらに話を先に進める。E.V.deカストロ『食人の形而上学：ポスト構造主義的人類学への道』は、興味深い本である。ドゥルーズ―ガタリに触発されて、レヴィ=ストロースをドゥルーズ―ガタリで読み直す本だと最初に書いてある。訳者のひとりは今まで議論の中心に私が据えた檜垣立哉である。彼はドゥルーズ研究者でもある。カストロはブラジルの人類学者で、その議論の中心は「アンチ・ナルシス」である。これはもちろん「アンチ・オイディプス」をパラフレーズしたものである。後者がギリシアに行き着くことに対し、前者はアメリカ・インディオ的な自然主義に依拠する。そこから多自然主義という観点が提出される。

　食人という言葉がタイトルにあり、またこの本の第Ⅳは「食人的なコギト」となっていて、それがテーマなのだが、しかし食人そのものについての記述は少ない。カストロはここでアメリカ先住民と言えば食人

という烙印が押されていることに異議を唱えているのである。

　確かに彼らの風習の中に食人はある。しかし先住民は、なぜ敵の肉を食べるのか。それによって復讐や祝福をするというのが、それまでに考えられてきたものである。何か超自然的なものがあり、それに対する信仰から人肉を食う。そしてその信仰は文明化された人々から、野蛮だと見做される。カストロは、それに対して、私と他者が交換するという観点が重要だとする。

　私は他者が憑依することによって他者として規定される。そして今度はその他者が私になる。私は常に他者の中の私である。これをカストロは、他者を横断すると表現する。

　人肉を食することが重要なのではない。肉は身体だが、その身体は敵と食する者の関係である。「自己に対する視点としての他性」なのである。

　さらには次のようにも言う。殺戮者は、その敵を通じて自らを敵のように見なしたり、敵のような状態にする。自らは敵として現れる。倒した相手のまなざしを通して自らを理解する。

　常に敵を創造しなければならないとしたら、他者をそのようなものとして作り上げるのだとしたら、その目的は実際に敵を食べるということであり、それは自己を他者として作り上げるためなのである。（以上、カストロ2015第8章）

　自己が他者になり、他者が自己になるという、この変容、すなわち自他の置換、転置、交差と並んで、もうひとつの観点は、人間が動物になるというものである。人は死ぬと動物になる。ある者は豚になって、人に食われる。ある者はジャガーになって、人を食う。動物は元々は人間であり、人間は最後は動物になる。（同 第9章）

　ここではふたつのことが言われているように思う。ひとつは、私たちは他の生物を殺して食うのだが、食人はそのことと連続しているということである。私たちは、かつて人間であって死んだのちに豚に変身した

存在であるところの動物の肉を食い、また直接的に人肉も食う。もうひとつは、私たちは現代の日本にいるとまず自覚しないのだが、人もまた他の動物に食われる存在だということである。人は死んでジャガーや禿鷹やピラニアに変身し、それらは他の生物も食うのだが、同時に人も食うのである。

　こういうことをカストロに教わって、いよいよレヴィ＝ストロースを読むことになる。そしてそこに、人が他の部族の人間の肉を食う話と、間接的に、つまり死者が豚になって人に食われたり、死者がジャガーになって人を食ったりという話が夥しいほど出てくることに気付くのである[9]。

　ここでカストロが依拠するのは、1964年から1971年に掛けて書かれたレヴィ＝ストロースの『神話論理』である。それを取り挙げる前に、私は1949年に出された『親族の基本構造』を先に見ていきたい。これは実はかつて論じたことがある[10]。

　『親族の基本構造』では次のように論じられていた。まずその第1章と第2章で方法論が論じられる。「近親相姦のタブー（訳本ではインセスト禁忌となっている）は性向であり本能であるという普遍性も、法であり制度であるという強制的性格も併せ持つのである。・・・我々の社会においてすら、聖なる事物にまといつく畏怖の後光を、これほどまでに保ってきた社会的命令はまずない」（レヴィ＝ストロース1949 p.69）。かくしてこのタブーを避けるように女性の交換が行われる。互酬原理が論じられ、婚姻の形態が社会の構造を決める。

　結論部で再びこのタブーが確認される。すなわち「インセスト禁忌は母、姉妹、娘との結婚を禁ずる規則であるより、母、姉妹、娘を他者に与えることを義務付ける規則、典型的な贈与規則である」ということになる（同p.775）。

　それは『神話論理』の構成とはだいぶ異なる。するとレヴィ＝ストロ

ースの問題意識は、若い頃は性の構造にあり、そこから近親相姦のタブーを論じ、これを避けることが社会の構造を決めていると論じたのだが、のちに関心は食に移り、そこでは食人のタブーが社会構造を決めると考えたとして良いのかということだ。とりあえずそういう先入観を持って、実際に1964年以降のレヴィ＝ストロースを読んでみよう。

　まずレヴィ＝ストロース「われらみな食人種（カニバル）」（初出は1993年）に簡潔なまとめがある。

　食人は人間の本性に反するもので、食人の習慣のある部族は野蛮であるという世間に対し、食人の風習は多くの地域で存在しており、「カニバリズムの概念やその直接、間接の適用があらゆる社会に見られる事象」であり、「われわれのもとにもカニバリズムが存在すると言えないこともない」とレヴィ＝ストロース言う（同1993 p.160）。他人の肉体の一部を自分の身体の中に入れることはありふれたことなのである。「他者と自分と同一化する一番単純な手段は、何をおいてもまず、他者を食べてしまうことである」とも言う（同）。

　また『パロール・ドネ』（初出は1984年）には『神話論理』の要約がある。そこで次のように言われている。前節で私は、レヴィ＝ストロースの、「生のもの」、「火にかけたもの」、「腐敗させたもの」という料理の三角形を紹介した。彼が取り挙げる神話の世界では、このほかに第四の食べ方があり、直接間接的に食人が話題になると言う（同1984 p.66）。ここで直接的というのは、彼らが敵対する部族の肉を食うということであり、間接的というのは、人が鬼やジャガーや禿鷹やピラニアになり、人を食うというものである。実際そこには夥しい例が見られる。食人はタブーではなく、堂々と食人が論じられている。そしてなぜ食人が行われているのかということについて、まさしく先にカストロがそれを整理して論じていたのである。

　さていよいよ『神話論理』を読む[11]。これは全4巻から成る。第4巻が

邦訳では2冊に分けられているから、全部で5冊ある。1冊平均500ページを超える大部のものである。

　出口顯によると、この5冊の読解のためには、さらにフランス語原文と英訳と、南アメリカ先住民について解説する民俗分布図と星座早見表を、机の上に並べて読んでいかねばならないのだそうである（出口2011 p.21）。

　すべての神話には番号が振られている。M1からM813まであり、またそれらはヴァリエーションがあって、同じ番号の中にさらにa、b、c・・・と付けられて、細かく分けられている。総勢で1000余りの神話が記述されている。

　単に先住民の神話をまとめただけではない。レヴィ＝ストロースがもう一度その神話の誕生と生成を再演しているのである。神話に即して、その神話の生れた瞬間に立ち会うのである。

　そして私たちもまた、レヴィ＝ストロースを読むことで、私たちの頭の中にもう一度その神話を創り直すことが可能になるのではないか。これも出口によれば、レヴィ＝ストロースはこの1000を超える神話を全部記憶しているのだそうだ（同p.313）。番号を付けて、読者にも関連する神話をもう一度読み直すことを求めている。この5冊の本をあちらこちらひっくり返しながら、その番号の神話を探し出して、記憶を新たにし、私たち自身が神話を再生することが求められる。

　残念ながら実際に私たちの誰もがそこまでの作業をなし得るのではないが、その可能性は開かれている。

　神話は伝播する。ある部族から別の部族へ伝わると、もう一度それが解釈し直され、変形されていく。そしてそれはレヴィ＝ストロースによって集められ、そこでも変形を受け、私たちに伝えられるのである。

　以下、内容に入っていく。それは南北アメリカ大陸の先住民の神話を論じている。神話の中に見られる二項対立をレヴィ＝ストロースは取り

出す。生のものと火にかけたもの、男性と女性、雨季と乾季、明と暗、昼と夜などである。それらの分析が基本で、その中に食人も出てくる。食人の例は夥しくある。

　また自然と文化の対立の上で、料理が論じられる。乾いたものと湿ったもの、蜂蜜とタバコが論じられる。蜂蜜は蜂蜜酒になる。また糞便も大きなテーマである。これは本書前節のテーマである。

　レヴィ＝ストロースの著作において、糞便の役割は大きい。小便と樹液は生のもので、大便とビールは発酵、腐敗させたものという意味で料理したものに分類される。またもうひとつの二項対立は、排泄と性交である。

　食人も出てくるが、主題ではない。先に書いたように、『親族の基本構造』では、女性の交換がテーマであり、近親相姦のタブーが常に議論の基調にあったが、ここでは、摂食と排泄などの二項対立が主題で、食人はその中のひとつのテーマに過ぎないようにも思える。

　女性の交換も論じられるが、それは食を巡ってなされている。食と性、植物と動物、魚と鳥が論じられ、「自分たちと同じように食事をする人々と女性を交換する」ということになる（p.549）。

　全巻を見渡して、『基本構造』から『神話論理』への移行において、性から食へ比重が移ったという言い方をしても良いだろう。しかし後者でも性は論じられている。

　また近親相姦のタブーから食人のタブーへという移行はないと言って良い。つまりレヴィ＝ストロースの取り挙げる世界では、後者はタブーではない。むしろ普遍的にみられるものとして位置付けられている[12]。

　すると私の先入観は見事に打ち砕かれることになる。

　そこでは食の話が多いが、性に関する話も当然たくさん出てくる。近親相姦の話も出てくる。話は生活全般に互るのである。

　また食人の話は、主たるテーマではないと今私は言ったが、しかしそ

の話は夥しく出てくる。捕虜を食い、そのことによって、捕虜が自分たちと同じになると考える部族がいる。自分の乳房を切り取って、人に与えるという話もある。好戦的な食人があり、自らの身を捧げるという食人もある。死体を火葬したあとに残る骨の一部を酒などに加えて飲むという場合もある。

さらに直接的なものだけでなく、間接的なものが実に多い。間接的というのは、人がジャガーに変身し、そのジャガーが食人をするというタイプのものである。あるいは食人をしてからジャガーに変身するという話もある。自分の子が猪になり、それを食うというものもある。さらには人は容易に鳥や魚になる。鳥の中でも禿鷹は、また魚の中でもピラニアは人を食う。

またここでは食人が何か特別なものだというようには描かれていない。恐らく人は日常的にジャガーや禿鷹やピラニアに食われているのである。つまり人も容易に捕食される。私たちは他の生物を殺して食べているのだが、同様にまた他の生物も私たち人を殺して食べているのである。生物の捕食被食の輪の中に私たち人間も入っている。また私たちは猪を殺して食べるのだが、神話においては、その猪は自分の子の変身した姿であるかもしれない。様々な生物を殺すことと人間を殺すこと、動物によって食われることと食人とは接続している。

また神や精霊に人が食われることもある。死者の魂は天界の神に食われることで、自らも神になる。野生動物の主と考えられている森の精霊に人が食われると、その人は野生動物の主として再生する。

むしろここでのテーマは変身である。人は容易に他の生物になる。人食い女が穴に落ちて死に、その穴を埋めるとそこから植物が生えてくる。これがたばこである。たばこの起源は人食い女である。

今ここで私は不用意にたばこの起源に触れた。これはしかし、様々なヴァリエーションがあり、先住民の神話のひとつの大きなテーマをなし

ている。人は蛇になり、その蛇が殺され、その死骸が焼かれると、その灰からたばこが生まれる。ここではたばこは大地と空との媒介者である。しかし別の神話では、死者の魂は水の中にあり、たばこが大地と水の媒介の役割を果たす。

　カストロの本のタイトルは『食人の形而上学』となっていた。つまりそこで食人が強調されている。それに対して、確かにレヴィ＝ストロースの『神話論理』には食人の例が夥しく出てくるが、しかしそこでは、火と水、空と大地、太陽と月、高みと低さ、近いものと遠いものといった二項対立が論じられ、夥しい例の変身が論じられる。火の起源、肉の起源、たばこの起源が論じられる。

　人もまた他の動物によって食われる。その他の動物が人の生まれ変わりならば、それは人が人を食うということになる。また私たちは他の生物を食うことで生きている。その中に食人も含まれる。

　さらに他者の肉を食うことで、他者と同化したり、他者と自分が入れ替わったり、他者をその共同体の中に位置付けるということもある。食は文化の問題だが、食人もまたそうである。

　これは先の檜垣の結論と繋がってくる。人は他の生物を殺して食う。場合によっては人をも食う。また人は他の生物によって殺されて食われる。場合によっては他の人によって食われることもある。食人がタブーなのか、承認されるものなのかという理屈付けはどうにでもなる。つまりタブーになる場合もあり、タブーにならない場合もあり、問題は実はそこにはなく、食人という問題が食というより大きなカテゴリーの中に位置付けられているということなのである。そして食とは何かしらを殺して食べるということに、その本質があるということなのである。

3-❸ 食の哲学

　サラ・ウォース『食の哲学』に触発されて、以下、思うところを書いていく。

　著者はアメリカの大学で、哲学、美学、環境倫理学を講じている。その主張はまず、食の趣味は、その味わいを心から楽しんでいるかどうかに掛かっているということや、食はそれぞれの土地に根付いているから、その土地に住んでいるとか、出掛けたことがあるといったことが重要だということになる。

　著者はイタリア料理に詳しい。またチーズやオリーブオイルの記述は細かい。その際に、著者はスローフードを提唱する。思想としてのスローフードが賞賛される。彼女はアメリカの大学でスローフードに関する講義を行い、毎年学生をイタリアに連れて行くのだそうだ。そしてアメリカに帰国すると、このスローフードの食事を維持するのに苦労すると嘆いている。著者は料理学校に通い、農産物の直売所で買い物をするのだそうだが、しかしどうしても町の至る所に見られるファストフード店の世話になってしまうと言うのである。アメリカはそれほどにまでファストフードで溢れている。当然のことながら、スローフードの正反対のものとして、こういったマクドナルドのハンバーガーなどが貶される。またマッチョ的なもの、大量生産されたもの、加工食品に著者は困惑の表情を見せる。その上で、あらためてスローフードのおいしさを称賛し、上質の材料とその素材の味を生かせるシンプルな料理を推奨する。産地がはっきり分かる食べ物を礼賛する。スローフードはひとつの生活様式であり、ひとつの世界観なのだということに多くの人が気付いてほしいと著者は願っている。

　私はその著者の感性は良いと思う。それでウォースに対抗する訳ではないが、私も私のスローフードを論じたいと思う。

　まず最近食べておいしかったのは、玉蜀黍と枝豆で、これは知り合いから採りたてを送ってもらったり、農家が営む直売店で購入する。それらは採ってすぐのものを茹でて食べるのが一番おいしいが、玉蜀黍は天麩羅にし、枝豆はすり潰して餡子にしても良い。

　また近所の魚屋の前を通ると、店主から声が掛かり、鰯や鯵が残っているから、全部持っていってくれるか、負けておくと言われる。こういう時は向こうの言うことを聞いておいた方が良い。家族で一回に食べるには多いものでも、開いてかば焼きにしたり、揚げて南蛮漬けにしたり、食べ方はいろいろある。魚屋と良好な関係ができていれば、今度はこちらの我が儘も聞いてくれる。天麩羅にしたいから、メゴチの良いのが入ったら連絡してほしいとか、夜遅く仕事帰りに店に寄るから、魚を取っておいてほしいといった要望も聞いてくれる。海鞘も処理されて酢漬けになったものが、マーケットに売っているが、しかし貝殻の付いたものを、魚屋で剥いてもらい、家に帰ってすぐに酢橘かカボスで食べた方が、歯ごたえも良いし、何より香りが良い。

　また私は東京下町地区に住んでいるが、家のすぐ近くを流れる川の土手で、ヨモギ、タンポポ、カラスノエンドウなどを摘んできて、天麩羅にする。おひたしにしても良い。郊外に行き、ウドの若芽が手に入れば、これは最高にうれしい。

　こういう時は日本酒がうまいと思う。まず酒を購入するときは、必ずどこの産地のものかが気になる。そうして飲んでいく内に、いくつか気に入った銘柄が出てくるのである。

　因みに言えば、吟醸酒はかつては香りが強すぎ、一口飲むとうまいが、たくさん飲むと気持ちが悪くなるといったものが多かったように思うが、最近は結構穏やかなものが増えたように思う。しかし酒はたくさん飲んで気持良く酔えるかどうかが重要であると考える私にとって、好んで飲むのは、くせのない純米酒になる。ただ本醸造酒でも、これも最近は随

分と味が良くなっているので、人肌燗か日向燗くらいでゆっくり飲むと、これはなかなか行ける。

このあとに私はワインを論じたい。スローフードと言うのは、そもそもゆっくりとその食べ物を味わい、その食べ物の産地を思い、伝統に気付かされるというものである。必ずしも自分の住んでいる地方の料理と酒を愛するというだけではなく、旅に出掛けたとか、知り合いが住んでいるとか、まだ出掛けてはいないが、憧れているといった土地のものでも構わない。食べ物と飲み物の産地が明確で、その土地に何かしらの親しさを感じることが重要である。そのことさえ守られていれば、実は何を食べてもスローフードになる。

例えば、先の地元の野草料理には辛口のリースリングかソーヴィニョン・ブランが合う。また今日はワインがメインだという日は、チーズをふた種類くらい用意して、あとはトマトとスプラウトだけのサラダに、暇な時に作り置きしてある、枇杷か柚子の皮のジャムをパンに付けて食べる。枇杷も柚子もご近所からのお裾分け。食事は簡単なものにして、とにかく今日はワインを楽しもうと思う。こういう時はピノ・ノワールが良いが、時にカベルネ・フランやシラーが無性に飲みたくなるときもある。

かつて私は1年ほどドイツに住み、その後度々フランスに出掛けている。この数年思うのは、ブルゴーニュのワインが劣化して、ドイツ各地のワインの水準が上がったことである。これは明らかに温暖化が作用している。フランスにとっては、極めて深刻な危機が訪れていることになる。こういうことは別稿を用意して、きちんと論じるべきだと思うが、そういうことも思いながら、飲食をしたいと思う。

ウォースはまた、食事が低次の快楽にされてしまうことを批判する。しかし食には思考が必要なのである。それには芸術的な感性と教養が必

要である。人間らしさもまた要求される。食の復権を図らねばならない
と彼女は主張する。

　そもそも哲学者たちが食についてあまり考えてこなかったのではない
かと彼女は批判する。この問題意識が、この著書全体に横たわっている。

　例えばウォースは、フォイエルバッハの食論にも言及する。フォイエ
ルバッハに対してはいささか手厳しい。彼女はフォイエルバッハが言っ
たとされている「あなたは、あなたが食べた物でできている」という言
葉を引用する。そしてその言葉の意味するところは、「食事の内容が脳
の健康に直接影響を与え」、「ひいては愛国心や政府にも影響を及ぼす」
ということであり、「貧しい食事からは貧しい思考と感情が生じる」と
いうことであると書く。さらに続けて、虎のペニスを食べれば性力増強
に効果があるとする考えが根強く世間にはあると批判している。

　しかしこれではフォイエルバッハが可哀そうである。短絡的な世間の
迷信と哲学者の主張とを結び付けて批判すると、このウォースの言い分
もまた、皮相的なものに思えてしまう。ここで言われていることは、何
を食べ、何を好むかということは、その人の性格や経済状態と大きな関
わりがあるということに過ぎないのである。

　確かにフォイエルバッハには「供犠の秘密　あるいは人間とは自らが
食べるところのものである」という論文がある。ここで、このフォイエ
ルバッハの言葉を表題に掲げた著作を参考にして、フォイエルバッハ擁
護をしようと思う。河上睦子の『「人間とは食べるところのものである」
「食の哲学」構想』を参照しよう[13]。

　まず、フォイエルバッハのこの短い論文で彼が言いたいのは、人間は
身体という内的自然を以って、自然を改変して生きてきたということで
ある。つまり食という人の営みに着目して、人が如何に世界を創ってき
たかということを問いたいということである。これは正当な問いである。

　さらにフォイエルバッハの主張は、この論文の題名にあるように、供

犠についてなされたものである。つまり人は食べるという行為によって、他者と結び付く。さらには神と人、民族同士も結び付く。食という行為を通じて、同じ価値観を共有する人々が、その土地の食べ物を、その民族の神への供物として捧げる。フォイエルバッハの功績は、このように宗教の起源を唯物論的に基礎付けるものであって、食べたものが直接その人の身体や思想を創り上げるという単純な思想ではない。

　そこでは共食という表現が使われる。宗教はまさに共食から始まった。人が集まって、ともに食事をすることこそが宗教の始まりなのである。

　さて、フォイエルバッハに対する誤読はともかくとして、また私たちの身体が食べたものそのものから出来上がっている訳ではないのだが、しかし私たちが食べるものと、その人の思想や人格や境遇が相互に影響し合っているのは確かであろう。つまり先に私は、食には思想が必要だと、ウォースを援用しながら書いた。ここで食とその人自身は相互作用をする。人は自らが育った土地で、日々食事をし、思想形成を図る。その土地の風土と、その風土によって影響される人々の行動様式の中で育っていく。そうして獲得した、ものの考え方や性格や経済状況によって、日々、自らの食を決定していく。さらにはそうして得られた食の経験が、新たにその人の内面や外面の形成に影響する。

　フォイエルバッハが指摘した、民族と食の関係は考察すべきひとつのテーマであるが、ここで考えたいのは、私という個人の趣味判断がどのように食を選んでいるかということと、逆に食がどのようにその人の性格形成や嗜好や行動様式に影響を与えるかということなのである。

　以下、そういう問題意識を持って、私自身の子どもの頃の記憶を書いていきたいが、その前にまず思うのは、私は大人になってから、例えば高級ワインを飲んだり、外国で贅沢をしたという経験があるのだが、こういうことは人生の貴重な体験で、こういう機会があることに感謝したいと思うと同時に、どうしてもそこに多少の罪悪感があり、自分で自分

に対して言い訳をしないとならないということなのである。それはどう
してかと言えば、それはもう単純な話で、子どものときに貧しかったか
ら、大人になったら美味しいものを飲んだり食べたりしたいと強く願っ
ていて、人一倍その欲望が強いのに、しかしその欲望が満たされたとな
ると、しかしそれは本当に願っていたことではないし、私にとって本質
的なことではないはずだと思ってしまうのである。あるいは、自らの欲
望が露わになることの恥ずかしさを同時に感じてしまう。

　以下、食に関する私の幼少期の記憶を辿っていきたい。

　小学4年生くらいから中学2年生まで、我が家の夕食は私が作ることが
度々あり、少なくとも買い物は日々私の仕事であった。まず肉屋に夕方
出掛ける。そこでは豚小間しか買わない。肉屋に行って、必ず豚小間
200グラムを買う。これで母と弟二人と私と計4人の夕食を作る。肉屋の
おばさんは、コロッケを揚げていて、破裂して売り物にならないものが
出ると、私のためにそれを取っておいてくれる。買い物の帰りに、その
コロッケを食べるのが楽しみであった。

　また八百屋は、店が閉まる頃に行けば、売れ残ったものを安くしてく
れる。それで毎日判で押したように、豚肉入り野菜炒めを作る。これが
夕食である。

　たまに母親がカレーを作ってくれる。ここでも豚小間200グラムが使
われる。玉葱、じゃが芋、人参を一緒に炒める。玉葱を先に色が付くま
で炒めるといった芸当はない。しかしそれでも結構うまい。カレーは必
ず残して、翌日の朝食にするか、場合によってはさらに翌日の夕食にな
る。

　そのころ住んでいた家の近くに自衛隊の駐屯所があり、その広い演習
所に忍び込むと、大人は中に入れないから、蕨が手付かずのまま、一面
に生えていて、それこそ採ろうと思えばいくらでも採ることができた。
それを摘んで、近所の家から薪を燃やした竈に残っている灰をもらって、

あく抜きをし、そのあと油揚げとともに煮込むと、御馳走ができる。御馳走という言葉で思い付くのは、残念ながら、そのくらいだ。

その後中学2年生の終わりに、千葉から東京に出てくると、そこでは鶏肉が安いことを知る。それ以前は、買い物をするのは鶏肉を置いていない小さな肉屋と八百屋に限られていたのである。それが東京では、いくつもマーケットがある。豆腐や卵はマーケットの特売日には驚くほど安くなる。そうなると、そのあたりがおかずの主たるものとなる。あと魚肉ソーセージともやしは定番である。このあたりが夕食の思い出である。

昼食のことも少々書いておく。まず小学生のときは、給食がうまいと思う。家の食事よりは大分ましなのである。味付けが良いとは思わないが、少なくとも材料は豊富で、品数もある。

それが中学校に入ると、弁当を持参することになった。これが辛い。おかずは卵焼きだけとか、砂糖と醤油で炒めたひき肉をご飯に乗せただけという弁当が多かった。通学鞄の中で弁当の油が垂れ出して、教科書や辞書が油まみれになるということが何度もあった。それはあまり良い思い出ではない。

おかずがまったくなく、弁当箱の蓋で弁当の中身が見えないようにしながら、急いで白い飯を掻き込む同級生がいた。当時私の家が最も貧しかったという訳ではなかったのである。

先に書いたように中学2年の終わりに、私たちは一家で東京の下町地区に越してきた。そこでは給食が出た。それはうれしかった。転入して最初の日に驚いたのは、隣の人とおしゃべりをしながら給食を楽しむ同級生の姿である。前の学校では、食事中は私語厳禁であった。学校によってずいぶんと雰囲気が異なることを実感する。

高校を出ると、狭い家の中に私のいるスペースはないから、すぐに家を出てアパートを借りる。あとは少なくともその家賃を稼ぐために、ア

ルバイトに追われることになる。食事はほぼ自炊である。ときにすぐ近くにある実家に帰ることもある。あるとき、これはアルバイトの給料が出た日に、牛肉を100グラムほど買って、ひとりで焼いて食べたことがあった。うまいと思った。

　その頃良く食べたのは、玄米を炊き、牛乳を少し入れて、マーガリンを乗せるというものである。これは結構うまい。それを主食としていた時期もあった。極貧だけれども、自分の稼いだ金で食事ができる。これはうれしい。またひとり暮らしを始めたらすぐに、圧力釜とミキサーなどの機材を購入する。玄米に黒豆を入れて炊くと、他におかずが要らない。道具に金を掛けてもすぐに元が取れる。

　20歳で妻と知り合って、すぐに結婚したから、話はそれまでの時期のことである。

　さて考察すべきは、そのときの食が現在の私の思想的傾向と関連があるか、子どものときの食が現在の私の性格に影響を与えているのかということである。

　私は今でも極力金を掛けないで、うまいものを食べたいと思う。となると、自分で作るのが一番良い。ワインを飲むときも、自宅に人を招くか、友人宅に招いてもらうか、そのどちらかが多い。それでいて、ときに、金を掛けるべき時は掛けて良いと思う。思い切って、高級なワインや食材を買うこともたまにはある。そのあたりのバランス感覚は、自分でも良い方だと思っている。あるいはそのように自らを納得させている。また、うまいものはうまいと思う。快を感じる能力はあると思う。

　また若い時に貧乏だったので、私はファストフードに馴染みがない。つまりハンバーガーや牛丼やコンビニの総菜よりも、自分で作った料理の方がはるかに安いからである。そしてそれはありがたいことだと思っていた。ウォースも口を酸っぱくして、ファストフードの悪口を書いているが、そもそも私はそれらがうまいと思ったことはなかったのである。

しかし最近、若い人に誘われてハンバーガーを食べると、驚くほどうまいものがある。コンビニのケーキ類もかなりしっかりと作られている。馬鹿にできない。こういうところでのレベルアップは著しいものがある。

　またときに、センベロと言われる店のもつ焼きが無性に食べたくなることがある。それは安い焼酎と良く合う。隣人と身体をくっ付けて、狭く、薄汚い店で飲み食いをするのは、これも快楽だと思う。

　このあたりはウォースと見解が異なるというより、アメリカと日本の事情が異なると言うべきかもしれない。日本ではB級グルメの水準は高い。安いものでも、うまいものはうまいと思う。

　以上、こういう経験を書いた上で、以下私が展開したいのは、ワインの美学である。子どものときに貧乏であったこと、その後に相変わらず金はないが、美食を求めるようになったことを書いてきたが、その後経済的に余裕ができると、ワインにはまるようになる。それは私の食の遍歴において、必然的な成り行きなのである。

　まずはある経験から書き始める。

　一度ある大手のワインショップの催し物で、きわめて高価なワインを30ccずつ飲むという企画に参加したことがある。値段は書かない。知っている人は知っているということで、飲んだのは、2020 Château Mouton Rothschild Pauillac とか、2020 Château la Mission Haut Brion Pessac Léognan など、数種類である。

　一口飲んで衝撃が全身に走る。これほどまでに複雑で豊かな味の飲み物があるのかと思う。二口目は、ゆっくりとその口の中に広がる味のふくらみを感じ取り、またしばらくはその余韻を楽しむ。三口目は10分くらい置いてから味わう。味は穏やかになり、しかしその強さは失われない。その後は30分置いて、残っているものを飲み干す。これで全部飲んでしまったと思う。束の間の快楽が消え去っていき、あとにははかなさ

が残るばかりである。

　まずこういったワインは明らかに芸術作品である。そしてそれに金を掛けるのは正当化されると思う。かつ私にワインを味わう審美眼があるかどうかは不安なのだが、こういうことが楽しいと思える程度にセンスがあれば良いのだと、自分で自分を慰める。

　ウォースの著作に、ワインについての記述は多い。ブルデューを引き合いにして、ワインを楽しむだけの文化資本がある人は限られているというようなことが言われる。つまりワインは結局のところ上流階級の人の飲み物だということになる。私も人からそう言われたことがある。私がワインが好きだと言うと、「あなたは仲間だと思っていたのに、いつからブルジョアになったのか」と、これは私より年長の友人から言われたことがある。

　しかし今やワインは、普通の人が楽しむことができるものではないか。私は自動車を持っていないし、ゴルフにも行かないし、女の子のいる飲み屋にも行かない。それらにお金を掛けるよりも、ワインを嗜む方がずっと安いはずだ。高級レストランで飲むのではなく、このあとも書くが、例えばワイン仲間を作って、自宅を含めて、順にそれぞれの家でワイン会を開くというような工夫をすれば、結構安上がりに、良いものが飲めるだろう。

　またワインを理解するようになるためには、様々な土地の様々な食べ物を味わった経験が必要だとウォースは書く。これもその通りである。幸い私は40歳を過ぎてからだが、外国で暮らす機会があり、またしばしば外国に出掛けることが可能だったから、そのことは体験的に理解できる。ワインをその地方の肉料理やパンやチーズや果物と一緒に味わう機会が、舌を鍛えることになる。そしてこれも今や、一部の特権階級のものではなくなっている。私の仲間には、若いときに青年海外協力隊として長く活動をしたり、たまたま外国の友人ができて、その人に現地に連

れて行ってもらったりという体験のある人がいる。また私よりも若い人だと、留学の経験のある人は珍しくない。レストランでアルバイトをしていて、ワインを覚えたという人もいる。必ずしも皆、金持ちだという訳ではない。

　さらに話を進める。ワインを中心にした、食の趣味判断の美学を私は構築したいと考えている。そのことに関して、ウォースは、食について哲学者の言及があまりに少ないと嘆くのだが、趣味判断についてのヒュームとカントは、その数少ない例外として、参照されている。その解釈について、私はいささか批判をしなければならないと思う。サラ・ウォースの著作の中では、厳密にどのテキストの何ページを引用したということが明記されていない。ただそれは学術論文ではないので当然だということで、そこまで神経質にならなくても良いのではないかと言われるかもしれない。しかし哲学史の中でのヒュームとカントの位置付けは慎重になされるべきものである。問題は、趣味判断が主観的なものか、客観的なものかということだ。ここではまず、この問題は確かにこのふたりの哲学者が論じたものだということを確認し、それぞれウォースがどのように取り挙げているかを見ていく。
　彼女はそこで、ヒュームは客観主義者「だとされている」とし、カントは「ある意味で」主観主義者だと言う。ヒュームは、美は作品そのものに宿っているとし、一方カントは、美的判断の主観的特性が趣味の基盤であると考えていたとしている（ウォース2022 p.27 – 33）。しかしこれはあまりに単純すぎる区分けであり、不十分な指摘であると思う。私は以下、ヒュームとカントのテキストに即して厳密に論じたい。
　まずヒュームは『道徳・政治・文学論集』に収められた「趣味の基準」'of the Standard of Taste' という論文を使う。またカントは『判断力批判』の第1部「美学的判断力の批判」の、特に最初の方にある「趣味判断」

'Geschmacksurteil' を参照する。

　趣味判断は一般に視覚を中心に考察されているのだが、これが味覚だとどうなるか。そもそも「趣味」を意味する英語はtasteであり、ドイツ語はGeschmackなのだが、それらは味覚の問題なのである。ところが哲学者たちは専ら視覚芸術を念頭に置いて議論をしてきたのである。

　私は料理やワインを芸術作品だと思っているので、文字通りtasteとGeschmackを論じて、ここから美学を構築できないかという野心を持っている。そこでは、身体の観点を強く意識した美学が構想できるはずである。

　このあとで検討するが、すでに現在はたくさんの食についての書物が出ていて、それらの著者とはこの問題意識を共有する。そういうことも念頭に置いて、このヒュームとカントという古典を読んでいく。

　ヒュームは、芸術作品の評価はそれを感じ取る個々の人間の所感に依存しているということをまず、当然の前提と考えている。趣味は人によって異なるのである。しかしそれにもかかわらず、「人々の様々な所感がそれによって一致させられる規則」があるとしている（「趣味の基準」原文 p.183＝訳文 p.194）。つまりヒュームは確かに美の評価に関して一定の基準があるとしている。そういう意味で、これを客観的な趣味の標準と呼んでも間違いではない。

　ところが実際には、人びとの間に「想像力の繊細さの欠如」があって、趣味や所感が人によって異なるのである。ここでヒュームは、あるワインの目利きが、正確にそのワインの風味を述べたのに、周りの人はそれをあざ笑ったという例を出す（同 p.186f.＝p.197f.、ウォース p.29）。つまり極めて繊細な味覚は、多くの人びとが共有するものではない。

　具体的にヒュームはそこから、(1)人によって、人格と感性が異なり、生れ付きの感覚の鋭敏さが異なること、(2)実践によって洗練さを身に付けるべきこと、(3)比較の経験を積むこと、(4)偏見から解き放たれて、公

平性の感覚を身に付けるべきこと、(5)知性と良識を身に付けるべきこと
と、この5つが必要だとしている。つまり趣味の原理は普遍的であるが、
実際には個々人の能力と経験によって異なってくるのである（同
p.186ff.=p.198ff.、石川2016 p.41f.）[14]。

　一方、カントの『判断力批判』は次のようになっている。

　私たちが美を感じるのは、心の能力である構想力（Einbildungskraft）
と悟性（Verstand）が調和しているときに、快（Lust）の感情が喚起さ
れるからである。そのときに対象はこの判断力にとって合目的的である
と見做される。目的に適った状態が快である。問題はこの合目的的とい
うことで、これは客観的な自然を指すのでもなく、またそれは主観でも
なく、その両者の関係から必然的に生じたものだとされている。このと
きに自然の対象は美しいとされる。またその能力は普遍妥当的に成立す
るとされ、それが趣味（Geschmack）と呼ばれるのである。

　つまりカントにおいて、趣味判断は客観的なものではない。その判断
は個人的な感情に基づいている。ここでカントは、「このワイン（Sekt）
は私にとっては美味である（angenehm）」と言うべきであるとしている
（『判断力批判』第7節）。

　しかし人は人々の間で、この判断が一致するように、つまり普遍的な
妥当性があるべきであると要求する。趣味判断はその評価が他人によっ
て賛成してもらえることを、人は期待するのである。単に主観的に妥当
するものではなく、客観的に妥当するものであるべきことが要求される
（同 第8節）[15]。

　すると、ヒュームにおいて趣味判断が客観的で、カントにおいてそれ
が主観的ということではない。ヒュームにおいては、個々人の能力や感
性の差があるが、しかし普遍的な基準があること、カントにおいては、
趣味判断は構想力と悟性という主観的な条件の問題なのだが、その伝達
は普遍妥当性を備えていなければならないとされるのである。

　ヒュームは実体概念を疑い、自我を解体する、そういう過激な懐疑論者だと思われているけれども、そういう知覚論、因果論におけるヒュームとはまた異なるヒューム像があり、今回のような美学や政治、経済の議論では、美の基準といった、積極的な主張がなされている。彼自身の言い方では、これは過激な懐疑主義を、常識（common sense）と反省（reflection）によって矯正した、適度な（mitigated）懐疑主義ということができる。美について、客観的な指標などなく、完全に主観的なものだと言うのではなく、それぞれの主観を通じて多くの人に通じる基準を求めていくという立場である（『人間知性研究』（第12節第3部24）。ただし、その基準は訓練によって見出されるものだから、客観に内在しているという訳ではない。

　カントもまた一般には認識能力を吟味し、また道徳を訴える哲学者だと思われているが、私にとってカントの一番面白い主張は、この『判断力批判』にあると思っている。つまりカントはここで、美的判断と目的論を論じており、それらは多くの人にあてはまる判断となるのである。私の結論ではヒュームもカントも、実はあまり変わらない。そもそもカントはヒュームの影響を大きく受けているというのは哲学史の常識である。もう少し正確に言えば、まさしくこの主観 - 客観問題こそ、ヒュームの主張を受けてカントが取り組んだものなのである。

　さらに私は、ここからヘーゲルに至ると、身体感覚や身体的経験は主観と客観の二元論を超えているし、他人の考えていることは結局分からないのだという他我問題も解決していると考えている。これが本書のテーマである。この観点から、食における趣味判断の身体性を確認したい。人は主観と客観にまたがる身体を持ち、他者とその感覚を共有している。

　繰り返すが、こういった趣味判断の議論は、絵画などの芸術作品を念頭に置いて書かれているが、ワインのことであると言っても構わないはずである。実際、ヒュームもカントも、ワインの例を出している。ここ

でワインにおける趣味判断の、共同体における普遍性を論じたいと思う。

　例えば今、私の手元にあるワインのチェックシートによれば、ワイン評価をするための、外観、香り、味わいについて、それぞれたくさんの項目がある。外観について言えば、透明度、輝き、濃淡、色調、グラスの壁面を垂れる滴の状態、泡立ちなどが挙げられる。その中の、透明度ひとつをとっても、「光沢のある」、「澄み切った」、「輝きのある」、「清澄な」といった表現が使われる。

　つまりそれらは主観的なものである趣味判断を、如何に普遍的なものとして他人に伝えるかという問題を解決するために、言葉を尽くして説明することが求められるのである。逆に言えば、言葉で説明することで、その感覚は人に伝わるはずだという信念がそこにはある。

　さらに、ワインを格付けする人たちが世にたくさんいる。そして彼らの主張は説得力を持って人々の間で迎えられているのである。

　例えば、2019年に引退したのだが、ロバート・パーカー・Jr.というワインの格付けをする人がいて、彼の判断は世界的に評価されている。世にワインを品評する会はたくさんあり、世界中からワイン評論家が集まって来て、それぞれの評価を出す。重要なのは、彼らの判断は、それが他の評論家の判断と比べて妥当かどうかということが、常に審査されているということである。つまり吟味されているのはワインだけでなく、そのワインの良しあしを見抜く評論家の力量もまた常にチェックされているのである。このようなワイン共同体と言うべき集団の中で、勝ち抜いた人の判断が、まさしく普遍的に妥当する判断として流通することになる。

　実際、私も信頼できる業者が出している評価に基づいて、ワインを購入するのだが、その評価は、私の舌に照らして、確かに当てにして良いと思う。

　また私は、月に一度ソムリエの資格を持つ友人たちと一緒に、ブライ

ンドティスティングをしている。そこで様々なワインを、事前に情報が
まったく伝えられることなく、ラベルや瓶の色や形を隠してグラスに注
ぎ、自分の五感だけを頼りに、その葡萄の品種、生産地域と年度を当て
るのだが、そこで劣等生である私はともかくとして、上級者たちは皆正
確にそれらを当てていくのである。またそのワインがうまいかどうかと
いう、最も肝心なことにおいても、大体皆の意見は一致するのである。
　つまりワインの味は、主観的でありながら、普遍性を要求し、かつ共
同体の中で、妥当性を獲得し得るのである。

　先に書いたように、ウォースは、哲学者たちがあまり食について語ら
ないと言うが、しかし現在、食について哲学的な考察をしている本は世
にたくさん出ている。話を先に進めるために、その中から良書を選んで
紹介したい。
　まずレヴィ=ストロースが料理について、たくさんの言及をしている
ことは、前節（3-1）で書いている。それに触発されたものもずいぶん
たくさん出ている。
　例えば玉村豊男は、アルジェリアをヒッチハイクしていた時に、現地
の人に羊肉料理をご馳走になったという話から始めて、世界の様々な料
理を食べ歩き、また自分でも作ってみたという経験を書き記している。
それらを積み重ねた結果、料理の一般原理として、火、空気、水、油と
いう4つの要素を取り出し、これらが火を頂点にした四面体を構成して
いるという主張をしている。
　直ちに分かるように、これはレヴィ=ストロースの「料理の三角形」
を下敷きにしている。レヴィ=ストロースは「料理の三角形」として、
生のもの、火にかけたもの、腐敗させたものと3つを挙げる。その分類
は興味深いものだが、三角形という平面図よりも、四面体という空間図
の方が、より説得的に食を論じられると思う。

また私も前節でレヴィ＝ストロースについて、初期の近親婚のタブーと後期の食人のタブーを並行させて論じている。さらに言えば、実存主義は性を扱い、構造主義は食を扱うと言っても良く、20世紀後半から今に至るまで、ずいぶん食に関する本は出ており、さらには近年、若い研究者も出始めている。

　それら近年書かれた食についての本の中で、とりわけ興味深かったものとして、源河亨を挙げ、本節のまとめとしたい。飲食の美学がこの本の問題意識である。

　まず味覚は舌だけで感じるものではなく、五感全部を使うと源河は指摘する（源河2022）。これはその通りで、ワインで言えば、その評価について、先に書いたように、外観、香り、味わいと、視覚、嗅覚、味覚を総動員しなければならない。

　視覚は最初に来るもので、ブラインドティスティングでは、最初の判断がここでなされる。例えばこの薄い赤色は、ピノ・ノワール特有のものだと、まずは思う。また、匂いはとりわけ過去の記憶を喚起する。ワインをまだ口に含む前の、ワイングラスに鼻を近付けたほんの数秒の間に得られる感覚は至極のものである。これは前に飲んだことがあると、記憶を辿って、しかし思い出せないもどかしさと、しかしこれは間違いなく以前に飲んだことがあるものだという確信とが交差する。そういう手続きを経て、やっとワインを味わうのである。

　さらに高級ワインを紙コップで飲むことほど味気ないものはなく、グラスを手に持ち、口に付ける、その感覚もまたワインを味わう楽しさのひとつである。また例えばシャンパンをグラスに注いだら、そのはじける音を聞くべく、私は耳をグラスに近付ける。つまり触覚と聴覚も、ワインを味わうためには不可欠である。

　こういう話で必ず出てくるのは、tasteの語源はtouchであり、味覚と触覚は繋がっているということである。実際、グラスから口の中にワイ

ンが入ると、それは冷たいか、ぬるいか、さらっとしているか、少しど
ろどろした感覚があるか、そのどれかであり、ときに発生した泡が舌を
刺激する。また苦さや辛さも舌への刺激として現れる。それは生理学的
に言えば何かしらの化学反応なのだろうが、しかしそれは苦みや辛みを
感じさせる物質が舌を圧迫しているという感覚として現れる。程よい酸
味や甘さは、舌を撫でていくかのようである。

　ブラインドティスティングのひとつで、グラスが黒く小さなものを使
い、ワインの色が分からないようにして、舌だけで判断させる場合があ
る。これは一時的に他の感覚を絶って、舌の判断力に集中させるための
手段なのだが、しかし私はこれが嫌いで、色が見えないと味が分からな
いと思う。またグラスが小さ過ぎて、匂いが嗅げないものも面白くない。

　話を飲食全般に広げれば、例えば肉の焼ける音はそれ自体快楽だし、
おむすびがうまいのは手で食べるからで、手に取ったときの触覚は、お
むすびの味わいの一部である。寿司も手で食べたいと思う。またドイツ
にいたときに、固くなったパンを手でちぎって食べるのは快感であった。
ドイツ人は、丸パンの上に薄くスライスしたハムとチーズを乗せて、ナ
イフを突き立てて切っていく。そのサクサクとナイフを進める感覚が、
私にとってのドイツの朝食の象徴である。

　もうひとつの観点は、味覚は情報によって左右されるということであ
る。ひとつには、先に述べたように、ワインに対する評価は、ワイン愛
好家によって尊重され、その権威はワインの世界で確立しているという
ことが挙げられる。つまりワインを好む人たちの間で、普遍性が認めら
れている。

　あらかじめ値段が高いとか、評判が良いといった先入観を持って、ワ
インを飲むのは良くない、ひたすら自分の主観を信じるべきであると考
える人もいるだろうが、しかし次のようなことを考えてほしい。

　例えば、完全なブラインドティスティングをしてみる。どれもピノ・

ノワール100%のワインだと決めておいて、格付け評価の異なるものを3つ用意する。それは大体の場合、値段の差になるであろう。例えばボトルの値段が1500円と3500円と7500円という違いがあるとしよう。そしてその違いを当てさせると、これはこの程度なら、私でも大抵は当たる。しばしばテレビで、芸能人に、1本5000円のワインと50000円のそれとを当てさせるという趣向の番組があり、しばしば味にうるさいとされる芸能人が外すのだが、私の経験では、5000円以上のワインはどれも高級感があって、あとは好みが強く作用する。しかし世に一番多く売られている2000円以下のワインと、ティスティングで使われる3500円くらいのワインと、私が高級だと感じる5000円以上のワインと、この3種類の違いは明確である。

　つまり、一方でそういう訓練をしていると、情報が遮断されていても、自分の感覚だけでワインの判断ができるという自信がある。そういう自信があれば、情報に踊らされることはあるまいと思い、そして多くの場合、情報はたくさんあった方がありがたいのである。

　一般的に言って、これは値段が高いワインであると聞いていると、それだけでおいしく感じられることはある。このことを私は否定的に考えない。つまりそういうことがあって良いと思うのである。また苦労して手に入れたものは美味しく感じるということもある。こういう先入観や情報を排除することはない。それらが付加価値になるのである。

　こういった飲食の趣味判断を、とりわけワインの美学を、ヒュームやカントの美学に接続させることはできる。これを本節の結論としたい。

注

①以前「世界の酒」という連載物をネットに出していた。2006年4月から2015年8月までのほぼ10年間で全67回連載した。世界のあちらこちらで酒を飲んだという、ただそれだけのものある。ドイツとアメリカでビールを飲んだ話を多く取り挙げている。

　その後は、私はワインに親しんできた。当然ワインについては格段に知識が増えたとは思うし、出掛ける先もフランスやイタリアが多くなった。しかし今、この連載を続ける気になれないのは、こういった類の話は世間に山のようにあり、そこに私のオリジナリティは何もないと思うからだ。

②檜垣は雑賀恵子から示唆を受けている。彼女には『空腹について』『エコ・ロゴス』、『快楽の効用』という3冊の本があり、存在と食というテーマで思索を深めている。『空腹について』は空腹論から食人論に進む。つまり食人も極度の空腹のもとで起きる。しかし争いで敵の人肉を食うとか、罪人の肉を食うという話を出したのちに、食人の禁忌と、その根源にある殺人の禁忌に触れる。そこから生理的な嫌悪、おぞましさの所以を問う。さらに肉食が考察される。人は他の生物とともに生きる。ともに生きるということは、他を汚すことでもある。他とぶつかり、傷つける。そういう他者とともに生きるのである。

　『エコ・ロゴス』でも食人は論じられる。そこでは小説『野火』と『ひかりごけ』が論じられ、食人忌避の生物学的根拠が批判される。

　『快楽の効用』は、嗜好品に対する欲望を扱う。タバコと砂糖が論じられる。また肥満も取り挙げられる。

③拒食症、過食症については、本書4-2で取り挙げる。食と病とふたつの領域にまたがるテーマである。

④ラカンを論じて本節の話を閉める。排泄物はラカンの言葉で言えば、対象aである。「肛門的なものから理想へ」(『不安』(1962-63セミナール10))においてラカンは次のように論じる。糞便は対象aである。「対象aは恐らく我々にとって、主体の中に原因の機能が作り出される根源の点である」と言う。「原因の原初的な形式は欲望の原因である」と言い、「この嫌悪される対象の欲望の経済における決定的な機能を浮かび上がらせたことこそ、思想史における精神分析の恩恵である」と言うのである（Lacan2004 XXII節）。

　さらにラカンは、排泄物は他者の要求を介して、主体化の中に登場すると言う。これはどういうことかと言えば、幼児にとって、排泄物はまずは身体の一部であり、身体の一部として保持しておきたいものなのだが、親からそれを排泄せよという声

が掛けられ、この身体の一部としてあった排泄物は、特別の価値を持つものとなる。つまり排泄物はこの他者の要求に満足を与えるものとなる。そして幼児は排泄行為のあとに、大人からていねいに世話をしてもらえる（同）。

　この間の経緯を、松本卓也は次のようにまとめる。対象aは享楽の痕跡である。幼児は言語の世界に入る前は、十全な満足と呼び得る享楽を得ている。しかしシニフィアンの導入によって、それは奪われてしまう。この時に残されたものが対象aである。対象aの定義は「大他者の場への主体の到来の全体的操作の中で還元不可能なものとして残ったもの」である（松本2015 p.283）。対象aは欲望を支え、それは様々な病態において顕現する。

　またラカンがこの対象aの把握の仕方を巡って、その思想を進展させてきたことについては良く知られているが、そのことを向井雅明を参照して簡単にまとめると、以下のようになる。すなわち、対象aは、前期ラカンにおいては想像的対象であったが、後期では現実界を表すものとして扱われる。この対象aを把握するためには、対象の想像的次元と象徴的次元を抽象しなければならず、その結果、残されたものが対象性のない対象となる。失われた対象とは廃棄物としての対象aを示す。それは象徴界の外に現実界があることを表す。それは剰余である（向井2016 p.322ff.）。

⑤福岡が消化の機能を説明する限りで、それは適切なものだと思う。しかしそこから同種のものを食べるのは望ましくないという結論を導くとき、生物の中には自分の子を食べたり、雄が雌に食われたりするものも多く、その説明が付かないだろうと思うのである。またより根本的には、本文に書いたように、生物学で人間の倫理を説明しようという、しばしば自然科学者が犯す間違いを彼もしてしまっているということもある。

⑥「公共空間X」（http://www.pubspace-x.net/ ）「進化をシステム論から考える（1）－（12）＋補遺」（2015/08/20—2016/02/27）を参照せよ。

⑦J.アタリは、その大部の『食の歴史』という本で、ネアンデルタール人から、古代、中世、近世、近代と順を追って、人は何を食べてきたのかということを論じ、現代の食が抱える問題を論じ、さらには近未来の食生活を予測する。まさしく食は文化のひとつと言うより、文化の中心的なところに位置しているということを認識させる。

　さて彼は食人にも触れている。しかしそれは未来社会において、食べ物としてクローンから栄養を得るという話として論じられる。「我々ヒトは究極のカニバリズムの形として、自分たち自身を食らうようになるだろう」と言う（アタリ2020 第8章）。

　アタリはほんの一言だけ食人を示唆するに留まっている。それはクローン技術を用いて、タンパク質としての肉の塊を作るという話なのかもしれない。アタリは、生物はすべて意識を持っていて、それを殺して食べるということが意味することに

注意を向けさせる。本節でこのあとに論じる、食の持つ根源的な悪をアタリは示唆するのである。しかしそれでは私たちはバイオ人工物だけを食べれば良いのかということになる。そういう問題意識の中で、クローンに言及するのである。ただの肉の塊としてのクローンを育てることが可能なのか。それともそのクローンは私たちと同じように意識を持つ存在になるのか。

　ここで私はイシグロ・カズオの小説を思い起こすことになる。イシグロは、『わたしを離さないで』という小説の中で、臓器提供をするために育てられているクローン人間の生活を描いている。中年にならない内に生を終えることが明らかな少年少女たちが施設で育てられている。クローン人間もまた私たちと同じく、意識を持ち、様々な経験を積んで育ち、人間関係を構築している。彼らの恋愛が小説の主題となる。

　そうするとクローン人間に臓器を提供させることは明らかに殺人である。そういう過激な問題がここにある。

　いささか刺激が強過ぎるテーマであるが、イシグロの豊かな才能が、少年少女たちの繊細な心の動きを描くことを可能にした（イシグロ2008）。

　M.モネスティエ『図説食人全書』も、特殊な状況下の個人の食人を扱い、また宗教的、文化的なものを中心に説明した上で、最終章で、21世紀の食糧危機の時代にあっては、食人がなされると予言する。いささか悪ふざけの感がなくもないが、しかし確実に進行する食糧危機を救うのは食人しかないと断言している（モネスティエ2015）。本文に収まり切らないテーマなので、注で取り挙げる所以である。

⑧山内昶『ヒトはなぜペットを食べないか』に、なぜ食人がタブーなのかという説明がある。まず人は食と性とを同一視する傾向があるとされる。その上で次のような性文化と食文化の表を提出する。

性文化	エゴ（自分自身）	近親	他人
食文化	ヒト	ペット	野鳥獣

　まずは自己を愛することと自らを食べることが禁止される。次いで近親相姦とペットを食べることが禁止されるということになる。そうするとセックスの相手は自分自身でもなく、近親でもない他人だということになり、食べて良いのは、人ではなく、ペットでもなく、野鳥獣だということになる。

　しかしここで自愛というのはあまりにも特殊なものである。つまり単なるナルシシズムなら一般的なものなのだが、そうではなく、山内は、「自分のペニスをフェラチオして大気神シューと湿気神テフヌトを産んだとされるエジプトの創造神ケペラ」を例に挙げる。これはかなり特殊なものではないか。しかし考えられるのはそれく

らいなもので、つまりこれは一般的に論じられない。つまり性と食を単純に同一視して論じるのは難しいと思う。

　身体とは肉であり、それは人であれ、ペットであれ、食べることは可能なのである。しかし身体は精神でもある。少なくとも精神と繋がっているということは言えるし、もっとはっきり言えば、身体は精神そのものなのだというのが、本書での私の議論だ。ペットもまた私たちと精神的に繋がっていると思われる。だとすると、それは私たちの社会では、食べることはできないのである。それがタブーの所以である。しかし人は生物を殺して食うのであり、動物を殺すことと、人を殺すことは連続的に考えるべきである。その限りで食人はあり得る。またこのあと論じるように、人がむしろ精神的な存在だからこそ、食人をするという社会もある。また付言すれば、鯨を高度に知的で、精神的な存在と見なす欧米と伝統的に食用にしてきた日本との違いも、異なる社会の中でそれぞれ異なった判断がなされる。このことは小松正之が論じている（小松2011）。

⑨檜垣の本の中ではカストロはまったく言及されていない。檜垣としては自分の哲学を作ることが大事で、自分が翻訳したものも含めて、いろいろと参考資料を並べることはする必要がないということだろう。

　檜垣は、雑賀と宮沢賢治など、一部の著書の作品をていねいに論じる。あとは鯨とイルカの話など、日本で起きた事件を分析している。そういうスタイルで書かれている。

⑩拙著（高橋2022）2-5を見よ。

⑪ここでは直接引用しないが、「小神話論理」と呼ばれる『仮面の道』、『やきもち焼きの土器作り』、『大山猫の物語』も参照した。これらは4巻の『神話論理』が「大神話論理」と呼ばれることに対応するのだが、渡辺公三は、『大山猫の物語』の「監訳者あとがき」で、これはヘーゲルの「大論理学」と「小論理学」の対を念頭にそう言われているとしている。

⑫本書で何度か言及した、性と食の同一性について、確かにこのふたつは類比的に考えられるが、しかし同一性を強調することはできない。例えば人は性を拒否することもあり、食を拒否する場合もある。拒食症はその個体に死をもたらし、性もすべての人が拒否すれば、類は滅びる。しかし個体が性を拒否しても、その個体は生きる上で何の問題もない。

⑬河上は明確にフォイエルバッハ論を身体論として提示し、かつそれが宗教批判になっていることを示している（河上2015、2022）。

⑭ヒュームの解釈には石川徹を参照した。

⑮カントの解釈には、志水紀代子と小田部胤久を参照した。

第**4**章

病(1)

4-❶ 心の暴走を抑える身体　鬱

　本章では精神の病の現状について、数節に互って論じていく。第1節では、与那覇潤『知性は死なない―平成の鬱を超えて―』を参照し、問題全体の素描を行う。著者は30歳になる前に大学の専任教員になり、また一時期論壇でも活躍したが、そののちに鬱を患い、大学を辞めている。その体験からいくつかの考察を導いている。

　まず与那覇は鬱について興味深い観点を出している。それはひとつは「エネルギーの前借り論」と呼ぶべきもので、またもうひとつは、「心の暴走を抑える身体論」とまとめることができるものである。それはこの数年私が展開してきた鬱論に接続して議論ができるだけでなく、20世紀の後半から思想史上で賑やかな論議を呼んでいる身体論に有益な示唆を与えるものである。

　さらに与那覇はここから現代政治の分析をし、それに対してひとつの処方箋を与えていている。それも具体的に検討したい。

　さて鬱にはそれに先行する躁状態がある。それを「エネルギーの前借り論」で説明する。つまり鬱の解明には、その前の段階における、それとは正反対の躁状態の分析をする必要がある。その状態において、本人の主観ではまったく疲れを知らないで、活動的になる時期がある。それは本人に十分なエネルギーがあって、それを活用するというのではなく、本人が持っている以上のエネルギーを無理やり前借りして、それを使うのである。

　またその際に、どのような点で活動的なのかと言えば、私の観察では他者とコミュニケーションが盛んになったり、また与那覇の挙げる例では、猛烈に文筆活動をしたりする。どちらも言語を使って、社会に働き掛けるものであると言うことができる。そしてこの活動は暴走する。過剰なくらい他者に関わり、または膨大な量の文書を書き続けたりするの

である。

　さてそこで突如として、今度は鬱になる。つまり過激な言語活動が突然破綻する。それを与那覇は、言語で動いている自分の意識に対する身体の自己主張であると言う。ある日いきなり起き上がろうとしても身体が鉛のように重くなって、布団から出られない。無理に起き上がっても、今度は歩けない。鬱が始まったのである。これが「心の暴走を抑える身体論」である。

　ここではまず感情的な言語が暴走して、身体を引きずっていく姿が描かれる。次いでその言語の暴走を身体が抑制する段階が来る。躁状態とは、言語の方にバランスが偏っていくことであり、そこではエネルギーの前借りがなされるのだが、それに対して、鬱は言語で動いている自分の意識に対する身体の自己主張なのである。

　言語によって他者と了解し合い、理性的な結論に向かうと考えられるものが、しばしば非理性的になり、暴走するということ。それを身体が押さえ付けるということ。身体は受動的なものと考えられるかもしれないが、言語の横暴を、強制力を以って押さえ付ける。その力は相当に大きなものであると考えるべきである。そしてその際に重要なのは、言語よりも身体の方が、個人を超えて他者と繋がるという面である。他者とのバランスを取って、差し当ってはひきこもりという形で、他者との関係を調整する。これは他者との繋がりを模索する行動である。

　また躁状態において、自分が持っていた以上にエネルギーを前借りし、それを使い果たしていたのだが、その状態から鬱になることで、一旦は自己破産し、しかしそこから今度は少しずつエネルギーを補充する。その時期が鬱である。数か月とか、数年して、その間に十分エネルギーを補充したら、また社会生活を営むことができるようになる。この障害の特徴は、その程度や持続する時間は様々だし、躁と鬱とどちらが重いのかという問題もあるけれども、またこれは医学的に正確に言えば、完全

な躁を伴う双極性I型と軽躁状態を持つII型とあるのだが（ここでは単極性鬱を考察の対象から外しておく）、共通しているのは周期があることと、反復することである。言語を媒介した人間関係の過剰さを身体が抑制する。それは自己を保存するための懸命な処置だ。

　この与那覇の言う「エネルギーの前借り論」と「心の暴走を抑える身体論」は、私が以前打ち出した「鬱の喪失論」に繋がる。これで鬱の機構が説明できる。

　拙論は以下のようなものである。まず私は鬱を所有の喪失の問題だと考える。ここで内海健を引用して、典型的な鬱の話を挙げる①。例えば夫とアパート暮らしをしている主婦が、夫の出世があり、郊外に家を購入して引っ越しをすることになる。その時にその主婦が鬱を発症する。引っ越しが原因の鬱である。

　その主婦は社交的で、気前が良く、近所と良好な関係を作っている。自分の作った料理を配ったりもする。それも意識のレヴェルでは見返りを求めることなく、無償の愛を周りに振りまいている。それは快適なものだ。しかしその人間関係は引っ越しにより一気に失われる。世間の基準から見れば、夫の給料が上がり、皆が羨む一戸建てを建てることができ、人生は喜びに満ち溢れている筈なのに、それまで作った人間関係がなくなることが鬱を誘発するのである。私が鬱において喪失体験を重視するのは、こういうことがあるからだ。

　一般的には、親しい人との死別があったり、結婚して娘が家を出るというような離別があったり、または誰かと口喧嘩をしたり、あるいは悪口を言われたりということがきっかけになる。それは傍から見ても大きな喪失である場合もあり、周りから見れば何でもないような些細なものであることもあり、本人さえもその喪失感が具体的に何に由来するのか気付かない場合もある。しかしいずれも本人の無意識にとって、その喪失感は大きなものだ。

　もうひとつ、私が喪失体験と呼ぶのは、鬱を発症すると、多くの場合、自分が貧乏であるとか、将来が不安だということを訴えるからである。先の主婦の場合も、客観的には、夫の収入は十分あり、将来に何の不安がなくても、しかしお金がないという感じを強く持つ。またそれまで気前が良いのに、途端に吝嗇になる。社交的であったものが、引き籠って、お金がないという訴えを繰り返す。

　そこに加えて、「エネルギーの前借り論」を重視する。それは躁状態において自分が持っている以上のエネルギーを、前借りして使い込む。そもそも借金というのは、信用があればいくらでもできるのだが、信用がなくなった時点で、返済を迫られ、返済できなければ自己破産する。ここでも無意識という他者が信用している限りで、いくらでもエネルギーの前借りができるのだが、ひとたびその信用が失われれば、それは喪失体験に他ならないのだが、つまりもう無意識の信用に基づいて、これ以上エネルギーの前借りが不可能になり、一気に自己破産するのである。この喪失体験と、エネルギーの前借りと、言語の横暴を身体が抑えるという観点で、鬱の機構が説明できる。

　もう少し書いておく。喪失ということが鬱の本質であるというのが、拙論の主旨である。それはあるときに何かを喪失するというのではなく、実は最初から何も持っていなかったということに、あるときに気付くのである。本源的に喪失しているということに人は気付く。躁状態を支えるエネルギーも、実はあらかじめ持っているのではなく、借金として借りてきており、そしてそのことに意識は気付かず、身体が気付くのである。そのようにまとめておく。

　また第二に言うべきは、この与那覇の論は、単に身体の優位を訴えるだけでなく、具体的に身体の役割を明確にしている。ここで鬱の問題を超えて、言語と身体の関係を考えたい。つまり、身体の復権だとか、身体性の称揚に留まらず、身体の重要な能力を再確認することができるだ

ろう。

　言葉は人を裏切るけれど、身体は裏切らないと言えば、それは男女の駆け引きの話である。しかしそれはかなりの程度真実であって、言葉よりも、身体に素直に従った方が、うまくいくというのは経験が教えることではないか。しかもこの話は一般的に敷衍できる。言葉を使って思考することが、しばしば如何に非理性的な結末を迎えるか。身体が常に正しいと言いたい訳ではない。しかし身体は言語の逸脱、その暴力性を幾分かは押さえる役目を持っているのではないか。言語による理性が能動的で、身体による感情が受動的であるというのは、基本的には正しいが、しかししばしばそう単純に割り切れる話ではなくなる。

　与那覇の言わんとするところをもっと分かりやすく説明するために、ここで1970年代に画期的な身体論を提出した市川浩を援用する（市川1984）。市川はこの間の話を、「身分け」という言葉で説明する。これはまず、身体によって、世界を分節化・対象化することと、同時に世界によって、身体自身が分節化されることを指す。「身分け」はまた無意識のレヴェルで、世界を分節化・対象化することも含んでいる。

　こうした世界の分節化・対象化は、身体の能力による。身体には、世界に関わり、世界に働き掛け、世界を変化させる作用があるのだが、それと同時に、世界との関わりの中で、自己自身を調整するという作用もある。前者は、世界を変えることで世界と関わるもので、それに対して後者は、自己自身を変化させることで、世界との関わりを調整する。

　一般的には前者の能力が身体の能力として知られているもので、ロックはそれを労働と呼ぶ（『統治二論』ロック2010）。個人は身体を持ち、その身体が自然に働き掛けて、生産物を作るという論理である。それに対して、ここで問題にしたいのが、後者の能力である。身体が自己と世界との関わりを調整する。今、言語活動や他者との関係において、過剰な、つまり前借りしたエネルギーで暴発していた関係を、身体が調整す

るのである。身体の能力として、これは積極的に評価したい。

　これを市川は身体感覚と呼び、それは気分と言うべきもので、世界から生起する感覚だと言う。私たちはまさしく鬱を気分障害と言うのだが、しかしこれは障害ではなく、調整なのである。鬱をそのように捉えるべきであろう。

　この労働の機構について、ロックにおいては人格は精神で、その精神が自己の身体を所有し、その所有された身体が自然に働き掛けて、農作物の生産を行うという順で考えられている。しかし身体と精神の関係について、私は進化論を前提に考えているので、身体が進化して、脳を発達させ、その結果として精神が生み出されたのに、その息子の精神が親の身体を所有すると考えるのは如何なものか。そうではなく、労働とは、親子の、つまり身体と精神の共同作業であると言うべきだろう。これがこの市川の言う前者の話である。

　さて後者はというと、精神が暴走して、それは著述であったり、人間関係であったりするのだが、あまりに過激になると、親としての身体が精神という子をたしなめる。親が自らひきこもることによって、子の横暴を叱るのである。私はそのように考える。それが親の務めである。この機構が鬱を説明する。

　以上の分析をした上で与那覇は、戦後日本の思想を、言語と身体を軸に考察する。戦後日本はある時期まで左派がリードしていた。それは言語派と言うべきもので、資本主義を分析し、それを批判する。普遍的な歴史法則を解明し、理念を明確に提示する。しかしそれに対しては、右派が、言語よりは身体に依拠して、大衆の情念を汲み取っていく。理想や正義をかざすのではなく、人々の欲望を肯定する。

　しかしさらにその後、左派においても、身体重視の一群の人々が出てきており、21世紀になると、右派も左派も思想において身体を重視する

ようになる。まずはそういうまとめをする。

　ここで与那覇は言及していないが、この流れはもっと広い文脈で捉えることが可能である。つまり近世近代の哲学がずっと理性を重視し、さらに20世紀になると、言語の解明が哲学の課題であったのだが、そこに言語に対しては身体を、理性に対しては感情を重視しようという動きがある。上述の傾向はそういう思潮を反映している。

　そしてその際に注意すべきは、理性に対して、非理性を称揚しようというのではないということだ。それは理性の横暴を押さえようとするのである。そしてその際に身体の積極的な役割を見るのである。こういう理解をしておくと、このあとの理解が速くなる。

　さて政治において現在世界的なレヴェルで、反知性主義と言われ、ポピュリズムと言われる勢力が台頭している。それはリベラリズムが衰退していると言い換えても良い。正義や理念を求めるのではなく、人々の即自的な欲望を肯定し、むしろそれを煽り、支持を得ていく。そういう手法がまかり通る。さらに合理的に考えれば、必ずしも利益を得る訳でもないのに、恨みや羨望など、どろどろした情念が政治の世界を支配する。こういう状況がある。

　与那覇は、これは身体が理性や言語に反発しているのだと説明する。この与那覇の現状認識は正しいと思う。そしてそれをまさしく反知性だとか、非理性だと言って、切り捨ててしまってはならない。それは政治の身体化が進んでいるのであって、そこを見極めねばならない。つまり新たな政治と身体の関係を考えねばならない。

　身体性を失ったリベラリズムへの反発として、政治の身体性が称揚され、世界的に様々な潮流が出てくる。その出現の必然性は押さえておく。さてその上でどうするのか。与那覇はここでしかしリベラリズムは重要であり、それを身体化しなければならないということを提案する。身体性を失ったリベラリズムを蘇生しなければならない。

　彼の具体的な主張は、象徴天皇制の肯定である。つまり象徴天皇は国家のような複雑な機構に、その目に見える具体性を与える。それは実に良くできた制度であり、そこにおいて私たちは民族の身体を見ることができるのである。それが独裁者が現れて完全なポピュリズムを実現しようという動きを抑えると言うのである。

　この考えに私は反対しない。つまり、国民主権、民主主義という理性的判断を徹底すれば、天皇という、職業選択の自由も政治参加の自由も持たない国民を作ってはならず、天皇制を廃止して、共和政を確立することこそが唯一の選択肢になるだろうが、しかしそれこそまさしく理性の横暴にほかならず、そこは日本の伝統を尊重して、緩やかなリベラリズムでやっていくのだと考えるのなら、それはそれで悪い話ではないと思う。しかしそれだけのことだ。それ以外に、リベラリズムの身体性ということで何を考えたら良いのか。

　するとそもそもリベラリズムとは何なのかという、その分析が要るだろう。ジジェクは何箇所にも亘って、次のようなことを言っている（例えばŽižek2010, 第1章、及びインタールード2）。

　まずアメリカのリベラリズムの状況を見ておく。ここではリベラリズムはふたつある。ひとつは経済的リベラリズムで、自由市場を尊重し、保守的な家族中心主義や伝統重視の右派の価値観と結び付く。もうひとつは、人権や平等や連帯といった政治的リベラリズムであり、これが左派の理念になる。前者は、市場経済のみが重要で、政治的にリベラルな価値観を拒絶する。後者は経済的リベラリズムを拒否して、弱者を救おうとする。

　さて問題は、リベラリズムはリベラリズムだけでは成り立たないということである。右派において、このことは明らかで、それは保守的な価値観と結び付かなければ、それだけではやっていかれないものだ。左派も左派で、明確に経済的弱者を救うという左派の理念があって、はじめ

て政治的リベラリズムが支持される。ここに問題がある。

　ジジェクは言う。左派のリベラリズムを念頭において、リベラリズムはその原理である平等や自由といった価値観を自らの力だけでは守り切れず、リベラリズムは必然的に原理主義を招来すると言う。原理主義はリベラリズムから出てくるのである。リベラリズムは自らその価値の基礎を掘り崩してしまうのである。

　だからジジェクの言いたいことは、リベラリズムには左派の原理が必要だということである。ラディカルな左派の手助けがないと、成り立たない。原理主義に対抗できず、そうするとリベラリズムは否定されてしまう。

　この辺りの機微は日本においても基本的には同じことが言えると思う。日本において、左派はマルクス主義であって、これは元々は経済の原理を持っていて、それを強く主張していた。とりわけ一般的には、革命の理念というより、労働者の賃金を保証するというところに力点があり、そこが評価されていた。しかしいつの間にかそれが衰退して、リベラリズムだけが残る。つまり左派は左派の原理を失って、単に政治的リベラリズムだけを、つまり抽象的な平等だの平和だのということを唱えるようになる。そしてリベラリズムが政治的エリートの主張に過ぎないとみなされ、経済的弱者の支持を得られなくなる。彼らは、移民（日本においては外国人労働者と呼ばれる）などの自分たちよりもいっそう弱者を差別する民族主義的な原理主義に包摂されていく。

　さてそうなると、ここはジジェクが言うように、左派の原理を打ち立てて、リベラリズムを助けないとならない。またはもうひとつの方法としては、リベラリズムが右派とくっ付くということが考えられなければならない。

　上述の身体との関連で言えば、右派の保守主義も、また民族主義的な原理主義も、極めて意識的に身体的なものを打ち出すのだが、それに対

抗できるのは、身体性を持たないリベラリズムではなく、ひとつには経済を強く訴える左派の原理であり、それは意識的に身体性を含むものでないとならない。リベラリズムそのものが身体性を含むのではなく、身体性を含む左派の原理とくっ付くことこそが必要なのではないか。またはもうひとつの可能性は、右派とリベラルがくっ付いて、原理主義を穏やかな保守に変えていくという方法もある。そのどちらかしかない。

　そうまとめた上で、先の与那覇の提言を見直すと、それはリベラリズムを保守と接続しようということに他ならないと思う。そして現在、そういう方向で、リベラル保守を唱える向きは随分と増えていると思う[2]。その意義は確認し、しかしリベラルを左派と繋げることも可能で、そういう可能性も検討してみたいと思う。

4-❷ 身体の戦略　摂食障害、解離性障害、 境界性人格障害、老い

　身体について考えようと思い、参考にすべき資料を探すと、実に夥しく存在することが分かる。20世紀は言語の哲学の時代だったから、その反動として、20世紀後半には身体に関心が集まっている。それらを参照して、本書ではいくつのテーマを取り挙げて考えていきたい。本節では、心の病と身体の関係、及びその際の身体の役割に焦点を当てて書きたい。

　野間俊一の『身体の哲学　精神医学からのアプローチ』を読む。

　まずその方法論から見ていく。野間はエスという概念に着目する。それはフロイトの言うところのものではなく、フロイトに先駆けてエスの概念を提唱したG.グロデックによる。グロデックは心身の根底にひとつの原理があると考え、それをエスと呼んでいる[3]。身体現象も精神現象も同じエスが異なる表現を取ったものだと考えるのである。心身の関係を考えるには、これに基づくのが良いと野間は言う（野間2006

p.40f.)。

　またラカンはフロイトの構造論的見方に注目しており、人間学的な考え方がそこでは排除されてしまったと、野間は批判している。そういうラカンの立場ではなく、人間学的精神病理学の方法論に基づくというのが野間の考えである。これは精神疾患を人間固有の事態と考えることを可能にし、そのため既存の理論から自由に発想することが可能になり、また患者の精神症状を正常からの逸脱として暴き立てないという特徴がある（同p.64ff.）。この方法論の是非については問わない。というより私に問う能力はない。しかし私が次節で展開するのは、まさしくこのフロイトとラカンの理論なので、ここでは発想がまったく異なるのだということに気を付けたい。

　次は扱う対象である。野間の記述をそのまま引用する。「これまで精神病理学が研究の中心的対象として来た、統合失調症や躁うつ病などのいわゆる精神病圏の患者ではなく、摂食障害や解離性障害や境界性人格障害といった、いわゆる神経症圏あるいは人格障害圏の患者を取り上げることにする」（同p.67f.）。また野間は自閉症についても、これはコミュニケーションや社会性に問題であって、ここで考察される身体論が当てはまらないと、これを考察の対象から外している（同p.227）。そして摂食障害や解離性障害や境界性人格障害を扱うのは、野間自身の表現を使えば、この3つは、身体を考察するのに好都合（同p.192）だからである。

　実は私の関心はとりわけ4-1で論じた内因性の鬱と、4-3で扱う自閉症にあるのだが、しかし以下に述べる理由で、これら野間の取り挙げる症例もまた重要な対象だと思う。

　つまり本節のテーマには、私にとって実践的な意義がある。以前私は自分の子どもが登校拒否であったことがきっかけで、登校拒否の親の会を主宰していたことがあり、そこでひきこもりや拒食症の子たちを見て

きた。彼らにどう接するかということは重要な課題である。そして鬱や自閉症と並んで、今や多くの人がここで取り挙げられる症例に苦しんでいるし、野間も「精神科を訪れる若い患者の何割かがこのいずれかの症状を呈している」（同p.193）と言っている。

　まず摂食障害から見ていく。これは心身症のひとつである。精神の問題が身体に現れるのが心身症であるが、この摂食障害において心身の関連が最も明白である。

　野間は摂食障害を説明するのに、被投性というハイデガーの言葉を使う④。それは私たちがこの世界に生きているという事実を意味し、有限性と受動性を伴って生きているという事態を指す。その言葉を使うと、まず私たちは身体を持っており、その事実が被投性の根源にある。確かにハイデガーの言葉を使うのは少々大袈裟だが、ここでも私たちの身体が他者の視線に晒されているということが重要なのである。そして拒食症の場合は、痩せることで自由を獲得したかのように感じるのだが、それは被投性から逃れたように思い、また拒食から過食に転じる時には、自己制御が壊れて、過食衝動という内的感覚に襲われ、それに自己が圧倒された事態に陥るのである。それは他者と自己との関係が身体に現れたものなのである（同2章）。

　次に扱う解離性障害とは、しばしば多重人格と言われる現象で、人格の連続性が分断される現象である。これも身体性と関わる。つまり私たちが経験する知覚世界はすべて身体が媒介されて成立しているのだが、この経験の自然性を喪失するのが解離性障害である。そこにおいて、解離症者は、周りの雰囲気に過剰に適合しようとする。それは身体の過剰と言うべきもので、主体性を喪失して、周囲の雰囲気に自己の身体を合わせてしまうのである。それは自己と身体の乖離である。

　さらに野間は、ここで故郷を意味するハイマートというドイツ語を使い、解離症はこの他者との情緒的な交流を拒否するものだとまとめる（同

3章）。

　最後に境界性人格障害とは、感情の起伏が激しく、対人関係で問題を生じさせる障害だが、それは自らの内にある言葉にしがたい感覚を何とか目の前の人に訴えかけようとし、聞き手の感性に直接訴えようとするのである。ここでも身体の過剰というべき事態が発生している。それはまた境界例者のハイマートが、場所や状況ではなく、他者の中に強く求められているために生じるのであると言うこともできる（同4章）。

　これら3つの病態は、あるひとつの病理から別々の症状を呈する形で現れたものだと野間は言う。そしてそれぞれの苦悩が身体において表現されているという点で共通しているのである（同p.193）。

　さらに野間は、今度はメルロ＝ポンティの言葉を使う。それはキアスム（交叉配列）という概念で、一方が他方によって裏打ちされる関係において成立するものである。それは私とあなた、私と物、つまり自己と対象との関係に他ならず、それが身体において現れるのである。

　メルロ＝ポンティがしばしば引き合いに出す例で言えば、私が何か物を手探りしているときに、私の左手に私の右手が触れると、触れる主体である右手はしかし、左手によって触れられる側に移行するのである。そこではまず、右手と左手の間に、触れる者と触れられる者との反転がある。そしてまた私は何か物を探しており、その物と私との間でも、触れる者と触れられる物との反転がある。「触れるということが世界の只中で、いわば諸物においてなされる」とメルロ＝ポンティは言う（Merleau-Ponty1964 原文p.176＝p.216）。

　他にも引用をしてみよう。「見るものが見えるものを所有できるのは、見るものが見えるものによって所有され、見える物の仲間である限りにおいてでしかないということ、つまりまなざしと諸物との間の節合によってあらかじめ定められている事柄に従って、原理的に、見るものが見える諸物のひとつであり、しかも奇妙な反転によって、ほかならぬ見え

る諸物のひとつである見る者が、それらを見ることができる限りにおい
てでしかない」（同p.177f.＝p.217）。

「身体が外部のものを見たり触れたりすることができるのは、身体がそ
もそもその外部のものと同じく、見えるもの、触れられ得るものだから
であり、・・・身体が事物の次元に属するからである」（同p.181＝p.222）。
「対立するふたつのものをひとつにまとめ上げる必要はない。これらは
究極の真理である可逆性のふたつの側面だからである」（同p.204＝
p.251）。これらはすべて『見えるものと見えざるもの』の中にある「キ
アスム」（交差という訳語が与えられている）と名付けられた章のもの
である。

　身体は全体であって、私と物、主体と客体、精神と物という二項対立
が相互に反転をするが、ひとつのものに収斂はしない。しかし対立関係
そのものは克服される。

　野間はそこから、先の病理にこの概念を繋げていく。そもそも私は他
者と同じように身体を持つがゆえに他者に対して開かれている（野間
2006 p.219f.）。そして言葉で語られるのではなく、身体を通じて、他者
との関係が表される。拒食の場合は、身体は他人に見られているという
感覚が強く、その視線から身体を制御しようとする。過食の場合は、制
御できない食欲に圧倒されている。拒食／過食は裏表の関係で、身体を
制御しようという姿勢が、今度は身体の氾濫を招く。

　解離症者では、周囲の変化に対する過敏さがあり、つまり身体が過剰
であり、私はそこから引き離されている。境界例者では、激しい感情が
他者の身体にも自己と同様の感覚を引き起こす。それが他者との融合感
覚をもたらすが、そのために却って、主体性が脅かされ、他者からも結
局は離れて行く（同p.191ff.）。

　結論として、私たちが心の病と考えているものは、いずれも身体の問
題なのである（同p.223）。そしてその身体を通じて他者との関わりに何

かしらの困難を抱えるのである。

　さらにいくつかの対処法もここから導き出される。ひきこもりやリストカットにおいても、このキアスム構造が見られ、そこにおいては、まずは彼らのハイマートを尊重し、穏やかに彼らの身体性に働き掛け、自分自身が生きているという実感を得られるよう努めることが重要だとされる（同 p.243）。常に身体に語り掛け、身体の声を聴き、身体とともに生きていることを実感すること（同p.247）。これが結論となる。

　すなわち、心の病が身体との関わりにおいて生じ、身体に症状が出て、またその解決方法も身体への配慮に行き着く。

　もっとも先に述べたように、「身体を考察するのに好都合」な事例だけを集めて、そこに身体性が根本にあるということを指摘するのは如何なものかという気もする。そもそも結論が最初から分かっているだろうと思われるからである。

　しかし野間の分析は緻密で分かり易い。また身体と他者というここでの主題について、考えられる限り様々な論点を出していると思う。例えば、「私たちは自分の身体を携えて、他の人々とともにあることの「かなしみ」を生きている」（同p.221）など、様々な場面で使えるフレーズは、本書にはいくつもある。

　さしあたって、身体は他者に働き掛ける主体であると言うことができる。そして心の病とは、身体を通じて他者に訴えるものだという気がする。もちろんここで扱った事例の限りで、そう思うに過ぎない訳で、今後さらに検討しないとならないのだが。

　また身体はすでに精神であり、精神よりも精神的で、精神よりも早く精神の病に対応すると言えないか。

　ここで病とともにもうひとつのテーマを出してみたい。それは老いである。ボーヴォワールの大著『老い』を参照する（ボーヴォワール2013）。

　まず人は誰でも老いていく。身体の柔軟さは失われ、持久力も衰える。本人はその現象に苛立ち、抵抗する。しかし老い自体は自然な現象であって、それはそれで迎え入れなければならないものなのである。つまり人は誰でも老い、やがて死を迎える。そうすることで、次の世代に繋げるのであるが、それは類が生き残るために必要な過程であって、まさしく老いは身体に組み込まれた戦略である。それは従うしかない。

　ボーヴォワールが、この著書で言うところでは、老いは自然なものだが、社会がそれを異常なものにしてしまうということである。それはどういうことか。

　私自身の体験から言っても、老いては確かに自然なものだが、しかし、自分は運動能力は高いのだと思ったり、まだまだ老いてはいないと思う。そこのところで、自ら思い描く自画像と実際の自分の身体との間に齟齬がある。しかしボーヴォワールの言うところでは、社会が老いを異常なもの、つまり苦痛であり、不幸なものだとしているから、本人もまた老いを受け入れられないということになる。要するに、社会が老いを否定的に捉え、価値のないものとしているから、老いた本人もまたそれを否定的に考えて、そのままで受け入れることができないのである。そう言われれば、なるほどその通りだと思う。

　もちろん一部の特権的な老人が社会を支配しているということもある。高齢の政治家がいつまでも威張っていて、老害と言われることもある。しかしそれは特殊な例外であり、老人は一般に孤独で、焦燥感、無力感、屈辱感の中に日々を過ごしている。

　G.ワイスは、ボーヴォワールの老いとメルロ＝ポンティの障碍を同列に捉えていく（ワイス2008）。つまりどちらもそれ自体は正常なものなのに、社会が異常なものだとしてしまう。それらは新たな可能性を持っているのに、社会はそれらを評価しない。

　さらに正常だと自らを見做している人は、老いた人、障碍者が持って

いる身体の可能性を知ることを拒否しているのである。健常者は身体の豊かさを知ることができないのである。つまりここではっきりと、老いと病は身体の可能性を広げるものであり、人はもっとそのことを評価すべきだと言えば良い。

ワイスはキアスムにも言及する。個人がどのように生活をするのかということと、他人がその人の存在をどう知覚しているのかということがキアスムである。両者が交差するのである。それがうまい具合にいけば良いのである。

暫定的な結論をここから導くことができる。

生物が、つまり身体が進化して精神を生じさせたのだけれども、その際に、脳だけが高度に進化して心を産み出したのではなく、身体全体の進化が精神の出現に関わっているだろうと思う。その結果として、今度は精神が身体のそれぞれの局部に影響を与えている。身体のすべての部位が脳を通じて精神と密接に繋がっていて、それが全体としての身体を創っている。身体全体が精神化する。

第二に、そのようにして生み出された精神が主体となって、客体としての身体に働き掛けると通常は考えられる。つまり精神が主体で、身体が客体である。同時にしかし、身体の方が主体であり、それが心の作用を制御したり、調節したりする。その面も重要である。

また身体は他者と繋がる。自己意識は他者からの働き掛けがあって、相互作用があって生じるのだが、そもそもその前提として、身体による他者への働き掛けがある。この意味でも身体が主体である。

もっとも野間のこの本は、言葉について、極力考察の対象から排除しようという感じがある。しかし心の活動は言葉と身体と両者の作用である。20世紀は言語の哲学の時代だったから、その反動として、できるだけここでは言語の考察を排除しようとしている。それは至極当然の反応

なのだが、しかし、ここであらためて言語と身体と他者の3つの関係が考察されねばならない。

　最後に、本章第1節の考察と併せて考える。

　鬱は確かにその症状から言えばひきこもっている訳で、それは成年にしばしば見られるひきこもりと、その症状は変わらないように見える。それは野間がひきこもりを扱う、その扱い方が活用できるかのようでもある。しかし鬱は躁と併せて考察をする必要があり、躁は明らかに言語の病である。その反動として鬱がある。それが前節で示唆されていたことである。つまり他者との関係において、言語と身体は密接に繋がっている。

　また進化論的に言っても、例えばR. ダンバーは猿の毛繕いを言語の起源だと考えていて、身体による他者との交流を重視している[5]。それも他者に何かしらの意味を伝達しようというのではなく、ただ単に他者と触れ合い、そこに快楽を得ようとか、他者に苦痛を訴えようというところから言語が始まったのではないかと、そういうことをも示唆する。

　つまり言語のそもそもの発生時の目的が、伝達にあるのではなく、身体の感じる快楽や苦痛の、他者との共感や共鳴にあるのだとするならば、ここで扱った問題と言語の発生は直接的な関係を持つだろう。

4-❸ 身体の硬さ　自閉症

　ここで自閉症という言葉を、アスペルガー症候群を含み、広い意味で使う。それは正確には自閉症スペクトラムと言うべきものを指している。一般的には知的障害を伴うことが多いのだが、私が以下のことを論じる際に念頭に置いているのは、知的障害を伴わないものである。

　『自閉症の哲学』を書いた相川翼は、自閉症について、米国精神医学会の定義を参照しつつ、以下のようにまとめる。まずそれは社会的コミ

ュニケーションや対人関係に障害を持つ。第二に、行動、興味、活動様式が反復的で、常同性を持つ。これは同一性保持の欲求が強いと表現しても良い。そしてこれらの症状が幼児期早期から認められ、かつ日々の活動を制限する。以上である。

相川はこの本の中で、構想力概念を駆使し⑥、それをシステム化する構想力と共感する構想力とに分化させ、健常者はこの両方を発達させたが、自閉症者は、この内の共感する構想力が弱い、ないしはシステム化する構想力のみを発達させてきたと論じている。

相川の問題意識では、自閉症と定型発達の両方を扱える概念装置を用いて、自閉症と定型発達とどう異なるのかということを分析し得なければならないのだが、このような考察こそがそれを可能にするのである。

さてここから本題である。まずロボット工学の専門家小嶋秀樹はしばしば、「自閉症児の持つシンボルはかたい」（小嶋2007）とか、「コミュニケーションがかたい」（小嶋2014）と言う。ひとつには言語の硬さと呼ぶべき事態があり、たとえば日本語で「ご飯」という単語は、食事一般を指す場合もあれば、炊いた米を指す場合もあり、健常者は適切にそれを使い分けることができるが、自閉症児にはしばしばそれが困難である。またもうひとつは、身体の硬さと私が呼ぶ事態があり、自閉症児は「バイバイ」のジェスチャーをする際に、自分の掌を自分の方に向けることがある。それは相手が「バイバイ」をする際に、相手の掌が自分に方に向いているからである。つまり「バイバイ」というのは、自閉症児にとっては、そういう仕方で掌を動かしているように見える事態なのである。要するに、彼らは柔軟に状況に応じて言葉を使うことができない。言葉を獲得した時の状況に固執してしまう。また自分から見た対象のあり方と他者から見た対象のそれとを重ね合わせて、その上で他者との交流をしていくことができない。あくまで自分の見た経験にこだわる。つまり言葉も身体も硬い。

　小嶋はそこでキーポンというロボットを開発する。それは雪だるま型の身体を持ち、首を動かすことができる。具体的には頷き、首振り、首傾げをすることができ、さらに首を上下に伸縮することで感情を表すことができる。さてこのロボットと自閉症児がどのように交流をするか。小島はそういう実験を繰り返す。2−4歳の自閉症児たちは、キーポンとの交流を通じて、キーポンの視線やその動作が発する感情を汲み取れるようになり、次第に身体の硬さを克服していく。小島の言うところでは、前言語的なコミュニケーションの発達が、のちの言語活動の基礎となる。

　一方、臨床発達心理士の松本敏治は『自閉症は津軽弁を話さない』という興味深い題名の本の中で、自閉症児が津軽弁を話さないということを指摘する。松本はまずそのことに気付き、そこからさらに全国的な調査をして、自閉症児は津軽弁だけでなく、そもそも方言を話さないということを論じている。彼らは、身近な家族が方言で話をしているのを聞いているが、それを使わず、テレビやビデオなどを通じて習得した共通語を使う傾向がある。それはなぜなのか。

　方言は地域社会の中で人間関係を円滑にする機能がある。しかし自閉症児は一般に、この人間関係を作ることが苦手である。相手の関心や要求を読み取り、相手と共感することができない。相手や状況に応じた言葉の使い分けは彼らには極めて難しい作業となる。健常者なら、相手が方言を使う場合に、自分も相手に合わせて方言を使った方が、相手との距離が近付くのを知っている。相手の気持ちを掴みやすいということも理解している。しかし自閉症者はそれができない。

　それは言葉の使い方が硬いのだという言い方を私はここでして見たいと思う。言葉を使ってコミュニケーションを取るとき、自閉症児は論理的に事実を伝えることはできる。多くの場合、言語能力が乏しい訳ではない。しかし相手との相互参照や相互調整が苦手である。つまり言葉が堅い。

私の問題意識は、この身体と言葉の硬さの関係である。ひとつの考え方は、まず前言語的な段階で、身体の硬さがあるとする。これはもちろん身体そのものが硬いという意味ではなく、身体は他者に開かれていて、身振りを通じて、他者と交流するのだが、その際の他者との関わり方が硬いのである。そしてそこが硬いものだから、その身体性の発達の帰結として得られる言語活動においても、硬さが生じるのである。

　しかしすでに書いたように、私たちは言語を持ち、言語活動をすでにしており、そこから見れば、まずは言語の硬さが先にあって、それが目に付き、その分析をして身体の硬さに行き付くと考えるべきである。言葉の硬さが身体を制御しているからである。

　小島はまずは身体の硬さを論じ、しかしそこにおいて、身体と言語は滑らかに接続しており、つまり身体の硬さが言語の硬さに繋がると考えられ、身体のレヴェルでそれを解きほぐすことの重要性が語られている。また松本は言語のやり取りにおける人間関係しか論じていないが、そこでは自閉症者の身体の硬さは前提されている。

　これは本書のテーマに他ならないのだが、言語は身体活動から出てくる。身体の活動があり、そこから言語が育まれていく。それは乳幼児の発達段階を観察しても、また人類が言語を獲得する流れを見ても、どちらにおいてもそうだろう。ここではまず、身体から言語へというベクトルが存在することを確認する。

　しかし私たちは逆に、言語から身体へというベクトルも持っており、この言語の分析から出発して、身体に辿り着くときに、その身体は言語化されているというのが、本書で今までに得られた結論である。人間の身体は、言語を持った人間の身体なのである。それは常に言語活動との関わりにおいて見出される身体に他ならない。

　先に考えを進めるために、菅原和孝の『ことばと身体』を参照する。人類学者の菅原は、自閉症児の長男を連れて、カラハリ砂漠の狩猟採集

民の調査に出掛ける。そこで得られた知見がこの本に詰まっている。

　まず菅原は、言語による反省的な意識の手前に身体的な理解があると考えている。つまり私たちは言語の手前に遡行し、身体的な世界の把握に至らねばならないと彼は考える（菅原2010 まえがき）。言語以前の身体が問われている。

　結論もまた明快だ。それは身体の社会性という考え方である。私は私の身体を通じて他者の身体を知覚し、それと同調する。他者の志向は私の身体を通じて働く。一方、私は他者の身体の内に私の意図を見出す（同第2章）。また著者は、投錨という言葉を使うのだが、人は現実の相互行為の中に錨を降ろさねばならないと考え、その際、身体こそが会話という相互行為において見出される意味への投錨を実現していると考える。身体にこそ意味の母胎がある（同第3章）。

　そこでは言語活動も身体間の相互行為の中に含めている。身体間の絶え間ない相互行為の中で生成するのが社会的な身体である（同 終章）。

　言語と身体がまだ未分化の段階にあって、言語はまさしく身体に他ならず、その身体は社会的なものなのである。そういう結論が得られる。そしてそれはまさしく、上述の小島の論じる前言語期の幼児の身体なのである。自閉症という特殊な例を研究することで見出された結論と、狩猟採集民のフィールドワークから得られたそれとがここで重なる。

　ここでラカンについての画期的な論考をまとめた、精神病理学者論松本卓也を紹介して、さらに議論を補って行く。

　まず松本は、ラカン論の核心は神経症と精神病の鑑別診断にあるとする。この両者をどう区別し、それぞれをどう認識するかが問題となる。そしてそれを詳細に分析して、次のような結論に至る。つまり1950年代までのラカンはエディプスコンプレックスを構造論化し、神経症をそのエディプスコンプレックスの導入された構造と捉え、一方精神病をその

導入に失敗した構造と捉える。60年代のラカンは、疎外と分離の操作へと問題を抽象化し、神経症はその疎外と分離を終えた構造として、精神病はその分離に失敗した構造と捉える。さてラカンは70年代初めには、神経症と精神病を差異化していたエディプスコンプレックスそのものを相対化する。

　このようにラカンの業績を整理した上で、70年代後半になると、ラカン理論において、神経症と精神病の境界線はまったく消し去られてしまうと松本は言う。そこで現れた新しい精神分析のパラダイムがまさしく自閉症である。自閉症者は、ラカンの用語で言うところの「現実界」を生きている。彼らが使う、常同的、反復的な言語は、自体性愛的な享楽が刻み込まれた原初的な言語である。このように考える。つまり晩年のラカンは自閉症を精神分析のモデルにしているということができる。

　さて本書5-2で検討するが、このラカン理論において、私たちは言語の分析から始め、言語化された身体に行き着く。そしてそこに見出されたのは、自閉症的な言語であり、自閉症的な身体である。つまり今までの考察で得られた結論を、ここでは自閉症において確認できる。自閉症の研究を進めて結論に至ったのではなく、ラカン理論における言語と身体の関係を考えていって、自閉症に至る。ラカン理論の行き着くところが自閉症だというのは、いささか唐突な感じがあるけれども、しかし上でいくつかの自閉症の研究を見てきた私たちには、ごく自然な展開にも思える。

　もう少し進めよう。自ら自閉症の子を持ち、その体験をベースに、『自閉症の社会学』などいくつもの自閉症に関する著作をものしている竹中均は、最も新しい論考の中で、親密性という概念を提出する（竹中2019）[7]。従来、家族などの個人が社会性を育む際に最も基礎的だと考えられる集団については、「第一次集団」という用語が使われていたが、

　近年はこの語に代わって、親密性という言葉が使われる。というのも、家族は従来くつろぎや連帯といった概念が育まれる場であったが、その概念が近年変容している。それはより抽象的になり、かつての家族が持っていた濃密な人間関係の意味合いを失っている。またそれは親子の持つ具体的な関係よりも、より平等で、関係性の薄いものになっている。それは不安定で失われやすいものだ。

　そういう純粋な関係を表すには、親密性という、これもまた抽象的な言葉がよりふさわしいのである。それが近年社会学でこの言葉が使われるようになった理由である。

　問題はここからである。この純粋な関係に人は耐えられないのではないだろうか。そのために、例えば共依存の関係に人は陥る。共依存とは、自分が他者から必要とされており、他者が自分に依存しているという状況に歪んだ形で依存することである。それは相手との関係にのめり込むことで、現実から目を背けることなのである。そういう関係を容易に作ってしまうというリスクに私たちは曝されている。そのように竹中は論じる。そしてここからが本節のテーマなのだが、自閉症者の場合は、その親密性からの逃避として、行動の同一性保持や反復への愛好が出てくるのである。つまり純粋で脆い関係性に堪えられず、その防衛として自閉症的な行動を取るのではないかと彼は言うのである。

　この親密性について、市野川容孝はフロイトの神経症の例を出して、精神の葛藤が身体に症状として現れることを指摘している（市野川2000）。社会的に認められない恋愛感情を持つ女性が、身体の痛みに悩むという症例である。市野川は、それは親密性が身体に影響を及ぼすのだと解釈する。それは正しいと思う。つまり親密性が先にあり、そこから身体への影響が考えられている。このことはさらに本書5-2で論じる。竹中の理論においても、まず親密性があり、そこからの逃避として自閉症的な行動に出る。それを私は硬さと表現するのである。

先に書いたように、身体的な反応の硬さがまずあり、それが言葉を使った社会的なコミュニケーションの硬さに繋がる。まずはそう考えてみる。また逆に言語活動における硬さがあり、それが身体を制御して身体の動きも硬くなる。そのようにも考えられる。身体も言語も社会的なもので、つまり他者とのやりとりで成立するもので、それらが硬いというのは、その他者との関わりの点で硬いのである。しかしここでさらにその社会性そのものを考えていくと、実は先行するのは親密性という抽象的な現代の人間関係であり、そこからの逃避として、身体と言語の硬化があるという考えに至る。その点で、竹中と市野川の指摘は一致する。市野川は親密性から身体への影響を考えているが、フロイト理論においては、さらに身体と言語の密接な関係が考察されていて、それを併せて考えれば、親密性という他者との関係性から身体と言語の両方への影響が見出されるのである。竹中の自閉症研究と、市野川の神経症の研究が、そういう結論を導く。

　さて、以上の考察では身体と言語の構造はどうしても普遍的なものと考えられがちだ。しかしそれらは歴史的に形作られたものである。それらは社会的なものであって、社会が歴史的に変容していくから、その中で身体と言語の構造も影響を受ける[8]。分かりやすい話で言えば、今の社会で特に自閉症が問題とされるのは、そもそも自閉症者の数が増えたからなのか、それとも自閉症者は昔からたくさんいたが、今まではあまり目に付かず、近年目立つようになったのかという問題である。

　これは情報化社会の問題と私は考えている。そのことを以下に説明する。

　まず農業中心の社会があり、次いで工業中心の時代がある。そこで生産力が上がり、もはや消費ができないくらいの生産物があると、そういう社会を私たちは消費化社会と呼ぶ。そこでは無理やりその生産物を売らねばならないから、宣伝をして売ることになる。それが情報化社会で

ある。そこにおいては、農業や工業に従事する人はごくわずかで良く、大部分の人は情報の仕事に就くことになる。そしてそこでは、コミュニケーション能力が要求される。そもそも必要のないものを無理やり売るためには、人の心を読み取って、そこに欲望を作り出すという技術が要求されるからである。そこにおいて、コミュニケーションが苦手な人たちが問題視されるようになる（高橋2019）。

　そうするとまず、情報化社会では、自閉症的な傾向がある人は職にあり付けず、それが問題だとされる。しかし実は情報化社会の中で、身体化と言語化がなされるのであると考えれば、そもそも自閉症者の数が増えたと考えても、自閉症者が増えたのではなく、社会の中でより一層問題視されるようになっただけだと考えても、実は同じことではないか。自閉症を社会の中での健常者からの偏差と考えるならば、そのことはすぐに理解できるだろう。コミュニケーション能力の高い人を社会の中で望ましいと考えて、そこからはみ出る人を自閉症と呼ぶのだから、高いコミュニケーション能力を要求する社会において、自閉症そのものが増えたのである。構造が変わらないで見方が変わったのだと考えても、構造そのものが変わったと考えても、実は同じではないだろうか。社会の持つ偏差が小さくなり、そこからはみ出る人が多くなったということに過ぎない。

　ここでとりわけ自閉症を病理として扱うことには批判があるだろう。つまり自閉症は病ではなく、知的障害を伴わない場合は、それは障害でもなく、人の個性とか、行動様式、思考様式の偏りと言うべきものに過ぎないかもしれない。しかし私がここで言いたいのは、話はむしろ逆で、病というのはそもそもそういうものだということである。

　そこでヘーゲルの病論を見直してみたい。これは本書補遺2で詳しく展開するが、ヘーゲルにおいて、病とは人が経験する様々な心的態度の

どこかひとつに固執することである。順に段階を経て、先へと進むべきところ、ある段階で自足してしまう、そういう態度のことである。多くの場合は、習慣によって、それを克服する。しかしまた次の段階で人は容易に病に陥る。

　つまり自閉症的な、拘り、傾向は、ヘーゲルの言い方では病と言っても良いだろうし、人は皆、何かしら病にある。そのように言うことができる。そして障害や何かしらの傾向が、それまで自然だと思われていたものの滑らかさを奪い、ぎくしゃくとした関係にさせ、つまりそこでは物事が不自然に感じられるようになる。しかしそれは話が逆であって、それまで自然だと考えられていたものが、実は特殊な条件の下でしか成り立たないものであって、むしろ何度も書くように病は誰にでもあるもので、そこにおいては自然なものが自然ではないのである。そのことに気付かせられる。

　また私たちが精神活動をしている以上、精神を離れた身体は存在しないのだけれども、しかし病理を通じて身体の根源性に気付くことはできる。身体の根源性から言語の生成へと上昇し、またその言語を通じて身体の根源性に辿り着くことができるだろう。そこに飛躍と断絶を見出すだろう。

　最後にもう一度、上で引用した著者たちの主張から確認すべきことを補足する。まず松本敏治の説において、自閉症者が方言を話さず、共通語を話すことができるのは、彼らがテレビやビデオを通じて言語を習得しているからである。学校教育もそこで役割を果たしている。技術や制度が自閉症児の行動に影響しているのである。

　また竹中均は、ネット文化による影響について書いている。デジタル技術のお蔭で、飛躍的にネットの接続が簡単になっている。自閉症者にはその環境は居心地が良いと竹中は言う。容易に反復に没頭できるから

である。

　竹中はネットの発達が自閉症を増やしたと言っているのではない。あくまでもネットが自閉症者に良い環境となっているということを指摘するのみである。しかし私はさらにネットの普及に典型的に現れている情報化社会の進展が自閉症者の数を増やしていると思う。

　時代が自閉症者を作っているのだとしたら、自閉症への取り組みに、時代の最先端のロボット工学が使われるのも興味深いことである。そしてそこで目指されるのは、小嶋秀樹の言うところではやや治療に力点があるようなのだが、それだけではなく、うまくロボットと人間の共存が目指されたら良いと思う。これは本書7-2の課題である。

①拙著（高橋2014）第8章及び、内海2005を参照せよ。

②例えば中島岳志を挙げることができる（中島2013）。

③グロデックについては、互盛央2010に詳しい。

④ハイデガー『存在と時間』で提起された概念である（Heidegger1927段落番号380-381）。

⑤ダンバーは本書2-1で扱い、このあと5-1でも扱う。

⑥言うまでもなく、これはカントの構想力に由来する。相川はカントを詳細に分析し、かつフロイトやラカンも参照して、論を組み立てている。私が本書で扱ってきたことと、ほぼ問題意識の領域もその結論部分も重なる。またシステム化する能力、共感する能力という区分はS.バロン＝コーエンに由来するが、相川は、それぞれそういう能力が脳内にあると考えるのではなく、それを構想力の層の違いとして理解している。そこに相川の独創がある。

⑦竹中均の論文を含み、上述小島秀樹、松本卓也、菅原和孝の論文、及び相川翼、松本敏治、生田孝（注8にあるブランケンブルクの訳者、精神科医）を含めた本が『〈自閉症学〉のすすめ —オーティズム・スタディーズの時代−』である。

⑧まず自閉症の研究には、意識の経験に即してその体験過程を明らかにするという現象学の手法を採るものが多い。村上靖彦はフッサールの現象学に依拠する（村上2008）。菅原はメルロ＝ポンティの方法論に依っていることを明言している。さらにW.ブランケンブルクはハイデガーの用語を使いつつ、自己関係と世界関係という概念で、自閉症者の「硬さ」について整理している（ブランケンブルク2013）。その現象学の普遍性を批判し、如何にして権力の諸装置が直接に身体に関係付けられるのかということを解明すべく、「身体の歴史」の研究が必要だと言ったM.フーコーをここで思い起こすべきである（Foucault1976 第5章）。

第 **5** 章

病(2)

5-❶ コロナ禍が教えたこと

この文章を書いている時点（2022年8月）でコロナ第七波がピークを迎えたものの、感染者数が下がる気配はなく、まだまだコロナ終息を宣言するには程遠い。しかしお盆を迎えて、帰省ラッシュも始まり、3年ぶりに人の動きも見られて、コロナ禍について、ひとつの区切りは付いたと言って良いのではないか。今後私たちはこのコロナとどう付き合っていくのかということを考えるためにも、ここで2年半に及ぶコロナ禍を振り返ってみたい。

今回のコロナ禍は、人と人の、身体を通じての接触の大切さを再確認させた。オンラインは効率が良いが、それだけでは社会で必要な仕事をすべてこなす訳にはいかない。オンラインで済むことはオンラインで十分だということは認識されるようになったが、つまりオンラインで済むものはそれで済ませれば良いのだが、しかしときに対面は必要である。それは身体と身体の接触が人と人との付き合いの根本にあるからではないか。

ここではオンラインということでズームを念頭に置いている。私の職場では、2020年度と2021年度は、一部の大人数の授業はビデオ収録をして放映するということをしたが、大半はズームを使った。私たちは2020年の春に生まれて初めてズームを使ったのだが、すぐに慣れる。と言うより、慣れざるを得なかったと言うべきで、ゼミも講義も会議も研究会もすべてズームを使ったのである。

また2021年度の後半は一部対面授業が始まったが、自宅からズームで参加したいという受講生も認めて、多くの授業は対面とズームの混合形式であった。

2022年度は授業はほぼすべて対面になったが、会議は意識的にオンラ

インを残し、対面とズームと希望する方を選んで良いという集まりもあれば、基本的にズームで行うが、時に対面にするというような会合もある。そういう混合形式が推奨されている。

さて以上が状況の整理であるが、2年ほどズーム中心の生活を経て、この春からやっと対面が復活して、私はほっとしている。この数か月間、対面のありがたさを痛感している。

例えば、オンラインで知った人と実際に会うと、意外にも顔の小さな人だと思うことがある。オンラインでは顔が大きく映るから、相当に顔の大きな人だと思ったら、実際にはこじんまりとしているということなのである。今後も長期的に付き合う必要のある人であれば、この認識のずれは早い内に修正しておいた方が良い。要するに私たちは相手をその身体的な特徴で以って認識するのである。

またズームで授業をしていると、ゼミ生の名前が覚えられない、顔と名前が一致しないという問題も、何回か対面で会えば解決する。

対面授業が復活すれば、また飲み会も再開され、それはありがたいと思う。この2年間は、ズームで会合が開かれたのちに、飲み会もズームで行うということが何度かあった。ズームは何かテーマを設けてそれを論じるというときに結構役立つものなのだが、雑談したり、意味のないことを繰り返したり、要するにくだを巻くということがズームではできない。しかしそういう付き合いは人と人との間で本質的なものではないか。

要するにズームでは、相手の顔色を窺ったり、身体全体で私を受け入れてくれるのか、拒否されているのかを探ったり、物理的な距離で心理的な距離を推し量ったりすることができない。もちろん握手をしたり、抱擁したりすることもできないのだが、それだけでなく、相手の身体から立ち上る雰囲気を感じることができないし、相手もまた私に対してそういうことができないのである。

人と人の接触の大切さというのは、身体と身体の接触の大切さなのである。

　こういう経験は今までなかったので、あらためて対面ということのありがたさを感じる。オンラインの効率の良さと対面のありがたさと、その両方のバランスを考えることが、これからの私たちの生活を考える上で必要である。

　もちろん一方で、オンラインの効率の良さも書いておく必要があるだろう。

　例えばズームを使う研究会では、質問者はチャット機能を利用して簡潔に発言したいことをまとめると進行がスムーズになる。司会者もチャットを見ながら質問を順にさばくことができる。そうすることで、対面の研究会よりも議論が深まるのではないかとさえ思える。またそのチャットをそのまま保存すれば、会の議事録代わりになる。

　さらに研究者は全国にいて、場合によっては外国にもいる。ズームでの会合の方が、移動の必要がなく際立って楽である。

　会議についても、私の職場ではキャンパスが4つあるから、会議のためにキャンパス間を移動するのは結構大変で、オンラインで済ませることができるのなら、その方が効率が良い。秘密保持が必要なものも大分技術が進んで、問題は生じない。資料も予めオンラインで送られれば、予習もしやすい。

　例えば学期の最初と最後は対面で集まり、あとはオンラインで会議をするということは奨励される。対面で集まったあとは懇親会もある。しかし普段は議論をするだけで良い。また議題を確認するだけならば、メール審議で十分だ。

　ふたつのことがここには横たわっている。ひとつは、私があちらこちらで言っていることだが、言語は猿の毛繕いから発達したというもので

ある。これはR. ダンバーが指摘するところである[1]。私と他者の身体的な接触が、精神的な交流の根本にある。

　オンラインだと当然のことながら、その身体的な接触が少ない。つまり顔は見ることができ、音声も聞こえるのだが、しかし機械を通しての話であって、身体性を感じることは少ない。そこでは言語だけで交流ができるのだが、そしてそれはそれで効率の良いものだが、しかしすべての人間関係をそれで済ます訳にはいかないということが問題なのである。

　もうひとつは以下のことである。

　以下の順に考えてみたい。まず精神を私だと仮定し、その精神が身体を持っていると考えてみる。その精神としての私が他者と付き合うことができるのは身体のお陰である。目で相手を見て、喉を震わせて言葉を発し、また耳を通じて相手の声を聞き取る。時に握手をし、抱擁する。

　しかし常に精神としての私が身体に命じて、身体を動かしている訳ではない。多くの場合、身体は自ら動く。または無意識の内にまずは身体が動き、精神はあとからそれを確認しているのではないか。むしろ身体が外界に反応して動き出し、その動きを通じて、精神作用が生じてくるのではないか。私が私として存在しているのは、私の身体のお陰なのである。身体なくして精神はあり得ない。

　第二に、私の身体は他者から見れば私そのものである。この身体が相手から見た場合の私である。また他者もその身体がその人なのである。身体を通じて他者と交流するというより、身体と身体の接触が他者との付き合いなのである。

　すると私の身体がまず私から見て私そのものであり、つまり私は身体として存在する。また他者から見ても私の身体が私なのであり、私は他者から見れば身体として存在している。つまり私は私から見ても、他者から見ても、身体として存在している。

　精神としての私が私の身体を持つというのは、そういう局面もあり得

るが、多くの場合はそうではなくて、私は私の身体そのものなのである。他者もまたその身体そのものであり、その上で、私の身体も他者の身体も精神性を帯びている。

　まずは実感から、このような大雑把な整理をしておく。

　今回のコロナ禍で、身体を巡って気付かされたことはもうひとつある。
　美馬達哉は次のように書いている。
もしCOVID-19が諸国民の間を徘徊して恐怖をかき立てる妖怪なのだとすれば、感染症とは何よりも政治学の対象であって、医学と生物学の対象ではない。それはチェルノブイリ原発、地球温暖化、エイズ、金融不安、テロ・ネットワークなど、次々に出没しては人々の脳髄を恐怖によって押さえつけて支配するスペクタクルの歴史にこそ位置付けられるべきものなのであり、医学史や環境史の一頁ではないのだ。したがって、COVID-19に代表される「感染症」が、国際社会によって対処されるべき一つのスペクタクルとして認められているいまこそ、病原体を巡る生物医学的言説（バイオメディカル）に対して、「感染症」の生政治学的（バイオポリティカル）分析を対置する絶好のチャンスだともいえるだろう。（美馬2020 p.23）
　この一節に美馬の主張がすべて表れている。彼はさらに次のように書く。つまりCOVID-19のパンデミックによって、外出制限や都市封鎖などの閉じ込めが世界中でなされたのだが、この異常さにまず驚かねばならないと美馬は言う（同p.192）。確かにそうである。さらに彼は以下のようにも書く。「COVID-19での非常事態における閉じ込めは、生命を守るという生政治的な大義のもとで行われ、監視される側の人々の協力と同意を前提にしている」（同p.196）。それもその通りである。しかしこれが現代の支配の仕方なのだと彼は考える。「制御と支配の道具」といった文言が繰り返される。

　さて私は学生に、私は左派だが、今回のコロナ禍において、政府の言うことは聞く様にしていると言う。この屈折はしかし、うまく伝わらない。つまり一般に左派、とりわけ左派リベラルは、権力が至るところで支配しているという指摘をするのだが、しかし私はそのお陰で私たちの身体が維持できるということの方を重視したいのである。

　感染症は政治学の対象であるというのはその通りである。人々を支配しているというのも美馬の言う通り。私たちが政治社会に生きている以上、すべては政治学の問題である。そこでは純粋な生物学の問題はあり得ず、すべては政治のフィルターを通してしか見ることはできない。しかしそのために、私たちは権力によって支配されているのだとマイナスに捉える必要はない。そのお陰で私たちは生存できるのである。

　ここで美馬が依拠しているのは、身体の規律という考え方である。病とは正常からの逸脱なのだが、逸脱した人をうまく管理し、正常と異常の境界を設定し、社会から排除したり、正常な役割遂行の方向へと導いたりする社会統制の制度が存在し、機能していると、美馬は重ねて強調する（同p.97）。身体の規律がそこで求められる。

　美馬はM.フーコーの『監獄の誕生』を引用する。そこに身体の規律という概念が提出されている。規律とは、身体の精密な管理と恒常的な拘束を可能とする権力の技術のことである。

　フーコーは具体的に、17世紀のフランスのある都市で取られたペスト対策を論じる。「ペストに襲われた都市は、隅々にまで階層秩序や監視や視線や書記行為が及んで、個人のすべての身体を明白に対象とする広域的な権力の運用の中に身動きできなくなる状態—それこそが完璧なやり方で統治される居住区の理想世界なのである」（Foucault1975原文p.200＝訳文p.201、美馬2020 p.167）。ペストとは人々が規律・訓練的な権力の行使を理念的に規定できる試練のようなものだとフーコーは続けて書いている。

そこからさらに、人びとはペストへの恐怖から、偏在する監視の持つ規律調教の力に従っていたのだと美馬は論じていく。

　このことに対して、S.ジジェクは『パンデミック』において、この種の、リベラル左派が得意とする指摘を揶揄する[2]。コロナ禍は人々の自由を著しく制限し、人びとにそれを認めさせてしまうとリベラル左派は言う。しかしそのような解釈をしたところで、現実的な脅威は消し去ることができない。監視と処罰は人がコロナ禍を乗り越えるためにはむしろ必要なことなのである（Žižek2020a第8章）。

　ジジェクはフーコーそのものを批判しているのではない。ジジェクが揶揄するのは精神史における連続と断絶を詳細に描写するフーコーそのものではない。あたかもコロナ禍を騒ぎ立てることで、国家権力が人々への支配を強めているのだと主張する人々に対して、その見当違いを批判するのである。

　コロナ禍において、実際この種の言説があちらこちらで元気一杯に権力批判をしている。それ等に対しては私もまた、ジジェクに倣って皮肉を言いたい。逆説的に思えるのだが、そもそも皮肉屋のジジェクが、コロナ禍に対しては、積極的にこれを変革に繋げようとしている。国家がすでに共産主義的な改革を始めている。それを評価するのである。危機において私たちは皆社会主義者であるとジジェクは言う（同第9章）。国家は市場メカニズムから離れて、飲食業者に補助をしたり、ホテルを患者のために押さえたり、治療や予防に必要な手段を調整する。それは災害共産主義と言うべきものである（同第10章）。私は日本の国家が、決して十分な対策をしたと思わないし、何よりも当時の首相が言葉を尽くして人々を納得させようとしなかったし、専門家の意見をまったく聞かないで、勝手に判断をしたかと思えば、今度は専門家に振り回されたりと、責任を取るという態度が見られなかったという政府批判はしたいけれども、基本的に人々の行動を制約すべく呼び掛けたことは評価したい

のである。何よりも私たちは自分の身体を守らねばならないのである。

　以下、ふたつの留保について書いておく。

　ひとつはしばしば中国がコロナの抑え込みに成功したということが言われる。つまり徹底して国民の自由を抑え付けることによって、命を守ったのだと言われる。しかしコロナ発生の初期、つまり2019年末と2020年の早い時期に、もっと情報を公開していたら、ここまでコロナがはやらなかったかもしれないのである。表現の自由がないところでは人の命は守れない。

　また、今の時点でも中国は国民に行き渡るワクチンを確保していない。そのために過度の都市封鎖が続いている。これも人の命を守っていることになるのか。他の病気の治療ができないとか、ストレスから他の病気にかかる可能性が増すといったことが生じていないか。この2年半ほどのコロナ禍の状況とその対策を見て、中国の対応が望ましいとは思わない。

　もうひとつは、例えばD.ライアンの本を読むと、その主張の大半はコロナ禍でいかに監視が強まったのかということに終始しているように思える。曰く、今や監視資本主義と言うべき社会が到来していて、パンデミックと監視が結び付き、監視があたかもパンデミックのように世界的に広がっている（ライアン2020）。

　しかしこの本は、監視すること自体が悪だという論調では書かれていない。監視を行う場合、それは人類が繁栄するよう、人間を主体に行うべきであるとされている。信頼と正義があって、共通善のために監視がなされてデータが蓄積される必要があるのだ。

　このような主張も出ている。つまり規律や監視がすぐさま支配や制御に繋がるという訳ではない。

　最後に書くべきは以下のことである。

人は生物として病に陥り、死ぬ。これは今までもそうであり、今後も
そうであろう。今回のコロナ禍は、そのことを集団的に意識させたのだ
と思う。もちろん受け止め方に個人差が大きく、コロナが怖くて家に閉
じこもっていた人から、全然気にせずに外で飲み歩いていた人まで幅が
あり、また緊急事態宣言や学校教育への制限などの政府の施策に対して
も、それをどう感じるかは人によって異なるのだけれども、コロナ禍は、
人間が脆くも病に襲われる存在であることをあらためて認識させたのだ
と思う。最後に書きたいのは、生物としての人間の宿命についてである。

　先にコロナ禍は政治的なものだという意見を紹介している。人が政治
経済を営む社会の中で生きている以上、すべてはそのフィルターを通し
てしか見ることはできないのだけれども、ここで問いたいのは、人が生
物的な存在であるということの政治的意味である。

　今まで、散々書いてきたことをここでも簡単にまとめたい[3]。それは
病が進化を駆動し、精神を生みだすということである。身体はそもそも
必然的に病に陥るものであり、それが身体の特性なのである。

　その上でさらに人は生物学的に言って、病に掛かり易いのであるとい
うことも指摘したい。それは人が補食−被食の連鎖の外にいるからであ
る。餌が取れずに飢え死にする、餌として食べられてしまうという関係
の中で、個体数が調整されている動物と違って、多様なものを食べ、他
の動物から食べられてしまう危険性の少ない生物は、病気で死ぬしかな
くなるのである。

　またこのような生物学的な制約を受けて、歴史的にウイルスと菌は人
をしばしば襲ってきた。このことに関する資料はたくさんある。例えば
W. H. マクニールは、狩猟時代の人類から、18世紀以降までの歴史を描
いている（マクニール2007）。

　そういうことを前提にして、以下いくつか考察をしてみたい。

　まず人がコロナに掛かるということは、人は生物であって、機械では

ないということを意味している。パソコンはウイルスにやられることがあるが、これは比喩的な意味においてであり、ウイルスそのものの被害に遭う訳ではない。こういうことがなぜ大事かと言えば、近い将来、人工知能が人の知能を追い抜くのではないかということが言われ、そうすると人は能力の劣った機械になってしまうのではないかという議論があるからである。しかし人は病に陥ることができるという点で、機械よりも優れているのである。

　もちろん病になるよう機械に教え込めば、例えば鬱になる機械を創ることは可能だろう。そういう機械を使って、様々なシミュレーションをすることは可能で、それを治療に役立てることができるかもしれない。しかしそういう特殊な用途を除いて、機械に病になるよう命令するのはまったく以って意味がない。

　要するに人は機械とは違って、身体を持っている生物的な存在である。しかし動物とは異なって、私たちは言語を持ち、社会を創り、国家を創り、その中で生きている生物である。そのことは押さえた上で、ここでは生物の側面を強調しておく。

　いつどんな病に掛かるのかということは根源的に偶然的であって、人はその偶然性に晒されつつ生きている。それが生物としての人の宿命である。病の原因は様々であるが、ウイルスはその中のひとつであり、極めて厄介な代物である。

　ここでウイルスと人との奇妙な関係について言及しておく。生物に似ているが、生物の要件を満たしていないウイルスと、生物の一員であるけれども、精神を持つことで生物を超えたと自らを見做している人間が、ここで結び付く。それは因縁と言うべきものである。ウイルスが生物の進化を促したという説もあり、ウイルスこそが人の出現を促したのだと考える立場もある。とすればウイルスは人が存在する前から、人に影響を与えている。ジジェクの言う、無限判断的な関係がそこにある（高橋

2021補論四、Žižek2020a第8章）。

　さらにまた次のことも指摘できる。身体は自然の中にあるのだが、その自然を人が悪化させた結果、コロナが出てきたということはあり得る。つまりコロナ禍は環境危機が引き起こしたものであると言うことができないか。ここで問われているのは、頻度の問題である。数百年に一度のパンデミックが、環境破壊のために数十年に一度起きるようになってしまったということは考えられないかということである。洪水や異常気象などもまた問題となる。つまりそれ等も今までは百年に一度起きていたのだが、近年では数年に一度生じるようになっている。人が身体を持ち、その身体は自然の中にある。破壊された環境は直接身体に影響する。

　大澤真幸もまた、コロナ禍が人新世の環境変動の一環として生じたのだとしたら、今後もこれ以上の惨事が繰り返されるだろうと言う。そうなると、今の時点では資本主義は今後もずっと続くのだと多くの人は考えているのだが、そうは行かなくなるのではないか。さらにはこの環境の破壊が、まさしく資本主義がもたらしたものなのだとしたら、資本主義こそが越えられれねばならないのではないかと問い、この資本主義を内側から脱出することが可能かという問題を立てて、それを論じるのである（大澤真幸2021）。

　ここから、私たちはコロナとともに生きていくという平凡な結論が出てくる。私たちは根本的に自然の制約の中にあり、そこからは逃れられない。あとは可能な限りその被害を減らすべく、社会を変えていくしかない。

　当初、天然痘が根絶されたことを例に出し、コロナウィルスも撲滅できるという論もあった。しかしむしろ天然痘の方が例外であって、多くの感染症は撲滅することはできず、人は繰り返し病に陥るのである。

　また私の実感では、今回のコロナ禍において、第二波、第三波とやって来て、そろそろ終息するかと思い、ようやく飲み屋に行かれるとか、

旅に出られると思い、しかし第四波、第五波と続き、今や第七波で、しかも感染者数は、あとのものの方が大きく、つまり常に最大値を更新している。今の実感では、コロナは少なくとも私が生きている限りの間ではなくならない。いずれ治療薬ができ、危険性を少し減らすことができるだろうが、それだけの話で、これはもう残りの人生はコロナとともに生きていくしかないのである。

　ワクチンは打つ。当面（2022年8月現在）マスクは屋内では使う。大人数での飲み会は極力避ける。しかしあとはできるだけ平常の生活をしていく。

　ウイルスとともに生きていくすべを身に付けるか、それができなければ、最悪の場合、人類は滅びるだけの話だ。

　今回のコロナの出現はまったく以って偶然なのだが、ウイルスの存在は必然である。それが結論になる。

　コロナ禍が生物学や医学の問題ではなく、政治学の問題であるというのは、繰り返すがまさにその通りで、しかしただ単にそのことを指摘したところで意味がなく、ではどうするのかということが問われるべきである。その際に再びこれを長期的な視野で生物学や医学の問題としても考え、そこに資本主義が根本的に影響を与えていることを洞察し、そこから政治学的に対策を考えるべきである。それはまさしく資本主義をどうするのかという問題になるのである（拙著（高橋2022））。

　ワクチンや治療薬が普及し、医療体制が整った先進国と、それらの恩恵に与れない国々との格差が今後の大きな問題となる。後者の国々で新たな感染者数の増加が起き、それが前者の国々に伝播し、拡がる。格差の是正が必要なのは、単に恵まれない人々が可哀そうだからというのではない。格差があるために、恵まれている人々もまた不幸になるからだということも認識されるべきだろう。

5-❷ 言葉と身体の病、またはS.フロイトとJ.ラカン

　フロイトの取り挙げる神経症においては、精神の何かしらの困難が身体に現れる。例をふたつ挙げる。『ヒステリー研究』において、良く知られている症例である。フロイトはそこで神経症の研究の基礎を形作ったのである（フロイト1895）。

　ひとつはルーシーという30歳の女性の話である。彼女は、妻を亡くした工場主の家に、ふたりの子どもの家庭教師として住み込んでいる。彼女は化膿性鼻炎のために嗅覚を失っていたのだが、どういう訳か、焦げたプディングの匂いに悩ませられている。フロイトの解釈は以下の通りである。まずルーシーはその工場主を愛していて、子どもたちの母になりたいと考えている。工場主の方でも、ルーシーに親密なまなざしを向けている。しかしある時、子どもたちの接触の仕方を巡って、工場主からひどく怒鳴られたことがあった。それまでその工場主への愛と、それと逆の叱責とが、異様な匂いに悩まされる原因となったのである。つまり恋愛感情があり、恐らくはそれを認めたくないという感情もあり、そこへ実は相手から愛されていないということを自覚させられて、その屈折と葛藤が強く彼女を襲ったのである。やがてルーシーは、自分の感情を自覚して次第に悩みから解放される。

　もうひとつはエリザベートの例である。彼女は両足の疼痛に悩み、歩行困難になっている。彼女には姉がいて、エリザベートは姉の夫に好意を寄せている。自分もこの義兄のような男と一緒になりたいと考えている。そこへ姉の急死があり、彼女はこれで義兄と結婚ができると考える。するとそこで足が痛み出し、ヒステリーの症状が出たのである。フロイトは、彼女の義兄への愛情に対して彼女の道徳性が抵抗していることがヒステリーの原因であると考える。この場合も分析治療によって、意識化がなされ、症状は軽くなる。

　どちらも意識のレベルではしてはいけないと押さえ付けられたものが、身体に出る。抑圧された感情は心の次元から追放されるのだが、今度はそれが身体に出てくる。ここでは意識と身体を無意識が結んでいる。あるいはこのように言うことができる。神経症とは精神の葛藤が身体に象徴的に表現される疾患である。人は精神的な存在で、その限りで主体であり、客体である身体を制御していると考えられるが、実際にはその身体によって拘束されている。精神は身体を思うがままに支配できない。精神が意識的に処理できないものが身体に症状として現れるのである。そこで精神は身体を通じてやっと自らを認識し始める。

　この際に明らかになるのは、自我には意識される層と意識されない層があるということ、そして意識されない層が原因で神経症になり、またそれが意識化されると神経症が治癒されるということである。

　本書4-3でも取り挙げた市野川容孝はさらに次の指摘をする（市野川 2000、2007）。まず親密性という感情があり、それが身体と関わる。エリザベートの場合は、その感情が両足の疼痛という形で出てくる。エリザベート自身の言葉で言えば、それはひとりで立っていることができないということなのだが、これはつまり義兄に支えてほしいのである。またルーシーの場合は、その感情は、工場経営者が示した親愛のまなざしとそれと逆のきつい叱責である。それが匂いという感覚に現れる。つまり親密性は身体と他者とを要求する。特定の人に対する感情が身体を包み込んでいる。ここまでは、市野川の主張から指摘できる。

　さて私はここで、市野川は身体の役割を戦略的に強調していると思う。しかしフロイトは症状が身体に現れるということを重視しつつ、それが言語によって意識化されることで解消、または軽減できると考えていた。つまりフロイトにとって、これらの事例は、身体の重要性を示すだけでなく、言語化することの重要性でもあり、本当はそのことを指摘すべきである。

私のフロイト論を展開する前に、市野川の戦略について少し書いておく。彼はフーコーを引用しつつ、次のように論じる（市野川2000 p.80ff.）。まず、西洋では長くデカルト的な心身二元論が支配していたかのように言われるが、それほど事態は単純なものではない。それは19世紀以前の精神疾患の理論に何の影響も与えていない。フーコーは『狂気の歴史』において、17世紀と18世紀において狂気は精神の病ではなく、身体と精神がともに問題とされるものであるとした（Foucault1972第2章）。つまり身体から切り離された精神疾患という考え方はなかったのである。しかしその後ふたつの正反対の向きのベクトルが出てくる。ひとつは、精神から身体へと下降して行くもので、精神疾患が身体のどこに由来するのかを探るものである。もうひとつは、精神疾患を身体から分離させる傾向であり、カントもまたその中に位置付けられる。カントにおいて、狂気は言語の誤りである。精神の疾患は身体と明確に分離された領域に配属され直すのである[4]。このように市野川は思想史的整理をする。

　しかし私はそれに対して、カント哲学は確かに基本的にはフーコーや市野川の言う通りで、そこでは理性と非理性が問題であり、狂気は精神の問題であると考えられていたのだが、しかし同時にカントにはそれをはみ出す側面があり、そこを指摘することが重要だと考えてきた。つまりひとつには、カントは心の病を論じつつ、結構そこに身体性を見出している。具体的には、魂（Seele）、心（Gemüt）という言葉を使うだけでなく、その同義として、頭（Kopf）や心臓（Herz）を意味するドイツ語を使う。しかし第二に、ここが重要なのだが、カントにおいては、心は身体に宿っているとは考えられず、心はあくまでも「潜勢的」にしか存在しない。ただし心は身体と「動力学的」に相互作用するものだと考えられている。それはずっと私が論じてきたことだ[5]。

　つまり市野川のカント論に対しては、カントは身体の重要性を相当に

意識していたことを、市野川のフロイト論に対しては、逆に、フロイトにとっては言語の問題こそが重要なのだということを指摘したい。

　次のように言うことができるだろう。身体は他者に開かれているが、身体－親密性－他者という輪の中で閉じられているのではない。それは必然的に言語を招来する。身体は他者を要求するが、同時に言語をも必要とする。人は言語と身体の両方で他者と関わるのである。

　以下、精神の病における身体と言語の問題を考えていく。まず先の鬱の機構を振り返ってみる。鬱の場合は確かにひきこもりという身体的な症状だけが目に付くかもしれない。そして一見する限りでは、そこに他者はいない。自己愛しかない。しかしその異常性は、鬱と反対の症状、つまり躁状態における過剰なまでの、言語を通じての他者との関わりにある。すなわちこの場合は、身体を通じて他者と関わるのではなく、言語を通じて他者と関わり、その反動が身体に出てくる。身体と言語はセットにして考えないとならない。そしてむしろここでは躁の方が問題なのである。

　さてラカン派の立場から自閉症を考察した論文の中で河野一紀は次のように言っている。精神分析は何よりもまず言葉に基づいた実践である。フロイトにおいてすら、というのもラカンにおいてはなおさらで、そのことはのちに書くが、患者から言葉を聞くという作業に始まり、その言葉をどう解釈するかということが問題になる。具体的には次のようになる。まずヒステリーの身体症状には象徴的な意味があり、それは読解できるとされたのである。またパラノイアは妄想を特徴とするが、それは言語の作用である。さらにスキゾフレニーにおいては言語が解体する。それは言語の病なのである（河野2017 p.163ff.）。

　本書第4章で、身体に症状が現れる心の病を扱ったが、それはむしろ例外的に身体ばかりを強調した結果だと言える。あるいは身体に症状の現れる病と言語の病とふたつあるというのではなく、すべての場合にお

いて、身体と言語の両方を考えるべきではないか。

　以下、フロイトの身体観と言語観を見たい。論じられることの多い「死の欲動論」をここでも使う（Freud 1920）。ここでフロイトは生物学に準拠して議論をしているように見える。しかしフロイトの目指すところは、身体からどのように言語を導くかということで、出発は生物学でも、結論はそこから徹底して離れるのである。つまり人は言語を操ることによって、徹底して生物から離れた存在となるというのが結論になる。ここでフロイトの眼目は、死の欲動から精神を導くことである。フロイトは快原則を超えたもの、つまり死の欲動を、個人のレベルを超えて、生物種として人は持っていると考える。このことを中山元の解説を参考にしながら読み解く⑥。まず快原則と現実原則の説明から始める。次いでそれを超える欲動へと話を展開する。

　快原則とは、不快を低減させることである。生体の外部から来た刺激に対しては、この原則によって、それが不快ならば、逃げれば良いのだが、生体内部からの刺激では逃れることができない。それを欲動と言う。幼児はその不快な刺激に対しては、泣いたり、手足をバタバタさせたりすることで、親に要求を汲み取ってもらって生存していくのだが、その際に親が現実に何をしてくれたのか、また自分がどういう状況に置かれたのか、認識しないとならない。これが現実原則である。

　言葉使いをこのように整理しておいて、まずは快原則と現実原則の均衡の中で、言語と思考が誕生すると考えることができるだろう。乳幼児は、身体の欲動に突き動かされて行動するのだが、やがて親との関わりを通じて現実原則に従い、記憶や判断が出現し、つまり精神的な活動ができるようになる。

　しかしフロイトは「快原則の彼岸」において、このふたつの原則の対立の構図が維持できなくなったと考え、そこで新たに死の欲動という概念を導入する。人間の自我には、予め自己破壊的な要因が組み込まれて

いることにフロイトは気付いたのである。

　すでに、欲動は身体的なものと精神的なものとの境界と考えられていたが、さらにその奥に反復衝動があり、「反復衝動は快原則を凌ぎ、快原則よりも根源的で、基本的で、欲動に満ちたもの」（同 p.140）だとされる。精神はこの欲動から出現するのである。

　精神すなわち、言語がここから出てくるということと、先に原因を言語化することで神経症が治癒されると考えられていたこととは繋がっている。言語が自らの出自を自覚することが重要だからだ。

　また繰り返すが、生物学的な議論をしているようで、言語の導出に話を持っていく。そのことによって、生物学から遠く離れる。

　ラカンはそのことに気付いている。『セミネールⅡ　自我』において、ラカンはフロイトを次のように読んでいく。

　フロイトは一見すると生物学的な発想で考察を進めているように思える。フロイトはホメオスタシスという言葉を使わないけれども、事実上その概念を使っている。ラカンは次のように言う。「ホメオスタシスの原則のせいで、フロイトは演繹するすべてのものを、異なったシステム間の備給、荷電、放出、エネルギー論的関係といった言葉で書き表さねばならなくなりました。ところで彼は、そうしながらもそこにうまくいかない何かがあることに気付きました。「快原則の彼岸」というのはそういうことです」（Lacan1978 V章）。

　その結果、「フロイトの生物学はいわゆる生物学とは何の関係もありません」（同Ⅵ章）ということになる。いや、正確に言えば、フロイトがやったことは当時の水準の生物学ではないのだけれども、今日の生物学の概念では、まさしく生物学が解明したことである。エントロピーという、秩序が崩壊する方向に進む熱力学の法則からまさしく生物の秩序が出現する仕組みを現代生物学は解明しているのだが、フロイトはそれ

を「死の欲動」という言葉で表した。それはまさしく、すべてが死の方向に向かう法則の中で、逆説的に精神が出現するということを表している。

　エントロピーと「死の欲動」は単なるアナロジーで繋がっているのではなく、本質的に同じものである。ジジェクならば、これを less than nothing と言う（Žižek2012）。無よりさらに無に向かう傾向、死よりさらに死に向かう傾向の中に、まさしくそこに秩序が生成する。つまり生物、精神が出現する（高橋2022 4-5）。
「このエントロピーですが、フロイトはこれに出会っています。『狼男』の最後の部分ですでにこれに出会っています。彼はそれが死の欲動と何らかの関係を持っているということは感じていました。しかしその時点ではその根拠をどこに求めるべきか分かりませんでした」（Lacan1978 VII章）。

　狼男とはフロイトの提出した有名な症例のひとつで、数匹の白い狼が木の上からこちらを見ているという不安を語る男の話である。狼は明らかに父親を意味している。彼は幼児期に、父母の後背位性交を目撃している。男はその父親から逃げたいと思う。彼の向かうのは乳母であり、乳母の臀部であるのだが、問題はその恐怖が反復されるということである。ラカンは随所で、このフロイトの『狼男』に言及する。「主体はひとつの経験を無限に再現できます。・・・そのことは何年か前に『狼男』に関してすでに説明しました。再現しようという主体のこの執拗さは何でしょうか」（同V章）。この反復こそが問題である。これこそが「快原則の彼岸」にある。

　しかしその上で私は以下にラカンの身体論を論じたいと思うのである。フロイトは身体にこだわり、そこから言語を導出した。ラカンはそこに着目し、そのフロイトの言語観を高く評価する。ラカンは彼の精神分析

学を言語の分析から始める。しかし私はさらにそこからラカンの身体論を見たいのである。つまり生物学的発想から出発したフロイトが言語の発生を論じ得たのと同じく、言語に始まったラカン理論が、そこから必然的に身体に出会う過程を追う必要がある。

　最初にJ＝D.ナシオを参照したい。そこにラカンの身体論がまとめられている⑦。

　まず精神分析を規定するふたつの基本因子は、言葉と性であり、それに対応して、身体は語る身体と性的身体というふたつの規定を持つ。語る身体は、言語活動の担い手であるだけでなく、例えば私たちは顔を持ち、そこに表情があり、他者とコミュニケーションをする。語るシニフィアンとしての身体がそこにある。また性的身体とは、享楽を甘受する身体である。ナシオは、「身体がすっかり享楽そのものとなっており、しかもその享楽は性的なものである」（ナシオ1995 p.180）とまとめる。そしてその前提として、身体にはイメージとしての身体があり、これが第3の視点である。これは身体の外部、すなわち他者に知覚されるイメージである。イメージとしての身体とは、他者が私に送り返すイメージのことである。このイメージは、外部から自分の元に立ち戻って、享楽を得る身体にまとまりを与えるのである。これら、語る身体、性的身体、イメージとしての身体は、ラカンの三界、つまり象徴界、現実界、想像界に対応する。このことはのちにあらためて確認される。

　さらに向井雅明を使う。ラカン理論の進展について、次のようなことが言える（向井2016 p.391ff.）。

　ラカンは1960年代に入って、次第に現実界の役割を重視するようになる。対象aは当初は想像界の次元を説明するために考案されたが、次第にそれが現実界の次元を担っていると考えるようになる。しかしさらに次の段階では、それは単に現実界の見せかけに過ぎないものだと見做さ

れる。そこでフロイトの死の欲動理論を自らの理論に引き込む。それはフロイトにおいては、多分に生物学的に考えられていたが、ラカンはそこで言語の根本的な役割を確認する。人間が最初に遭遇するのは言語であり、人間が言語的存在として成立したときに、その言語との遭遇のあとに、現実界と遭遇するという順番になる。そしてその現実界との遭遇が残したものが一者である。一者は人間が言語と遭遇した時に残された痕跡である。それがトラウマとして残り、反復する。これが1964年の『セミネールXI 精神分析の四基本概念』のラカンである。反復強迫は死の欲動に繋がる。それは一者の反復である。一者の反復をラカンは享楽と呼ぶ。

人間の欲望は他者の欲望であるというのがラカンの基本的な考えであった。これをこの一者から説明すると、まず存在するのは一者の享楽であり、そこから他者が構築されて、他者の欲望が成立し、その欲望を追求しながら人は生きていく。

また身体については以下のように説明する（同pp.408ff.）。人間は身体をイメージとして獲得する。その意味で身体は想像界にある。しかしシニフィアンが書き込まれるのも身体で、その意味で身体は象徴界にある。つまり言語を語る存在である。そして先に述べた享楽との関係で言えば、身体は享楽の場所であり、その意味で身体は現実界にある。身体をイメージとして保持し、言語を語り、享楽する身体。症状とは身体の出来事だとラカンは考えている。

暫定的なまとめを書いておく。

人間は言語を持った瞬間に動物から断絶した次元に住み、従って進化論が適用できない存在である。このことを進化論が明らかにする。精神を産み出すのは進化の過程だが、しかし一旦精神が生み出されたら、それは生物の論理を超えている。このことを明らかにした時点で、進化論

の役目は終わるのである。

　一方で私たちは言語の産物である。身体と言語の関係について言えば、まず進化論的には、生物の身体が言語を産み出したということ、しかし現実的には、つまり実際の人間にとっては、先に存在するのは言語であり、言語の網の目の中に、身体が存在する。身体は言語が作り出す。私たちは言語の産み出したものである。私たちは言語の中に生まれてくる。身体のイメージはあとから作られる。

　言語は伝達の手段としてではなく、享楽として子どもに受け入れられる。向井はそのことを強調する（向井2012 p.75）。

　主体は他者から働き掛けられることによって成立する。主体は主体的に成立するのではなく、他者から働き掛けられることによって、強制的に生じさせられるものである。

　他者との出会いは、ひとつは身体を通じて、もうひとつは言語を通じてなされる。このふたつは関係している。人間の身体は言語によって構造化されているからだ。フロイトは身体に生じた症状を言語化することで解消しようとした。それは病理がそもそも身体と言語の両方に関わっていると考えられるからである。

　ラカンは言語による精神分析を徹底し、フロイトの言う無意識とは、人間が言語の中に住むことによって作り上げる知であるとした。

　原和之も援用しよう。ラカンの立場において、享楽は身体的である。その際に欲望は無限であるのだが、身体は有限で、つまり身体が欲望のブレーキとなる。それは本書の前章で、与那覇潤を引用しつつ見た通りである。もうひとつ指摘できるのは、口唇や肛門において明らかなように、刺激がそこから排出されるのだが、それと同時に、その排出自体が新たな刺激となる。つまり欲望が再生産される（原2002 p.203）。

　このように身体の重要性を確認するのだが、しかしここで原はラカンの言語に拘っている。フロイトが生物に準拠し、ラカンが言語学に依拠

していたと一応は言うことができる（同p.52）。一応は、と言ったのは、そんな単純ではないけれどという含みがある。このように言うことでラカンは物理学、生物学に還元されない心的なものの固有性を主張し得た（同p.64）。

　まずはそういう言い方をしておく。フロイトの神経症は心身の問題だけれども、ラカンの精神病は言葉の病である。そういう整理もできる。

　その上で、原はラカンの身体論を論じるのである。「言語を介して向き合う他者は、主体をひとつの無限過程に巻き込むが、主体はその中で辛うじて自らを繋留することのできる点を身体に見出す」（同p.101）と書く。つまり言語、他者、身体の順に進むのである。

　フロイトは身体から言語が発生し、そこには無意識があり、そこの葛藤が身体に症状として現れ、その解消には言語化が必要だと考えた。ラカンは言語から出発し、しかし言語化されたものとしての身体を発見する。

　身体から言語への流れと、その逆に、言語が先にあり、そこから身体を見出す、また身体が言語化されているという指摘へと進むのである。

　またラカンの身体論と言えば、性的な身体のみが議論されると思われるかもしれないが、先にナシオを援用して書いたように、ラカンの身体論は、ラカンの三界に対応する、語る身体、性的身体、イメージとしての身体のすべてが議論されるべきである。

　鬱論をもう一度、内海健を参照して、ラカンの言葉で整理する（内海2013）。躁病者は周りに無償の愛を降り注ぐ。主体は意識していないが、つまり人から見返りを期待しているだろうと言われれば、そんなことはないと本気で怒るだろうが、しかしだからこそそれは自己愛なのだということができる。そしてそのループがある日突然切断され、鬱を発症する。

　それをラカン理論で説明すると、鬱病者は幻想を介さずに直接的に大他者に向かい、そこで承認という庇護を受けるということになる。しかしそれが満たされなくなった時に、大他者を告発する。それは怨みでもある。

　ではなぜ彼らは幻想を構築しないのか。大他者は彼らに働けという命令を行い、彼らはそれに素直に従う。そしてある日突然、今まで大他者に奉仕してきたのに、見捨てられてしまったと、大他者を告発する。内海はこのように説明する。

　河野一紀も鬱について言及している。彼はラカンの考えだとして、次のように言う。「享楽を扱う術をあまり心得ていない事態が鬱をもたらす」（河野2013 p.94）というのである。これは良く分かる。

　この議論を本書4-1の与那覇理論と接続させる。それはエネルギーの借金理論と言語の暴走を身体が宥めるという論から成り立っていた。大他者に奉仕し過ぎている状態を身体がバランスを取るために止めると言い換えられる。それはむしろ生き残るために、身体が取る方策である。

　また象徴界が人の精神を支え切れずに、そこに現実界が顕われてしまうという問題もあるのだが、それもうまく象徴的なものに支えてもらって、現実界と折り合いをつけるということが重要だ。

　言語が中心的な生活から身体に比重を置くようになるというのではなく、象徴界の身体から現実界の身体へ移行するというのが正確だろう。そう理解すると、与那覇理論とラカン理論は整合的に繋がっていると言うことはできる。

　鬱だけでなく、躁をその視野に入れないとならないという問題も次のように考えることができる。つまり躁状態において、象徴界と折り合いがついているかのように見えるのだけれども、実はあまりに過剰な象徴界に曝されているのである。過剰な言語活動、過剰な他者への働き掛けがまずあり、しかしそれが、そこであんなに頑張ったのに、大他者は見

返りを与えてくれなかったという恨みに転じるのである。他者に働き掛けるのも身体であるし、ひきこもるのも身体だ。そう言い直せば正確な表現になる。

さてここから何が分かるか。身体は言語の向こうに存在するのではない。まず身体は言語化されている。そして私たちにとっては、言語がまず先にあり、身体はその言語によってあとから見出される。そういう理解をしておく。

最後にもうひとつ論点を出す。拙著（高橋2022）1-1及び4-5で、私はジジェクを引用して、次のように論じた。すなわち客観的事実から出発してそこから主体の生成を問う唯物論と、先に絶対的主体を考え、そこから主体の措定する客観を展開しようとする観念論と、両者は相補的である。つまり物質が進化して、精神を産み出したのだと考える実在論と、言語の分析から始め、その中で客観的世界と呼ばれるものを構成していく相関主義とは、実は相補的なのである。生物学的に考えて、言語の生成を問うフロイトと、言語の分析から始めて身体に辿り着くラカンと、実は相補的だと考えても良い。

このことについてさらに検討し、ジジェクを批判したい。まず本書の結論として、言語と身体は病において交差するというテーゼが得られるだろう。その上で考察したいのは、1-1で触れた幻影肢である。それを思い出してみよう。これがメタバースで治療が可能であるという話をした。それはひとえにメタバースの身体性ゆえである。そこでは言語を用いて治療するのではなく、身体を用いて治療するということを確認した。このことは幻影肢に対するメルロ＝ポンティの理解とも合致する。

引用をふたつ挙げる。まず「心的なものと生理的なものと」については、「互いに接続させて、両者の間にひとつの出会いを準備する手段を見出す」とメルロ＝ポンティは言う（Merleau-Ponty1945原書p.92＝訳書1-p.140）。また幻影肢については、「幻影肢とは想起ではなく、準-現在

であり」、だから幻影肢は現に今、感じられるものなのであると言う。「過去になり切ってしまわない古い現在」だともいう表現を使う（同 p.101＝1-p.153f.）。

　しかしこの幻影肢についてのジジェクの解釈は、メルロ＝ポンティのそれとは異なる。

　ジジェクは「接続された脳におけるヘーゲル（Hegel in a Wired Brain）」というテーマで本を書いている（Žižek2020b）。この本の第2章で積極的なジジェクの考え方が展開される。ここでジジェクは、意識や自己意識が身体に根差しているという考え方を批判する。

　私の脳と環境との複雑な相互作用は私の脳に記録されている。その神経細胞のプロセスを再現すれば、他者にも伝わる。

　幻影肢もまた他者と共有できると考えられている。私の身体はすでに、心によって統御されるマシンの一種であり、私の心によって直接制御される有機体である。幻影肢があるのは、手足の経験が脳の中に記録されているからであり、つまりこの痛みは脳の問題なのだとジジェクは言っている。

　しかし実際はそうではない。痛みは身体の問題なのである。身体がなくても身体は存在する。それが幻影肢である。幻なのではない。当人にとっては、現に存在しているのである。脳は自分の身体に合わせて、自分の身体感覚を作り出している。それは他者の脳に直接伝わるのか。身体を一度通過させないとならないのではないか。

　ジジェクが幻影肢痛について、身体が欠如しているのに痛みを覚えるのは、痛みが脳の問題だからだと言っているのは、話がそもそも逆である。身体が欠如している、例えば右腕が事故か何かでもぎ取られているとき、脳は右手がないのに、それがあるかのように感じて、右手を動かすよう命じ、しかし実際に右手から反応が帰ってこないので、痛みを感じるのである（本書1-1）。

私たちが世界と交流するのに身体を使う。身体の在り方が、否定的な形で現れるのが幻影肢である。身体の一部が実際には欠如しているのに、その欠如を脳は拒絶している。腕がなくなっても、なくなる以前の感覚を現在も持ち続けている。

　またこれも本書1-1で、この幻影肢の痛みを解決するのにアバターを使うという例を私は挙げている。ここにも幻影肢が身体の問題であることが現れている。脳に電気ショックを与えて治療するのではない。人は身体で思考するのであり、その身体に働き掛けて治療をするのである。

　だからジジェクが自説を例証するために出したものが、逆にジジェク批判に使える。本書1-3でジジェクの電脳論を挙げたが、すでにそこで指摘したように、ジジェクの理論には身体への観点がない。身体を持たない脳だけで、人は思考することはできない。脳の中にすべてが書き込まれているとしても、それは世界が脳だけで成り立っているということを意味しない。

　拙著2冊（高橋2021）と（高橋2022）で、実在論とジジェクの考え方を比較検討した。そこで得られた結論は、実在するものはすべて思考の中にあるが、しかしその思考は自然が生み出したものであるということである。本書では、身体の動きはすべて脳の中に刻まれているとしても、脳は身体の一部であり、その脳が生み出した精神は、根本的に身体に制約されていると言うことができる。脳と身体との相互作用がないと、脳は動かないのである。

5-❸ 病理が教えること、またはM.メルロ＝ポンティ

　メルロ＝ポンティの初期の大作『行動の構造』（1942）と『知覚の現象学』（1945）にシュナイダーという男の症例が出てくる。それもひとつのエピソードとして取り挙げられるというのではなく、この症例は少

なくともこの分厚い2冊の書物の中心的な役割を果たしている。すなわち前者の前半部の大部分、後者の第一部のほとんどの章で、メルロ＝ポンティはこの症例に言及している。

　シュナイダーは1915年、第一次大戦で地雷の破片を後頭部に受けた軍人である。頭部の傷が癒合したのち、様々な行動障害を示すようになる。以下、具体的に『知覚の現象学』に即して説明したい。

　まず彼は眼を閉じている場合、運動をすることができない。言葉による命令に従って、手足を動かすことはできない。普通に身体を動かすのには何の不自由も感じないのに、抽象的な運動ができないのである。また自分の鼻がどこにあるか、指し示すこともできない。自分の鼻を指し示せという命令は聞くことができ、その意味は了解し、しかし実際に鼻を指し示すという象徴的な行為はすることができない。具体的な運動をするのであれば何の問題もなく、例えば鼻の頭を蚊に刺された場合、素早く手をそこに持っていって、掻くことはできる（Merleau-Ponty1945 p.119f.=1-p.179ff.）。

　メルロ＝ポンティの言い方では、蚊に刺されて主体的な身体の痒みを感じた場合にその箇所を掻くのは、自分の「現象的な手」で以ってすれば良いだけのことで、鼻と手との間には、「自己の身体の自然的体系の中でひとつの生きられた関係が与えられている」（同p.122f.=1-p.183f.）。

　ところが命令に従って身体を動かそうとする場合、シュナイダーは、思惟の能力も運動の能力も欠いている訳ではないのに、その命令の「運動的な意味を持っていない」ために、それが運動主体としての彼に働き掛けてこないのである。「健常者には一切の運動が背景（地）を持ち、運動とその背景は単一な全体性の中の諸契機である」。また「知覚と運動とはひとつの体系を形成し、それがひとつの全体として変容していく」のだが、シュナイダーにはその全体性が失われているのである（同p.128f.=1-p.191f.）。

私の言葉では、次のように言うことができる。まず彼は身体システムの中では生きられるのだが、また言語のシステムもそれはそれとして了解して、命令されることの意味は理解できるのだが、両者を結び付けることができない。そう考えてみる。しかしさらに踏み込んで考える必要がある。つまり健常者においても、身体的な動作は必ずしも言語による命令に従ってなされるものではないということである。精神が常に身体を制御している訳でもないということである。そうではなく、身体がすでに象徴作用をする能力を持っていて、他者に対して働き掛けることができる。つまり身体は意味を担った行動をする。シュナイダーはその機能が壊れているのである。身体は単に蚊に刺されて痒いから、鼻の頭を掻くという動作をすることができるだけでなく、身体は他者に開かれていて、他者に対して身振りで以って鼻がどこにあるのか指差しをする機能がある。身体は直接他者の身体に触れ、つまり握手をし、抱擁をして他者を受け入れたり、または拒否したりすることができるし、微笑んだり、怒ったりして、感情を伝えることもできる。何かしらの身振りで、もっと複雑な感情を示すこともできる。

　ところがシュナイダーの症例が示しているように、脳に何かしらの損傷を受けると、そういう行動が取れない場合がある。身体で象徴行為をすることができない患者がいるということから、私たちは身体にそういう機能があるということが分かるのである。さらにそこからまた、身体の運動が先にあり、それが根源で、それはすでに他者に向けられており、そういう身体的な身振りの繰り返しがあって、そこから言語が出てくるのではないか。そこまで私たちはこの症例から学ぶことができるのではないか。

　メルロ＝ポンティは明らかにそう考えている。「身体こそが自ら示し、身体こそが自ら語る」（同p.230=1-p.323）と彼は言う。言葉の起源を考えたとき、ひとたび言語が形成されれば言葉が意味作用を行うのだけれ

ども、本来的には身振りがそれを行っている。私は身体を通じて物を知覚するのだけれども、それと同じく、「私は私の身体によってこそ、他者を了解する」（同 p.216=1-p.305）。それは他者の身振りを通じてなされる。他者の身振りは世界の構造を描き出し、私は私の方でその世界の構造を捉え直す。

　さらにシュナイダーには視覚の障害もあり、視野が狭く、色覚の異常も見られた。また女性の身体に対して性的な反応を示すことがなく、身体の接触からも性的な反応をすることがなかったと言われている。先の身体能力の欠損が、そういう能力の機能不全にも繋がっていることが示される。それも付け加えておこう。

　本書でメルロ＝ポンティの哲学の全容を解明しようなどという蛮勇を私は持ち合わせていない。しかし少なくとも『知覚の現象学』でメルロ＝ポンティが最も言いたかったことはこういうことなのではないかと思えるのである。ここで熊野純彦を援用して、補強しておく。

　シュナイダーには世界との生き生きとした交流が欠けていると熊野は書く。そこでは知覚経験に広がりと厚みを与える水準が欠けている。世界に散乱した意味を主体が捉え直し、また対象の側が主体の姿勢を据え直すような相互作用がシュナイダーには失われている（熊野2005 p.78ff.）。

　私たちは感覚を通じて世界と交流をしているのである。感覚するものと感覚されるものが相互関係にある。それが世界を生きるということである。私たちは世界に物語を見出し、世界は多義的に現れる。しかしシュナイダーにとって、世界は表情を持たず、自ずと紡ぎ出される物語が欠けているのである（同）。

　さて私がここで疑問に思うのは、病理に関心を持つ者の多くが、なぜその方法論にメルロ＝ポンティに頼るのかということだ。具体的には、

野間俊一（本書4-2）、菅原和孝（同4-3）がそうであり、その理由は探りたいと思う。

　澤田哲生は『メルロ＝ポンティと病理の現象学』という画期的な書の中で、その私の疑問に答えている。そこでメルロ＝ポンティの哲学の全容を捉えるということまでは試みられていないが、それが本質的に病理と関わっていることが良く示されている。

　澤田は次の3点を挙げる。第一に、健常者から見れば理解不能な行動も、ある一定の形と意味が備わっているはずである。つまりそれは固有の構造を有している。第二に、狂気もまた反省と同じ思考のシステムであり、患者の行動を分析することで、健常と見なされている生活を考え直す機会を提供している。第三に、患者の行動は、健常者が注意を払わない行動の現象学的な側面、つまり志向性だとか、根源的な構造などを垣間見せてくれる。そこで現象学の諸概念の存在と機能が経験的に証明される。以上である（澤田2012序論）。

　すでに私たちは、メルロ＝ポンティがシュナイダー症例からその身体と世界の関係についての考察を見事に引き出したことを知っている。そこにおいて、身体とは主体でもあり、客体でもある。メルロ＝ポンティは言う。私たちは二元論に慣れていて、一方では身体を内面を持たないものとして考え、他方で精神を自己自身そのものと考えてきた（Merleau-Ponty1945 p.231=1-p.324）。精神が思惟するのだから、精神だけが思惟する能力を持ち、かつ精神こそが主体なのだと考えるのは、精神にとっては当然の話であるが、しかしメルロ＝ポンティはそういう考えを否定する。「身体はひとつの対象ではない。また同じ理由で、私が身体について持つ意識の方もひとつの思惟ではない」（同 p.231=1-p.325）。つまり私が身体を認識する唯一の手段は私がそれを生きることであり、私とは私の身体なのである（同）。そういう哲学を病理の観察が可能にしたのである。

　補足的に次のふたつの点を指摘しておく。

　ひとつは、シュナイダー症例は当時よく知られていて、メルロ゠ポンティだけでなく、例えば新カント派の哲学者カッシーラーも取り挙げている。メルロ゠ポンティはカッシーラーから大きな影響を受けているから⑧、ここでもどのようにカッシーラーからメルロ゠ポンティへの影響の中で、この問題つまりシュナイダー症例が位置付けられるのか、検討しないとならないのだが、それもまた私の手に余るので、ここではカッシーラーが『シンボル形式の哲学』（1929年）の中の「シンボル意識の病理学に寄せて」という題を持つ第2部第6章でシュナイダー症例を論じているという事実だけを確認しておく。そこではさらにいくつかの病理が取り挙げられ、失語症や知覚の病理、行動の障害という順に論じられている。

　第二に、メルロ゠ポンティは直接シュナイダーに接したのではなく、これはゴールドシュタインたちがすでに1918年に取り挙げていて、メルロ゠ポンティはその論文を活用している。ここでこんなことを書くのは、私自身のこの試みを正当化するという目論見があるからである。つまりメルロ゠ポンティは臨床医ではないが、深く文献から症例を学んでいる。

　そのゴールドシュタインは精神と身体について、そのどちらかが主で、残りが従であるというような関係ではなく、双方が「全体的関連性を以って理解されなくてはならず」、「精神的なものは生命的なもののひとつの面と認むべき」（ゴールドシュタイン1957 p.165）と言っており、その思想はメルロ゠ポンティまであと一歩というところまで来ているのである⑨。

　ここからサルトルとメルロ゠ポンティの身体論に進む。

　まずサルトルに身体論があり、それが案外面白いことに気付かされる。「案外」とここで書くのは、私が物心が付いてから、ずっと実存主義は

馬鹿にされてきているのだが、実はそんなにひどいものではないと思うからである。構造主義が出てきて、ポストモダンが出てきて、さらにそのポストモダンさえ批判されるとき、実存主義があらためて問い質されるとは誰も思わないかもしれないが、しかしその身体論には見るべきものがある。

　さらにそれは、上述のヘーゲル身体論と良く似ているようにも思う。結論を先に書いておけば、実は両者はまったく異なるのだが、その発想において、関心事は共有されている。

　実際に見ていきたい。サルトルの大部の著作の『存在と無』は三巻本で、その第三部は「対他存在」という題で、その中の第一章が「他者の存在」であり、第二章が「身体」である。

　第一章では「まなざし」について、サルトルはひとつの節を設けて論じている。「いかなる瞬間にも、他者は、私にまなざしを向けている」とサルトルは書く。私が「他者によって見られているということは、他者を見ていることの真理である」。

　私が存在し、また他者も意識を持った存在としてあるというところから出発するのではなく、私は他者から見られているということにおいて存在する。「他者にとって」という関係性において私が存在することを、対他存在と呼ぶ。

　さて私は対他存在であると同時に、身体を持つものとして対自存在でもある。ここで身体があらためて問われ、先の対他存在としての身体ではなく、対自存在としての身体が議論される。すでに『存在と無』の第二部で、対自存在については十分な議論がされている。「対自」の意味については、このあとで詳述するが、とりあえず「主体的な」という意味で了解してほしい。この主体性がサルトルの議論のひとつの論点になるのだが、ここではその議論は省略して、身体論のみを追ってみたい。

身体はここで、私によって「超出されるもの」（Sartre1943 III-II-I）であり、私を根拠付けるものである。

するとここで対他存在としての身体と対自存在としての身体が出てくることになる。そしてさらにそこから、次の段階の身体が論じられるのだが、それらを順に整理すると、まずはI「対自存在としての身体」があり、次いでII「対他存在としての身体」があり、その両者から、その次にIII「身体の第三の存在論的次元」があるとサルトルは論じるのである。

この3つはどういうことか。

まず「私は私の身体を存在する」というのが、第一の存在次元である。事実として身体が世界内存在するということであり、身体の主体性が論じられる。対自としての私は身体を対象化できないとされている。

次いで私の身体は他者によって利用され、認識される。これが第二の存在的次元である。私は他者にとって存在する限りで、他者は主観であり、私は対象である。それゆえ、私は他者によって認識されるものとして存在する。

さらに私は私にとって、身体という資格で他者によって認識されるものとして存在する。これが第三の存在論的次元である（同 III-II-III）。

ここで「身体を存在する」という言い方は日本語として成り立つのかと問われるべきである。フランス語原文は、J' existe mon corpsであり、「存在する」という意味のexisterは自動詞であるが、サルトルはそれを他動詞として用いている。身体を物質と考えて、それを主体が所有するという風に考えられているのではない。ここでは身体の能動性が意味されている。

それから他者の存在が議論され、まなざしという観点が導入される。それが対他存在としての身体である。その上でこの両者が結び付けられて、他者のもとで、身体を持つものとして私は存在するということにな

る。

　この限りでこれは結構まともな身体論だと私は思う。身体を論じるのに、対他という観点を出しているのは注目すべきである。

　それは対自、対他、その両者の克服という順に論じられていて、一見すると、ヘーゲルの議論とよく似ているようである。しかし結論を先に書いておけば、実はヘーゲルのそれとまったく異なる。以下、そのことを書く。

　ここで再度メルロ＝ポンティを取り挙げる。というのも、彼は以上のサルトルの身体論を批判するからである。それがどのようなものであるかということを見ていくことで、サルトル身体論の整理ができるだろう。

　メルロ＝ポンティの初期の主著『行動の構造』の「序文」は、A.de・ヴァーレンが書いており、そのサルトル批判は簡潔である。つまり、サルトルは、対自としての身体と対他としての身体という区別をしたが、しかしそれは即自と対自の対立を強調し、思惟と延長のデカルト的二元論を強化したと言うのである。実はこの文言にメルロ＝ポンティのサルトル批判が集約されている。これはどういうことなのか。

　このことについて、先にも引用したが、メルロ＝ポンティ自身は、例えば『知覚の現象学』で次のように言う[10]。私たちは今までデカルトに倣って、身体と精神を分離して考えてきた。しかし私たちは身体を認識するためには、「自らそれを生きること」が必要である。「私とは私の身体である」（Merleau-Ponty1945 p.231＝1-p.324f.）。

　またサルトルを批判してメルロ＝ポンティは、「私は私の身体によってこそ、他者を了解するのであり、それはちょうど、私が私の身体によってこそ、物を知覚するのと同じである」と言う。また他者の所作の意味は、「その所作が描き出している世界の構造、そしてやがて今度は私の方で捉え直すことになる世界の構造と混じり合っている」と言う（同p.216f.＝1-p.305）。

　さらには、「私が身体を持っているということは、私が一対象として見られることができること、しかも私は主体として見られることを求めていること、他者は私の主人または奴隷となり得ること」（同 p.194f.＝1-p.276）とも言う。

　ここでメルロ＝ポンティにとって、身体を媒介に私と他者が繋がれるのだが、それはサルトルのように二元論的にではなく、両者が合わさってひとつのシステムになるのである。「他者の身体と私の身体もただひとつの全体をなし、ただひとつの現象の表裏となる」（同 p.406f.＝2-p.218）。

　そうするとメルロ＝ポンティにとっての対自と対他の関係が、サルトルのそれと異なっているということが明確になる。

　メルロ＝ポンティは、「対自すなわち私にとっての私と、他者自身にとっての他者は、対他すなわち他者にとっての私と、私自身にとっての他者という地から浮き上がってくるのでなくてはならない」と言う（同 p.512＝2-p.363）。そこから彼は相互主観性、世界内存在という言葉使いをする。

　サルトルの場合は、対自と対他が並列に並べられ、それは対自と即自の二元論であり、それが精神と物質の二元論に繋がり、自我と他我の分離になる。それをメルロ＝ポンティは批判するということになる。

　問題は、サルトルの言う対他は即自なのだということである。他者が私にまなざしを向けているとき、私は他者に見られる対象であり、これが対他存在なのだが、それは同時に即自なのだということである。使い方としてはこういうことだ。つまり対他＝即自であり、これが対自と二元論的に対立する。

　以下、この即自、対他、対自の定義を明確にしておく。

　まずヘーゲルは「論理学」を使う。ヘーゲルにとって、即自（an sich）と対自（für sich）、対他（für anderes）は次のようになる。即自は、

未発展、潜在態、無自覚態という意味である。概念がまだ自己の内に留まり、潜在的には自己の発展の萌芽を含んでいるのだが、その時点ではまだ抽象的自己同一性を保つ状態となっている。そしてその即自が他者と交渉し、そこで自己の自立性を失えば、対他となる。さらにこの対他がさらに自己を取り戻せば、対自となる。それは自立的つまり独立的で、自覚的かつ顕在的という意味がある。

　『小論理学』を見ておく。存在論の最初のカテゴリーは質であり、その冒頭に、「存在は即自的に過ぎない概念である」とある（『小論理学』84節）。つまりこの最初の段階の存在が即自存在なのだが、この存在が他と関係すると、それは対他存在となる（同 91節）。質という存在の他のものへの関係の側面である。ヘーゲルにおいて、このように他と関係することは、否定と呼ばれる。この他との関わりから、さらにこの他のものが他のものに関わるとき、そこに自己が復活して、対自存在が生まれる（同 95節）。このように説明される。

　一方サルトルにとって、即自（en soi）と対自（pour soi）、対他（pour autrui）は次のようになる。ここで『存在と無』の訳者による用語解説は有益だ。そこでは即自は「意識にとって存在するところの物の超現象的存在」とある。これはカントの物自体に近い。意識に対して、物の在り方を示す基本的用語である。一方で対自は「意識の存在論的な構造を示す言葉」である。これで理解が容易になる。サルトルにおいては、やはり即自と対自は二元論に対立しているのである。

　また対他存在は、これはヘーゲルと同じく、単に「他者に対して」とか、「他者にとって」ということに過ぎない。しかしサルトルの場合、対他存在は、他者から見た即自存在のことである。ヘーゲルにおいては、対他は、即自が対自になる過程に位置付けられるものなのに対し、サルトルは対他＝即自となって、これが対自と対立する。

　対他身体とは、他者によってまなざしで見られる私の客観的存在のこ

とである。対自身体とは、まなざしを意識しない対自が世界に関わるときに生きられている身体のことである。この両者は並べられて、一元化されないのである。

　ヘーゲルにとって即自は対自になるものであって、両者が対立するものではない。それは一元論以外の何物でもない。しかし世間は、サルトルはヘーゲルの影響を受けて、二元論に留まったと考えているのではないか。一方で私は、サルトルはヘーゲルの用語を使っているので、二元論に見えず、なぜ世間がサルトルを二元論だと言うのか長い間分からなかった。今ここで明確に言うべきである。ヘーゲルは一元論でサルトルは二元論だと。

　ここでさらに話を整理するために、廣松渉を出す。廣松は港道隆との共著『メルロ＝ポンティ』の中で、まずこのメルロ＝ポンティのサルトル批判を紹介した上で、今度はメルロ＝ポンティを批判する。

　廣松は言う。「メルロ＝ポンティとしては、サルトルのごとき「即自」と「対自」の二元論的峻別を退け、「即自と対自との総合」を企てる（廣松1983 p.202）。

　まず廣松はサルトルを徹底的に批判する。

　次いで廣松はメルロ＝ポンティに対しては、メルロ＝ポンティがサルトルを乗り越えようとしている点では評価しつつも、まだまだそれが不十分であるという風に批判する。具体的には、メルロ＝ポンティがまず『行動の構造』において、サルトルの方法論を批判し、『知覚の現象学』において、身体論を展開することによって、サルトルを乗り越えているとしている。そのことは評価されるべきなのだが、廣松はさらにその物足りなさを指摘する。

　廣松は、サルトルは対自‐対他の区別をし、そのことは評価できるが、しかしそれは即自と対自のデカルト的二元論であると明確に言う。『世界の共同主観的存在構造』のII-1「共同主観性の存在論的基礎」の第1

節では、この身体と他者の関係が論じられている。そしてそれに続く第2節は丸々サルトル批判である。

　廣松は、サルトルの言う対他存在を次のように批判する。先の「まなざし」論を念頭に、サルトルにおいては、人から見られる際の私は即自であるということになる。即自については、先に詳述したように、これは単に対象として物のように見なされるという意味である。サルトルにおいて、他者から見られた私は、他者にとって単なる対象であり、これが即自なのである。

　ここで廣松は次のような例を挙げる。つまり見張り番をしている人が、ついうっかりうたた寝をしてしまい、しかし突然、人目を感じて我に返ったとする。その際にその見張り番は、本当は見張りという仕事中なのだから、自らの役柄を自覚して、慌てて我に返ったということになる。明確な意識は事後的に現れるとしても、まず当人は、自分の見張り番としての役柄を遂行すべき自分を感じているはずである。

　ところがサルトルの議論では、人は他人から見られる、つまり被視的存在として、身体的自己の即自的在り方のみを議論することになる。しかし役柄存在の自己は、被視存在の自己とは異なるはずである。人は社会の中で役柄を持って存在しており、その意識は、反省的に自らを考える時だけでなく、この、うっかりうたた寝をして、はっとして我に返ったというような場面でも出てくるはずである。

　つまりサルトルの対他は即自だということは、事実の問題として異なるのではないかと廣松は言う。

　廣松から見て、サルトルの対他存在は、即自・対自二元論に定位したひとつの即自存在として規定されていると言い、その不十分さを指摘し、そこから上述のように、廣松理論の役柄存在、被視存在という考え方で以って、それを入れ替える。

　廣松理論においては、人も物も、それぞれがまず存在して、そののち

に社会的な意味付けがされるというのではなく、意識は本源的に社会化
され、共同主観化されているということ、私たちは現象世界を受け止め
るときに、そのままで受け止めるのではなく、常に意味付けされたもの
として受け止めているのだということになる。これが廣松哲学からのサ
ルトル批判になる。

　さらに廣松理論から見て、メルロ＝ポンティは、サルトルのレベルは
越えているのだが、しかしまだその理論は不十分かつ抽象的であるとい
うことになる。先に引用をした、メルロ＝ポンティの「私が身体を持っ
ているということは、私が一対象として見られること、主体として見ら
れることを求めていること」と「他人の身体と私の身体は単一の全体を
なす」という文言を挙げて、廣松は自説を出しつつ、メルロ＝ポンティ
批判を始める。

　例えば本書1-1で取り挙げ、前節（5-2）で論じた幻影肢は、腕を事故
か何かで失った人にとって、身体の現在と、記憶の中においてかつて存
在した身体のイメージを持っている精神と、その両者の齟齬が痛みを生
むのである。その際に廣松が言うには、「体験的身体はごく日常的に皮
膚的限界を超えて膨縮する」はずなのに、メルロ＝ポンティはこの実存
的身体の膨張や収縮を認めないと断言する（廣松1983 p.205f.）。つまり
精神にとって、かつて存在していた指先までが自らの腕であるのなら、
それがその人の身体であると言って良いのに、メルロ＝ポンティはそう
は言わないのである。

　廣松が出す例では、指先がトゲに触れている場合、指先の一状態の感
知とトゲの一状態の感知とを区別できないのではないかということであ
る（廣松1972 p.139、及び廣松1983 p.208）。痛みを感じる身体と痛みを
与える物体との二元論ではなく、両者の区別はできず、その根底にある
のは膨張・収縮する身体だという指摘がメルロ＝ポンティにはないと言
うべきなのである。つまりメルロ＝ポンティは二元論の克服を目指しつ

つも、不十分であるというのが廣松の指摘である。

　私の例を挙げれば、居合で刀を振りかざすとき、刃先が今どの位置にあって、どの方向に向かっているかということは、目をつぶっていても分かる。つまり刀は道具ではなく、私の身体の一部なのである。刃先まで私の身体は伸びているということである。

　もうひとつの廣松の指摘は、とりわけ対他的身体に関するメルロ＝ポンティの指摘は抽象的で、具体性に欠けるというものである。

　対他的身体とは、先にサルトル批判で上げた例と同じく、つまり見張りという役割を持っているのに、うたた寝をしてしまった人と、それを咎める人との関係のもとにおける身体である。私が他者から見られる際、そこにあるのは私と他者という抽象的なものではなく、具体的に私も他者も社会的役割を持ち、両者の間には何か共に行動をするといった実践的な場ができている。そういう具体性が重要である。私と他者が一体となったシステムをなしているというメルロ＝ポンティの指摘は、サルトル批判としては十分だが、身体の役割の考察としては不十分なのである。さらにそのシステムの社会的役割まで問われるべきである。

　以下はまとめである。

　デカルトからヘーゲルへの流れを、つまり二元論の克服という哲学史の流れを、もう一度サルトルとメルロ＝ポンティが繰り返しているように私には思われる。廣松はそのことを指摘し、さらにメルロ＝ポンティを補強する。

　ヘーゲルにおいては、精神は身体を所有し、そこにおいて心身は分離し、所有から他者が招聘され、その他者は私の心身を統一する。また私の身体が他者から見て私そのものであるということは、身体が他者と私を繋ぐということである。

　こういう理解がサルトルにおいてはまったく異なる。身体論において、

対他という観点を提出し得たのだが、その際に自己意識としての対自存在と、相手を物と見ている対他存在は二元論的に対立している。

そのことをメルロ＝ポンティは批判し、さらに廣松もその批判を徹底する。

本節で、ヘーゲルとサルトルの即自・対自理解が異なることが解明できたと思う。このことによって、サルトルの身体論の意義と限界は明瞭になったはずである。また幻影肢（本書1-1、5-2、及び本節）、キアスム（4-2）、シュナイダー問題（本節）と、メルロ＝ポンティの最も重要な概念を論ずることができたと思う。

---------------**注**---------------

①ダンバーについては、本書2-1と4-2で挙げた。

②拙著（高橋2021）補論4で、ジジェクのパンデミック論を扱っている。

③拙著（高橋2017）、特にその3-2を参照せよ。

④このことは、拙著（高橋2021）3-1で、フーコーの『カントの人間学』を引用して論じている（Foucault2008）。

⑤このことも拙著（高橋2021）補論3で論じている。付言すれば、カントののち、ヘーゲル理論が、性と死という身体的なものから精神性を導き出すことにあらためて注意すべきである。

⑥フロイト「快原則の彼岸」が収められた訳書『自我論集』の訳者解説を参照した。

⑦ナシオの言う、5つのレッスンの最後のものが「身体」である。

⑧熊野純彦と忽那敬三がカッシーラー哲学を論じており、またその中で、ごく数行に過ぎないのだが、そのメルロ＝ポンティへの影響を論じている（熊野・忽那1982）。

⑨ヴァルデンフェルスもまた、ゴールドシュタインとメルロ＝ポンティとを結び付け、知覚系と運動系が全体として作動する点を強調する（ヴァルデンフェルス2004 p.141f.）。

⑩メルロ＝ポンティの引用に際し、廣松の解説を参照した（廣松1983）。

第**6**章

気

6-❶ 武道について

　「身体の所有」というテーマをさらに深めていく。さてそうなると、また所有の話かとか、身体まで所有するつもりかとか、所有に拘るなんて相変わらず時代遅れだということになるのだが（これは実際そう言われたことがある）、私としては、これは明確に他者論であるということ、そして他者というのは偶然に出会うものであり、私が如何にして私の身体に偶然出会ったのかという話をしたいと思う。

　つまり身体についての考察を以下に展開するのだが、まずは私自身のことを書こうと思う。身体について考える際に、最も示唆を与えてくれるのは自らの身体であり、また私の接する周りの人たちの身体だからだ。そのため、この章では特に、私自身の体験談とそこから得られた帰結について書く。第一節は武道、とりわけ空手について書きたい。

　子どもの頃から私はひ弱であった。中学、高校とクラブ活動はしていない。スポーツに親しむ余裕などまったくなかったということを示すために、以下のことは書いておきたいと思う。まず中学2年までは、学校から帰ってくると、犬と鶏の世話をするだけで、退屈な日々を過ごしていたという記憶しかない。また私は中学を卒業したら寿司屋に丁稚奉公に行くつもりだった。周囲の大人を見れば、中学を出て働くのは自然で、そのことについて深く考えることはなかったのである。ところがいろいろと周りが慌ただしくなって、夜逃げをして一家離散ということになり、将来のことをまじめに考えればやはり高校に行くべきと思って、中学3年生からは受験勉強をする。すると勉強が面白くなって、高校入学後も勉強を続け、その内に数学と文学の魅力に取り憑かれて、以後は数学者になるか、小説家になるかというところで悩むことになる。

　その後、最初の大学は文学部に入ることになる。さてそこで、身体的

に強くなりたいという欲求はあるのだが、しかし大学の体育会に入る訳にもいかない。そう思って過ごしている内に、間もなく大学は中退してしまい、結婚をして、昼間は小説を書き、夕方からは学習塾のアルバイトをするという生活になって、少しだけ時間の余裕ができ、たまたま知り合った人に誘ってもらって、玄和会という空手道場に入れてもらう。そこで正味2年半ほど頑張ったのが、私の最初の武道の体験である。20代の前半だ。

　この時の体験は本当に大きなものである。まず私は素材に恵まれないものだから、蹴りをすべく足を上げようとしても高く上がらない。軸足で身体を支えることもできない。数か月の間は、何でこんな苦労をしなければならないのかと思いつつも、しかし空手の達人になれたら格好良いだろうという思いは強く、何とか続ける。

　この頃は、週に2回道場に通っていた。また月に一度、日曜の午後を使って、いくつかの道場が集まって開かれる合同練習もある。年に一度の夏合宿にも参加した。あとの日は家で突きと蹴りの稽古をする。スクワットや腹筋、拳立てもして、何とか空手の基礎的な動きができるようになる。そしてこのまま続ければ初段を取って黒帯になるという目標が現実的なものになり始めたときに、大学に入り直したいという気持ちが出てきて、已むなく空手は止めてしまう。

　2回目の大学は物理学科を選んだ。20代半ばで、大学に入る前に長女が生まれ、在学中に次女が生まれ、卒業してすぐに長男が生まれるという有様だったから、妻が稼ぐだけでは生活できず、昼は子どもを背負って大学に行き、夕方からは学習塾の仕事をし、夜は高校生の通信添削の仕事をしていた。空手などをする暇は到底ない。また大学を卒業したあとは、昼は予備校で教え、夕方から深夜まで、自ら経営する学習塾の仕事をしていた。運動はまったくせず、酒量は増える。30歳を過ぎて大学院に入り、仕事はさらに忙しく、子育てにも追われ、身体は醜く太るば

225

かりである。

　しかし幸いにも36歳で大学の助手に採用されて、塾も予備校も辞めて、気持ちの上で余裕ができ、その後たまたま沖縄空手の師匠に出会い、弟子入りをしたのである。

　30代後半から始めた空手は、しかし最初の10年間はかなりいい加減である。道場は週に2回あったが、大学の仕事は結構忙しく、週に1回行かれれば良い方だったと思う。まもなく2年間、アメリカとドイツに出掛ける機会があり、その時はまったく空手をすることがなかったから、その空白を挿んでの10年は、空手の稽古をしていると人に言えるほどのものではなかった。

　本気で空手に取り組み始めたのは、と言っても私のできる限りでの話なのだが、40代も終わりに近付いた頃である。弟（おとうと）弟子たちが、定期的に沖縄に出掛けて特訓を受けるようになる。若き日の師匠が稽古をした道場である。私も誘われて出掛けたのだが、2日間の練習で、最初の日は脱水症状を起こして倒れてしまうし、翌日は全身筋肉痛で身体が動かないという、凄惨な体験をした。しかし沖縄には空手の達人が何人もいらして、一緒に稽古をさせてもらえるだけでもありがたいと、これは強く思う。それ以降、私は年に3回程度は沖縄に行くようになった。金曜の夜の最終便で那覇に行き、月曜の朝の最初の便で東京に戻り、羽田からそのまま職場に直行するというスケジュールである。また沖縄から帰京すると、しばらくはその刺激が残っていて、週に１、2回の道場での稽古のほかに、家の近くの公立の体育館に出掛けて、ひとり稽古に黙々と励む。また近所を流れる川の土手を走り込む。そういう経験を、これは10年余り続けてきたのである。

　その後師匠は定年を迎えて東京での仕事を辞め、故郷に帰ってしまう。弟弟子たちも、大学院を終えて地方に就職する者、転勤する者、仕事が忙しいと道場に来なくなる者が続出して、残った数人で細々と稽古を続

けていたところ、コロナ禍が襲い、沖縄に出掛けることもできなくなり、稽古の回数が激減して、今日（2022年5月）を迎えている。身体を動かすことが減った分、いろいろと思うところがあり、この駄文を綴っている。

　そういう経験を書いておくと、以下のことが説明し易くなる。以下、ふたつのことが本節のテーマである。つまり結論を先に書いておくと、ひとつは主体化ということが、またもうひとつは他者との共振が問題となる。

　まず修行の初期のことは特に書いておきたいと思う。その際に、身体はまずは創り上げねばならない対象である。先に書いたように、私の場合、最初は足が高く上がらない。それで走り込みをしたり、柔軟体操をして、ようやく少し足が上の方まで上がるようになる。そのあとは何万回も蹴りを繰り返して、次第に素早さと力強さが身に付く。そうやって身体が自分のものとなる。

　しかもそうやって創り上げた身体は、私そのものなのである。実際に技を使うときは、私の意志が意識的に身体を使いこなすのではない。稽古の段階においては、極めて意識的に、空手の技を身に着けるべく、身体を創り出そう、身に着けていこうとするのだけれども、ある程度技が身に付くと、今度はそれを意識しないでも使いこなせるようになるための稽古が必要だ。その時に身体は私そのものになるのである。

　また身体は他者から見ると私そのものである。組み手をする際、私のぎこちない動きは、相手から見ると、それがまさしく私なのである。私に攻撃させておいて、それを交わし、反撃する。私の動きは完全に読まれている。私はその無様な動きをする身体そのものなのである。そして一方で、相手もまた私から見れば、こいつは間合いの詰め方がうまいとか、あの素早さは敵わないという具合に、相手の身体が相手の人格その

ものに見えてしまう。また彼は私よりもあとから入門したのに、いつの間にか、鋭い蹴りができるようになっていて、どう見ても私よりもうまいというようなことでも良い。身体こそが私であり、またはその人である。つまり身体は主体である。

　さらに興味深いことは、これは沖縄で達人と一緒に型の演武をしているときに気付いたことなのだが、私の身体は他者の身体と共鳴する。つまり達人と一緒に稽古をしていると、いつの間にか私自身の動きが達人と調子を合わせて、滑らかになっている。いつから私はこんなにうまくなったのかと思う。達人の呼吸に合わせて、私の身体はしなやかに動く。

　組み手をしても、相手がうまいと、その相手に技を誘発してもらえる。つまり上手な人と組むと、こちらの動きがより滑らかに、かつ力強くなる。これはまずは、私の持っている潜在的な力を相手が引き出してくれるからなのだと思う。しかしそもそもこの相手とのやり取りそのものが、武道なのではないか。相手から力を引き出してもらえる私がいて、同時にこちらも相手の力を引き出しているのだが、そもそもその相互作用が武道を形作っている。そう思うようになる。そして特筆しておきたいのは、この感動こそが私を長く沖縄まで足を運ばせた原点なのである。

　そうして今（2022年5月時点）、コロナ禍のために、この2年余り達人と一緒に稽古をすることができなくなって、どうしようもないほどのもどかしさを感じている。空手は人と共に稽古をするものである。一時的、部分的にひとり稽古をすることはあるけれども、基本的には師匠がいて、先輩や後輩とともに稽古をすることで身に付くものなのである。このことを痛感している。ひとり稽古をしていて、これはただ単に身体機能を衰えさせないためにしているに過ぎないと思う。武道において、私は師匠や仲間とともにある。他者がいなければ私は存在し得ない。私の身体は他者に触発されて私のものとなると同時に、身体そのものが私自身となる。私は私の身体と一体化する。

　ひとつ、ここから帰結されることは、武道は生涯やるべきであるということである。つまりこういう貴重な経験は大人にならないと分からないものだし、年を経るごとに実感を深めていくものだからである。また私自身がこれからもさらに感じていくべきものだと考えている。つまり今の私の課題は、どうやって武道を今後も続けるかということなのである。

　周りの人を見ていて気付くのは、ひとつのパターンは、中学高校とスポーツ系のクラブ活動を一生懸命にやって、大学に入ったらやめてしまう人が多いということだ。大学の体育会はかなり厳しいから、大学に入ってまで、そのスポーツを続けるのは無理だと思うのだろう。また高校を出てすぐに働く場合でも、そのスポーツは高校までという人は多いだろう。それからもうひとつは、大学の4年間、体育会でひたすらそのスポーツに明け暮れ、しかし卒業とともにまったくそのスポーツをやることがなくなってしまうという人もいる。何だかもったいないという気がしている。しかし日本の社会は、仕事をしながらスポーツに親しむということはなかなか許してくれない。

　スポーツと武道の違いについては、以下に書く。ここではまずとにかく私の場合、成人するまでスポーツに親しむ経験がまったくなかったのだけれども、運良く武道を始めることができ、今日に至っている。それはありがたく、幸いであったと思っている。そして青少年の時代にスポーツに親しんだ人ならば、そのスポーツを社会に出ても続けたら良いのにと思うのである。また沖縄では、子どもの時から空手を始めて、生涯空手を続ける人が多いことに気付く。沖縄では、あちらこちらに空手道場があり、多くの人が職住接近の生活をして、空手の稽古が日常に溶け込んでいると思われる。それは羨ましく思うことがある。沖縄以外の場所でも、スポーツや武道を、サラリーマンや主婦が続けていくことがで

きないかと思う。するとそのための環境造りもまたひとつの課題となる。小中高大とどうスポーツ教育をするかということはしばしば議論されるが、それだけでなく、その後にスポーツや武道が続けられる環境作りが私の考えているところである。

　そういう話を挿んで、しかし以下は武道の話に戻る。スポーツについて語る資格を私はまったく持っていない。スポーツと武道は、身体を使うという点で共通していて、従って身体について語るというのが本書のテーマであれば、スポーツから得られるものはあるはずだと思う。しかしスポーツにおいては、身体能力の強化が第一義的に要求されて、しかしそれは加齢とともに落ちていくものだから、年を取ったらまったくやらなくなってしまうということになりがちである。そこで、どうやって生涯スポーツを続けるかということについては、しかし私以外の人が論じるべきことであろう。

　一方武道は、命を守るために長い時間を掛けて受け継がれてきたものだから、それは本来生涯やるべきものなのである。そのことだけをここで確認して、以下武道の話をしたい。

　ここで武道とは、身体を通じて歴史的に形成された文化であると捉えておく。それはかつて命懸けの勝負をしなければならない時代に、自らが生き長らえる術として、その基礎が創られ、そののちに、そういう争いがなくなったときに、理念的に文化としてまとめられ、現在ではそれがかなりの程度スポーツ化されて伝わっているものである。武道がしかし、現在においては単に理念的に過ぎないとしても、命懸けの戦いの中で自らの命を守るものだとしたら、それは命が続く限り続けるものだということになる。その点でスポーツとは根本的に異なるだろう。

　そもそも個人の成長過程の中で、いつから武道を始めるのかということは環境が決めるものである。つまり偶然である。私の場合は、それは

230

成人を過ぎてからであった。しかし還暦を過ぎてなお私は空手を続けている。このことが重要だと思う。そうして体験的に武道とは何かということを考えてきた。以下にこれをさらに理論化してみたい。

　ふたりの武道家の言うところを参照したい。

　南郷継正は、防具付き空手として知られる日本武道空手玄和会の創始者で、スポーツではなく武道としての空手を提唱している。またヘーゲルを独自に研究して、日本弁証法論理学研究会を主宰している。

　氏の夥しい数の著作の中で、私がここで取り挙げるのは、『武道とは何か』という著作である。ここではまず、技を創ることと使うこととを区別し、その区別と連関を捉えよということがある。私の経験でも、運動神経の良い者は、入門してすぐに突きも蹴りもそれなりに様になるものだから、すぐに組手をしたがる。しかし初心者が組手をしたところで、それは持ち合わせた運動神経以上のものが出てくるのではなく、それでは空手を学ぶ意義がない。まずは日常的には行うことのない突き、蹴り、受けという技を身体に覚え込まさねばならず、その上で習得した技を使いこなすべく、稽古をするのである。武道は命懸けの勝負の中で、歴史的に形成されてきたものだから、その動きは意識的に修練を積み重ねないと習得できないし、またそうやって習得すれば、自然に持ち合わせた運動能力以上の力を発揮できるものなのである。つまりそういう稽古を経て、先人たちの積み上げた技を身に着け、日常的な動き以上の動きができる。この修行の過程を主体化の問題として論理的に説明したことが、南郷理論の一番の特色だと私は考えている。

　一般に武道の達人たちの言うところを聞くと、最初から武道を自然に身に着けているかのような言辞があり、初心者、とりわけ私のように身体能力に恵まれなかった者にはかえって有害だとさえ思えるものもある。武道において、苦労して意識的に技を身に付ける過程が重要なのである。

これを主体化の過程として捉え、その意義を確認したい。

　もうひとり取り挙げるのは内田樹で、彼はE.レヴィナスの研究者として知られているが、合気道を学び、武道の著作もたくさん書いている。

　内田は、少年時代は病弱で身体能力に恵まれなかったと言うが、25歳で自宅近くにあった合気道の道場に入門するという機会に恵まれる。30歳からの10年間は、これも自宅の近くにある大学の院生として、また助手として研究をしながら、本人のしばしば語るところでは、毎日、昼間はレヴィナスの著作を訳し、夕方からは合気道の道場に通うという「判で押したような生活」を「律義に守って暮らし」ていて、それを自ら「至福の修行時代」と呼ぶ（内田2010 p.131）。その後は、神戸の大学に仕事を得て、大学で教えながら、自ら道場を持ち、弟子を育ててきた。退職後は、85坪の土地を買って道場を作り、道場の二階を自宅にして、武道に励む日々を送っている。

　内田は、武道とは「他者と共生する技術」、「他者と同化する技術」であると言う（同 p.146）。この表現は『修行論』にもある（内田2013 p.34）。さらには稽古をすることによって、「自我の解体、他者の受け入れ、複素的身体の構築」がなされると言う（内田2010 p.244）。具体的には、形稽古において、ひとりで動くときよりも、相手と打ち合っているときの方が、動きが早く、滑らかになる。「気の感応が高まり、体感が一致する」と、ふたりの人間が作り出す動きは、「単体で動いている場合にはありえないような精度を達成する」と言う（同 p.224）。

　これはそののちに書かれた本の中では、「現代において武道が優先的に開発しているのは、この「他者と同期する能力」ではないか」と言い換えられ、武道の「稽古が他者との同期、共同的身体の形成のため」にあると言われることになる（内田2021 p.114f.）。

　これらの本を読むと、私が言いたかったことを、実践的にも理論的にも私以上に深く的確にまとめていると思う。また長く武道の修行をして

きたことと、専門のレヴィナスやラカンの考えが見事に体現されている
ようにも思える。

　この内田理論を、先の南郷継正の理論と比較すると、南郷のそれは主
体化についての見事な理論となっている、しかしそこに他者がいないと
言うことができる。指導する師の重要性は触れられている。しかしそれ
はあくまでも主体化を促す存在に過ぎない。確かに主体化の理論は徹底
していて、かつ実践的である。それは三浦つとむに影響を受けたと言わ
れるヘーゲル読解に基づくのであろう[1]。そこにおいて、理論と実践は
見事なまでに一致している。

　一方、内田樹において、主体化という考え方は意識的に避けられ、他
者論が前面に出てくる。主体と客体という二元論は意識的に忌避されて
いる。

　これを、ヘーゲル vs. レヴィナスの影響下にある武道論とまずは捉え
ることができる。思想史的に見て、近代哲学において、主体化理論を創
ったとされてきたヘーゲルと、他者理論で知られるレヴィナスの対立が、
ここに見られる。

　そのように捉えた上で、以下、もう少し細かく内田理論を見ていきた
い。

　内田によれば、武道の修行に師は絶対に必要である。師なくして武道
は語れない。つまりここで武道論は、師の理論でもある。

　内田は、武道における師の重要性だけでなく、哲学の修行においても、
またそもそも人生一般について、師を得て、師に従うことが必須である
ことを説く。『他者と死者　ラカンによるレヴィナス』（以下『他者と死
者』）の第二章は、「テクスト・師・他者」という題で、これはまさに師
についての考察がなされている。

　ここでまず、「私たちは師に就いて学ぶことで、「他者」との出会いの
原基的形態を経験する」とされている（内田2004 p.55）。師としての他

者との出会いが、これから先に出会うすべての他者との出会いのプロトタイプになるというのである（同 p.55）。

　ここから師に就くということはどういうことかということをさらに考えたいのだが、先にこの本の3年前に出た『レヴィナスと愛の現象学』（以下『レヴィナス』）の第一章「他者と主体」を見る。ここでもこの他者とは師のことである。「師とは私たちが成長の過程で最初に出会う「他者」のことである」と明記される（内田 2001 p.25）。

　ここで内田自身が、レヴィナスを師と見なしているということが説明されている。つまりこの本はレヴィナスについての研究書ではない。レヴィナスの弟子を自称する内田が、「レヴィナス思想の擁護と顕彰」を目指して書いた本なのである（同 p.45）。そういう説明があって、いよいよレヴィナスの言う他者とは何かということに焦点が定まる。

　するとそこには、ふたつのタイプの他者がある。ひとつは自己によって経験され、所有される他者である。すべての知は予め自己の内部にある。つまり私が知ろうとしていることを私はすでに知っている。もちろんこの世界には自己の理解を超えるものが存在するのだが、しかし自己は絶えず未知のものを征服しようとする。こういう知の対象をレヴィナスは「他なるもの」と呼ぶ。「他なるもの」は自己に摂取され、自己を豊かにする。

　もうひとつの他者は、「絶対的に他なるもの」すなわち「他者」であり、この他者は私に抵抗する。これは他者が予見不可能性を持っているからで、他者は私を超越しているのである。私は他者を認識することはできない。そのことを私が理解したときに、他者は初めて他者として私の前に現れる（同 p.84–p.91）。

　この後者の他者が師である。そしてさらにそこから、師とは私には知られていないゲームのルールを知っていると想定された人間のことだと言い、弟子というのは、そのゲームのプレイヤーに気が付いたらなって

いる人間のことだと説明される。そしてそのゲームのルールを知りたいと望むことが欲望である。弟子の内に、「絶対的に他なるもの」に対する欲望が点火する。その際に、欲望する者、つまり弟子は、欲望されたもの、つまり師に、絶対的に遅れる。そしてこのことが武術の極意であると内田は言う（内田2004 p.72f.）。

　さらにそこから主体も定義される。主体は他者に遅れて出来する。まず主体があって、他者を志向するのではなく、まず他者の接近があり、それに遅れて応答するものとして主体が到成する。主体は事後的に出来する（同 p.122f.）。

　以上が内田のレヴィナス論である。そして哲学においては、レヴィナスが内田の師であり、また武道においては、内田が25歳で入門した合気道道場の道場主が、内田の人生の生涯の師であることが、その武道論で語られているのである。

　内田が、この師についての理論＝他者論を、武道の経験から得たのか、レヴィナス読解から得たのか。多分それは同時なのだと思われるが、ここでも理論と実践が見事に一致していて、それは爽快なまでにそうである。

　さてこの内田の哲学論と武道論を私は以下のように考えていきたいと思う。ここで私はこのレヴィナス解釈をそのままヘーゲル解釈に持ち込む。私はまずヘーゲルを読み、次いでレヴィナスを読んで、その解釈を通じてヘーゲルを読み直すということを主張してきたのである[2]。つまりレヴィナスの他者論を通じて、ヘーゲルの中にある他者論を戦略的に読み込んでいきたいと考えている。そしてその上で、レヴィナスを、脆い基盤の上ではあるが、しかし何とか主体化を図ろうとしている思想家であると考えている。つまり他者を通じてそこから主体に至る道を探ろうとしていたのではないかと私は思うのである。

内田は「身体を鍛える」という発想を嫌う（内田2013 p.94f.）。それは確かにスポーツ選手が筋肉強化をして、運動能力の高まったことを数値化して、そのことによって、自分が自分の身体の支配者であるという全能感をもたらすだけの話だからで、それは武道の発想ではないとして、きっぱりと退ける。その思いは理解できる（同p.76f.）。しかしそのために、身体を主体化するという発想を全面的に拒否している。

　しかし私が達人と並んで型の演武をするときに、いつもよりも滑らかに演じられるのも、また先輩と組み手をしたときに、ひとりで突きや蹴りをするときよりも、もっと鋭い技を繰り出すことができるのも、もちろん他者である達人や先輩のお陰なのだが、しかし同時に私がまったくの素人ではできない話であって、少なくとも数年間の鍛錬を経て初めて経験できるものなのである。またその鍛錬の度合いが高まれば、他者からの働き掛けと相乗効果を発揮して、より一層私の技を高めてくれる。

　つまり主体が事後的に形成されるものであれ、他者に遅れて発動されるものであれ、いずれにしても主体化の努力もまた、重視されねばならない。

　私の経験で言えば、自分の思うように動かない身体が、ようやく思い通りに動くようになって、まずは満足していたのだが、今度は他者に触発されて、私の身体が思い掛けない動きをし始める。こんなことが私にできるのかと思う。まるで自分の身体が自分の身体でないかのようである。そういう新たな発見もある。

　ここで主体化と脱主体化は同時に起きているのである。

　身体はまずは客体としての他者であり、次いでそれは主体に取り込まれて一体化するという意味での主体化がなされ、さらに今度は師や先輩という本当の他者からの触発があって、身体も身体と一体化した主体も脱主体化する。しかしそれらの運動を通して、身体自身が主体化してい

ると言うことができるのではないか。

　内田が相手の力を利用して相手を制する合気道の達人であり、一方私が突きと蹴りを主に相手を攻撃する空手に親しんでいるという違いがここにあるのか。それともレヴィナスの弟子を自称する哲学者の議論と、古典的なヘーゲル読解から始めて、レヴィナスなどを経由して再びヘーゲルに戻った立場からの議論という違いがあるのか。そのあたりのことは今後考えたい[③]。

6-❷ 野口整体、または気について

　本節も、私の体験から話を始める。

　高校生の頃、学校から帰るとほぼ毎日地元の公立図書館で過ごしていたのだが、その時に、野口晴哉の書いた、多分東都書房から1968年に出された『整体入門』だったと思うが、その本を手に取ることがあった。前節に書いたように、私の身体はひ弱であり、何とかしたいと思っていたから、身体に関する本に興味があったのである。

　この本は手元にないが、のちに筑摩書房から、中身を変えずにそのまま再版されている。今私が持っているのはこちらである。この本のどこに当時の私が反応したのか、よく覚えていない。ただ今読み返しても思うのは、この本は野口整体のすべてがこの一冊で分かるというようなものではないのだが、ある意味で不思議な魅力を伝えてくれる本だということである。

　その後私は結婚をして、野口晴哉の高弟だった方が、私たちの住む家のすぐ近くで整体教室を開いていることが分かり、夫婦ふたりでそこに通い始める。長女が生まれるとき、妻は自宅で出産したのだが、それが可能だったのも、近くに先生がいらして、心強かったからである。実際、出産後、先生は拙宅を訪れて下さったのである。母体も赤ん坊も問題な

いと言われて、私たちは安堵した。そこで私も妻も自信を得て、その後次女も長男も自宅で出産することになる。その都度先生は、私たちが借りていた、路地裏の、薄暗い、築50年になる家まで足を運んで下さった。野口整体から教わったのは、人が元気に過ごしているかどうかは感覚的に確信できるということである。妻とおなかの中の子が健康で育っているという実感が得られれば、何とかなる。人は基本的に健康で生きていかれるものであり、そう強く思うことができれば、それで良い。そういう体験があったということから、本節を書き始める。

　野口晴哉の伝記を書いておく必要があるだろう。
　野口は東京下谷に職人の子として1911年に生まれる。12歳のときに関東大震災に遭い、このときに被災者に治療をし、自らの能力に目覚めたと言われる。17歳で日暮里に「自然健康保持会」を設立し、以後、治療に専念する。1956年に旧文部省の認可を受けて社団法人整体協会を創立する。のち2013年に内閣府より公益社団法人として認定されている。
　夫人昭子は、元首相の公爵近衛文麿の長女で、書籍出版の面から夫の仕事を支えた。晴哉が1976年に没したあとは、三男の裕介（2014年没）が本部講師として整体指導にあたり、現在は次男の裕之が整体協会内の身体教育研究所所長を務める。
　会長理事は晴哉没後長く昭子が務め、昭子が2004年に没したあとは、縁戚の細川護熙が担っている。

　野口の本を読む前に整理をしておく。野口整体は愉気と活元と体癖、それに操法から成る。順に説明していく。野口の本は今、文庫本で以下の3冊が入手可能である。
　まず『風邪の効用』という本があり、これは野口整体の発想を理解するのに最適だと私は思う。また『整体入門』は、野口整体のキーワード

である気、愉気、活元運動、相互運動、体癖を順に説明する。『体癖』は、題名の通り体癖のことを書いている。これもこののちに詳述する。

　この3冊に加えて、昭子が書いた『回想の野口晴哉　-朴歯の下駄-』は以前『朴歯の下駄』という題で出ていたものであり、晴哉の日常生活の側面や、若き日のことが断片的に書かれている。「序」に、「女房としてよりも、弟子として折にふれて書いて来たもの」だとあり、私はこれが好きである。

　以上4冊がちくま文庫から出ている。資料としてはこれらを使う。他に面白いのは、育児や教育の本がいくつも出ているということだ。野口はしばしば潜在意識教育についても言及する。これは野口整体の重要な側面である。今回引用はしないが、『子育ての記』や『叱り方　褒め方』という本も私の愛読するところである④。これについてもいずれ書きたいと思っている。

　『風邪の効用』から見ていこう。

　健康な身体は弾力があるが、使い過ぎると偏りが出てくる。身体は鈍くなり、弾力が失われる。ところが風邪を引くとこの弾力が回復する。だから風邪は病気ではなく、風邪自体が治療行為であるとみなすべきものなのである。このように風邪に対する考えが説明される。

　従って風邪を引いたら、それはむしろ身体を健康にするためのチャンスであり、風邪をうまく経過させれば良いと考えるべきなのである。「風邪とか下痢とかいうのは、一番体を保つのに重要というよりは、軽い内に何度もやると丈夫になる体の働きであり、風邪とか下痢の処理ということが無理なく行われるか行われないかということが、その体を健康で新しいままに保つか、どこかこわばらせ、弾力を欠いた身体にしてしまうかということの境になる」（野口1962 p.27f.）。

　私は今でもなかなかうまく風邪を経過させることができないのだが、下痢ならば、何か変なものを食べたり、酒を飲み過ぎたりしたときに、

すぐに身体が反応して、その後に調子が良くなるという実感はしばしばあって、これは良く分かる。私は自分の身体を信用している。私の身体は私自身の意志とは関わりなく、自律的に自らを調整するのである。その能力に私自身感服している。

　次は『整体入門』を見る。

　まずこの本を読んでも、すぐに野口整体の良さは伝わらないと思う。私の経験でも、この本を読み、何か凄いことが書いてあるような気がするのだが、しかし実際には良く分からないという感じがあった。ただ、先の『風邪の効用』を読んでやっとその発想の在り処が分かる。そういう順番で読んだら良いのではないか。私自身の経験で言えば、当時『風邪の効用』は文庫本では出ていなかったから、全生社からの本を入手したのは、『整体入門』を読んだ数年後だったと思う。これでようやく野口整体の魅力に目覚めたという思いがあった。つまり『風邪の効用』を読んで、野口整体の発想に触れ、その上でこの『整体入門』を読むと、その詳細が分かるのである。

　まず本自体に書かれている順番を変えて、活元運動から説明をしたい。ここで野口は錐体路という表現を使う。これは随意運動を支配する神経の主要経路のことで、つまり大脳が命令して身体の運動が起きるのだが、これ以外の運動伝達路を錐体外路と言う。整体が注目するのはこちらである。それは随意運動を無意識的に調節する働きをする。

　活元というのは、この意識しない運動、例えばあくびをするとか、悪いものを食べたら吐くといった行動を誘発させることである。意識的に外路系運動を訓練しておけば、必要に応じて身体が自発的に動くことにより、健康が維持される。

　これは最初の内は、正座して、息を吐き出して、身体が自ずと動き出すのを待つといった訓練が必要だが、慣れてくると、日常生活の中で自然に身体が動き出すようになる。特に首や肩や腰が自然に動いて、身体

のこわばりをほぐす。

　この活元運動をふたりの人間が相互に誘発し合うということもできる。この方がより自然に活元運動が出てくる。これが相互運動と言われるものである。

　その際に、双方が相手と気が通じるという感覚を得る。つまりふたりの人間が、互いにそれぞれの身体の無意識の運動を誘発し合うときに、相手との気持ちの繋がりが、自分の身体に良い影響を与えるのである。

　ここで気とは何かということを説明しないとならないだろう。これこそが野口整体のキーワードである。

　野口は、気とは精神的なものでもなく、物質的なものでもないと書くが（野口1968 p.22f.）、私は、気は精神的なものであり、かつ物質的身体的なもの（physical）である、ないしは精神と身体の両方にまたがるもの、ないしは両者の相互作用として出てくるものであると考えている。これ以上のことは、このあとに詳述する。

　そしてこの気を相手に送ることを愉気と言う。これが野口整体の根本である。

　そのためにはまず自分の身体に気を通すことが求められる。背骨に気を通すと、身体の中に勢いが沸いて、活気のある身体となる。そうして他人にこの気を伝える。愉気というのは、他人の身体に気を通すことである。

　とりあえずそこまで書いておいて、次のテーマである体癖に移る。これは『整体入門』の後半部に説明され、もうひとつの本『体癖』では全編にわたって説明されているものである。

　まず人には性格の違いがある。実に様々な性格があると言うべきである。人間観察をしていれば、良く分かることを、野口は身体の癖としてまとめている。つまりこの人は口ばっかりで行動が伴わないとか、逆にすぐに身体が動いてしまい、早合点するとか、食事の時間が遅れるとイ

ライラするとか、反対にこの人は少々の時間、ものを食べなくても平気だとか、寝る時間が長いとか、好きか嫌いかということがその人の行動基準になっているとか、そういったことを人は自分のこととして、または周りの人の性格として感じるであろう。そして人の身体の癖、つまり人が行動をするときに、その立姿が上下に伸び縮みするか、前後に動くか、左右の偏りを持つか、捻じれているか、遅速や敏鈍といった観点で分類ができ、その違いが先の性格の違いに繋がっている。それこそまさに体癖なのである。

　人は身体が偏っている、つまり身体の癖を持つ。それが精神に影響する。

　野口整体を知る前から、私は人の性格にパターンがあり、似たような性格の人は似たような体格をしていることに気付いている。ある程度そういう観察をしてきた上で、野口の本を読むと、これは本当にもうその通りだと思う。

　これはひたすら人の身体とその行動を観察をしてきた結果から生まれるものである。演繹的な話ではない。身体にこういう癖があると、そういう性格になりやすいと、これは事実が教えている。

　野口が整体協会を創ったのは、この体癖を研究するためである。野口ひとりでは、また野口一代では、体癖のデータを集められないから、研究機関として社団法人を創ったと言っている（同 p.105f.）。

　整体協会は、もともと野口個人の治療者としての仕事をする場である。その治療は操法と呼ばれる。野口は内弟子をたくさん取り、彼らに操法の仕方を教え、弟子は各地で指導室を開設する。従って、野口整体について解説するのであれば、この操法について説明しないとならないが、しかしこちらは指導者のものだから、『整体入門』には触れられていないし、また私がここで展開することもない。ただ各地の指導室が、ただ単に操法をするだけでなく、その経験を蓄積して、研究機関として組織化したということだったのである。

　この体癖については、見田宗介が書いている。彼はいがらしみきおの『ぼのぼの』という漫画の登場人物を使って、体癖の説明をする。ふたりの登場人物が出てくる。ひとりは主人公ぼのぼので、もうひとりはスナドリネコさんである。前者は包容力があり、身体が柔らかく、感情が豊かで、食べることが好きだという性格で、後者は性欲が旺盛で、空想と観念の自己増殖力に富む身体だと、見田は説明する。

　ぼのぼのはイエスを言うことは容易だが、ノーとはっきり言うことはできない。一方スナドリネコさんの方は、拒否することは素早くできるが、愛情や行為を表現することはできない。ぼのぼのにとってはスナドリネコさんの自立性は羨ましく、しかしぼのぼのの持っている自由の感覚はスナドリネコさんの望んでいるものである。

　ここから見田は自由と自立について考察するのだが、重要なのは、「最初の問題の身体的な現実性」である（見田1989 p.3）。自立を求める身体性と自由を求める身体性の異質性が問われるべきである。それを「思想の身体価と間身体価」と見田は言う（同）。本書で私が追究したいと思っている思想と身体の関係を、見田は簡潔に説明している。

　野口がどのようにこれら、活元、愉気、体癖、操法の理論を身に着けたのか、それについては、ひとつは昭子の『朴歯の下駄』に断片的に若き日の野口が描かれており、また津村喬、前川理子、田野尻哲郎がまとめている。

　まず津村によれば、野口に老荘思想と禅の影響が見られることははっきりしている。また津村は、野口にはフロイトやシュールレアリズムの影響があるのではないかと言う。そして直接的には、日本の神道系の霊学に学んだ時期があることが確認されている。野口理論はこの3つから成り立っているというのが津村のまとめである（津村1995 p.81ff.）。

　前川は野口の全生思想に着目する。野口は卓越した技術を持つ治療家

として出発したのだが、やがて治療してあげる－もらうという関係を脱却して、自分で自分の身体を整えるということに指導の眼目を置くようになったのである（前川1999 p.252）。

　田野尻は、野口整体が、もともとは伝統医療として出発し、愉気と活元運動による操法の技術を完成させたあとで、しかし「専門家による他律的誘導を要する専門技術」から、「人々の潜在意識に働きかけていくこと、自分の命の力を信頼させることの重要性に気付き」、「人々が不断に自由に交流し自然治癒力を発揮していく共同体の可能性が提示され」たとしている（田野尻2009 p.7f.）。

　前川と田野尻の説明にあるごとく、操法の場としての整体協会が、自分の身体は自分で整えるということを人々に教え、自ら自分の身体について観察する人たちを育成していきたいという考えに代わり、そこに先の体癖の研究機関としての意味合いを持たせて、今日大きな組織になっているのである。

　さていよいよ気について書きたいのだが、その前にもうひと作業が必要だ。ここで野口整体の身体観をまとめておく。

　第一に書くべきは、身体の持つ逞しさや賢さについてである。先に風邪の効用と下痢の話を書いて、身体の自浄作用について説明した。ここで私の身体は私よりもずっと柔軟で、しなやかだと思うのである。

　この身体の言うところを聞くことが大事だ。運動能力について、私は私の身体をまったく信用していなかったのだが、しかし身体の自浄能力については早い内から私は私の身体を信じていた。私の身体は、私の意志を超えて力強く生きているのであるということをまず書いておく。

　第二に、身体と精神は相互作用をするということを確認したい。

　精神的に強く思うこと、とりわけ無意識に考えていることが身体に現れる。これはフロイトを引用しつつ、本書5-2で私は書いている。精神

的に悩んで、そのために身体が病気になることはしばしば見受けられる。また逆に身体の傾向が行動に現れる。これが先に説明した体癖だ。つまり私の精神は身体に影響し、身体は精神に影響を与える。両者は密接に関連しているのである。

第三に、人は身体を通じて客観的世界と繋がり、また他者と繋がる。前節の武道論の続きとして、この身体の役割を考察する。

空手の技のひとつである手刀で瓦を割ろうとする場合、瓦という自然物に対し、それを割ろうとする意志が手刀という身体を使って働き掛けるということになる。この場合、私の意志という主体と自然物としての客体が身体を媒介に繋がっている。

また身体にはもうひとつの側面もある。空手の組み手をする場合は、相手は私の身体が私そのものだと思い、私には相手の身体が相手の人格に見える。かくして相互の身体がぶつかり合う。主体と他の主体は身体を通じてぶつかり合っているのである。

この後者の主張、つまり身体を通じて他者と接するということが前節の主張である。身体を通じて他者と同期する。さらには、他者から何かを感じる、他者の痛みを自分のものとして受け止めるということをこの節では書きたい。

日頃私たちは身体を所有していると思っている。しかし身体は他者から見れば私自身であり、他者もまた私から見れば、その身体が他者そのものである。このことはすでに書いたが、ここでも他者と愉気をする際にあらためて思うことである。

私はここで、精神 - 身体 - 物質という軸と自己 - 身体 - 他者という軸とで考えている[5]。この身体は、主体であり、同時に客体である。さらにここでは身体は精神と物質、自己と他者を繋ぐものである。

進化論的に言えば、物質の運動として身体から精神が出てくる。精神とは自己が類であることを意識することだから、ここで自他関係が出て

くる。身体が根本である。

このふたつの軸については、精神─身体の精神性─身体の物質性─物質と4段階を経ているとするのが正確な表現であろう。また同時に自己─自己の身体─他者の身体─他者とするのが正確だろう。

精神としての私と物質としての私の身体が相互作用をする。その上で、精神としての私は対象世界を認識する。それは身体を通じてである。また私は他者と相互作用をするのだが、その際にそれぞれの身体を媒介とする。

そのことを先に武道の経験に絡めて書いたのだが、ここでは整体の経験に即して書きたい。

この前提の上で、私の身体はすでに他者であり、私の身体は私の想像を超えた力を持ち、私の身体は私の意志に関わらず自分で自分を調節する能力を持っているということが了解されるだろう。

同時に私の身体はすでに他者として、私の精神と対等に立ち並んでいる。それは私が意識しないところで自立して動いている。身体は私にとって思い掛けない行動をすることもある。それは私の予測を超え、私が把握し得ないという意味で、すでに他者なのである。

私は他者を思い、他者はまた私から思われていることに気付く。私もまた他者から思われている。

さらに私と他者は身体を通じて繋がっている。握手をし、抱擁をする。愉気もする。

私の中の他者性が、私を他者と向き合わせることを可能にする。

私の中に私の理解を超える他者がいるのである。

さていよいよ気について語ることができる。

野口は気から話を始める。先に書いたように、気は精神でもないし、物質でもない。世界には精神と物質が存在し、どちらが根源的かという

ことを議論してきたのが哲学の歴史である。しかし気はそのどちらをも超えているとされる。

　実際、それはそうかもしれないと私は考える。もう少し野口の記述に即して考える。野口は火事場の馬鹿力を引き合いにして、気の説明をする（『整体入門』p.14ff.）。隣家が火事になり、その家の住人は大事にしていた家具を担いで外に運び出す。火事が鎮まって、しかしその人はもうその家具を運ぶことはできない。平時では家具は重たすぎて、人がひとりで持ち上げられるものではない。そういう話である。非常時に人は思い掛けないほどの力を発揮する。

　この火事場の馬鹿力とは気の力なのか。身体は普通に考えられるよりもはるかに大きな力を持っていて、それを気が引き出す。意識では引き出せない。

　私の考えでは、気は身体の持つ力のひとつである。根源的な力であるという方が正しい。気とは人体放射能であると、若き日の野口は言っている[6]。野口は、気は物理的なものでも精神的なものでもないと言うので、ここで身体の力はこの両者を超えているものとして捉えられている。しかし私は先に書いたように、身体はそもそも精神と物質の両方にまたがって、両方を繋いでいるもので、その中に驚異的な力が潜んでいると考えるべきである。

　それは自らの力を極限まで引き出す。また他者に働き掛け、他者の身体の力をも引き出す。

　昭子の語るところでは、野口は、琴を立てかけ、何本目と言って気合を掛けると、その糸だけピーンと鳴ったそうである（野口昭子1980 p.28）。気は空気の振動かもしれず、瞬間的に周りの人たちに催眠術を掛けることなのかもしれない。

　私自身はもちろんそういうことはできないが、しかし空手の達人と一緒に稽古をすると、達人の気のようなものは感じる。それは私の身体を

震わせる。

　それは直接相手の身体に接することで、その熱や圧力が伝わる。また空間的に離れていても、空気の振動や精神的な圧力で人に伝わるということなのかもしれない。

　また私は普通の人よりも体温が高いから、肩が凝っているとか、腰が痛いと言う人の背中に手を当てるとずいぶん喜ばれる。そのことを私は気が通じたのだと思っていた。これは半分正しいと思う。それはただ単に熱の効果かもしれないが、しかしそれも含めて私の身体の能力で、それを気と言って差し支えないだろうと思う。

　さらに精神活動も身体の能力であり、それは気として、身体の能力と相俟って発せられるのではないか。つまり精神活動とは、五感で対象を感じ取り、脳の活動で処理し、口唇と喉で言語として空気を震わせて他者に向けて発せられるものである。気とはこの身体の能力が、精神の能力との相乗効果で発せられるものではないか。

　精神と身体は繋がっている。他者が気を発して、私の身体に作用したとする。その人の手が私の背中に触れ、私が気を感じる。そういうことがある。またその人の思いがまずは私の精神に伝わり、そこから私の身体に現れることになる。他者の気が私に通じ、私の気が私の身体に作用する。

　逆に私の思いが他者の気持ちを通じて、他者の身体において何かしらの反応を引き起こす。また私の気は他者の身体にも影響を与える。私の気は、私の身体が他者の身体に接触することで、直接影響を与えるかもしれず、他者の気に作用して、そこから他者が自らの身体に作用を及ぼすかもしれない。

　とりあえずこれが私の了解している気である。

　身体が精神と相互作用をするのだから、身体の能力としての気もまた精神と相互作用をする。気は身体から発せられ、精神に影響を及ぼす。

相互作用という関係性を実体化して言えば、気は身体と精神を通じて流れているものである。

　繰り返すが、これで気のすべてが解明されたということではない。しかしこの論稿で必要な議論はこれで十分である。

　気はもっと神秘的なものかもしれない。私はそういう可能性を否定しない。つまり気は精神でも物質でもないものかもしれない。しかしそのことは今ここでのテーマではない。

　身体が私の予想を超えた能力を持っているのだから、その身体の持つ力としての気、その根本としての気が、凄まじい能力を持っていることは驚くべきことではない。

　かつ身体は精神と交互作用し、他者と繋がる。身体が精神を生み出し、その精神と相互作用をする。そこまでが身体の能力である。その根源に気がある。

　さらには身体を通じて人は他者と繋がる。そもそも身体それ自身が他者であった。気もその他者性と関わり、他者を誘発する。

　気を考えることで、これらのことが一層良く分かる。

6-❸ 間合いについて

　間合いという言葉を聞くと、私は武道、特に空手と居合を嗜むので、それらが念頭にあり、次のような場面を考える。まずは空手の場合、組手において、自分と相手との距離が間合いであり、その間合いを詰めて、こちらから仕掛けるか、向こうが攻めてくるのを受けるなり、かわすなりして、反撃するか。そういう問題だ。居合ならば、普段の稽古において、抜刀し、刀を振り下ろすときに、常に目の前に相手がいることを想定している。つまり相手との間合いを意識する。またときに竹刀や木刀を使って、実際に打ち合いをすることもある。相手よりも早く刀を抜く

か、相手の剣を受け流して反撃するか、相手の間合いに飛び込んで、柄当てをするかというところが、居合の組手の基本である。

　もうひとつ例を挙げれば、私は大学の仕事のひとつとして日本拳法部の部長職を拝命していて、大会では目の前で組手の試合が見られるという特権を持っているのだが、そこにおいて選手はとにかくひたすら間合いを詰めていくのである。一瞬でも早く相手の懐に飛び込んで、突きか蹴りを繰り出すか、相手の手足を取ったり、肩を掴んで、投げ飛ばす。また相手の動きを良く見て、相手が体勢を崩したときに足を掛けて倒し、倒れたところで顔面に突きを入れる。フルコンタクトの防具を付けて、空手と柔道とその両方の技が使える激しいやりとりをする武道である。スピードと力をもって、とにかく間合いを詰めていく。空手ならば、身体をくっ付け過ぎたときは、一旦離れるように審判に注意をされるが、拳法では、身体が互いに近付いたとき、膝蹴りに注意をしつつ、そのまま柔道の技に移行すれば良く、間を取っても間を近付けても、そのどちらでも攻撃ができる。

　私にとっては間合いとはそういう使い方をする言葉であるが、そこから話を広げて、人間関係一般、隔たり一般が間合いだということになる。もちろん本来話は逆で、そもそも間合いとは隔たり一般のことであって、武道における間合いはその特殊な一例なのである。

　もう少し一般化すれば、間合いとは身体がこの世界にある在り方である。そのようにまとめることができる。

　さてそういう問題意識を持っていたところで、諏訪正樹『「間合い」とは何か』を読む機会がある。同書で明らかになるのは、今書いたこと、つまりそもそも間合いとは人間関係一般に関わるものなのであるということだ。

　この本には7つの章と序章と終章がある。野球、日常会話、サッカー、フィールドワーク、建築空間（とりわけカフェ）、歯科診察、柔術がそ

の7つの章のテーマである。カテゴリーとしては3つあり、つまり第一に、スポーツ、武道が3つの章で説明され、次に人間関係を論じるものが3章あり、最後に建物との関係が扱われる。まずはこれらをきちんと全部追うことにして、さらにあと何か足りないものはあるかどうかをこのあとに考えたい。

序において、間合いを形成するというのは、場が内包する「エネルギーのようなものの疎密場」の中で、自己の動きを臨機応変に調整することであると諏訪は書く（諏訪2020 p.14ff.）。また身体で感じることを一人称視点で表現する認知行為を「からだメタ認知」と言う。認知とは身体に依存して生起するものである（同p.144）。

これとともに「二人称的関わり」があり、これが本書の主題である。何度もこの表現が出てくる。間合いとは本来的にこの二人称的関わりである。まず野球において、投手と打者の間合いが論じられる。打者は投手の投球動作を見て打撃の動作をする。その間合いの駆け引きを、その裏にあるエネルギーの連動と共感的関わりという観点で説明している。

サッカーはこの点が複雑で、ボールに対して複数の選手が関わるのだが、ここで敵味方それぞれ複数対複数の駆け引きがある。またひとりの選手の中にも、身体の様々な部位が関わる。こういったシステム論的に動的な関係性から成り立っているのである。

これが柔術になると、ここでは絞め技や関節技が主体であって、自分と相手とは最初から身体を接している。そのために触覚を中心とした駆け引きがあり、相手をこちら側に引き寄せて、間合いを制する。つまり相手を封じ込める。このように自分に有利な間合いをどう形成するかが論じられる。

人間関係においては、日常会話の協調的な間合い形成がまず論じられる。ごく普通の会話であっても、実は水面下で間合いの調整のプロセスが働いていて、そこでは話し手と聞き手が協働して場を創っているので

ある。

　またフィールドワークにおいては、対象となる人たちとの、時間を掛けた人間関係構築が必要で、そのコミュニティの内側にいるのではないが、完全に外部でもなく、仲間であると認められ、心を開いてもらう、二人称的関係が主題である。

　さらに歯科と患者の関係においては、患者が会話をしていたら、診療はできない訳で、会話をするのか診療を受けるのかというジレンマが発生し、患者と医者双方で臨機応変な調整が求められる。その微妙な関係が分析される。ここでも水面下での、さりげない調整がなされることが、他者との付き合いを心地良く保つのに必要とされている。

　また同書で取り挙げている二人称的関わりとは、経験的には容易に具体例を挙げることができる。子どもがお菓子が欲しいと駄々をこねるとき、本当に欲しいのは母親の愛情で、つまり母親の関心を引きたいのだということは、すぐに了解できるはずである。諏訪もまた、観察対象を客観的に見ることを超えて、対象の奥に潜む訴えや体感を聞き入ることが必要だと言っている（同 p.23f.）。そもそもこの本のサブタイトルが「二人称的身体論」で、二人称的共感が主題の本である。

　また一人称的視点の研究として、著者は喫茶店巡りを続ける。そして自分の意識を置くモノの位置に私自身が経ち、そこから世界を眺める。これを二人称的な関わりと呼んでいる（同 p.158f.）。つまりここで一人称研究が、実は二人称研究に繋がっていたということが分かる。

　著者は対象となるモノの位置に私が立ち、そこから世界を眺めるという言い方をする（同）。これが二人称的な関わりだと言うのである。私はモノを他者だと思うのである。ただし他者であるモノは私を承認する訳ではないので、相互承認が成り立っている訳ではない（同 p.164）。

　同書で取り挙げられている野球、サッカー、柔術の間合いと、私が馴染んでいる空手と居合、さらには日本拳法の間合いとはずいぶんと異な

る。同じ武道と言っても、身体をくっ付ける柔術と、少し距離を取って
いる後者の武道とでは事情が異なる。しかし一般に間合いというと、後
者が多く論じられてきたので、少し趣向を変えて、本書では野球、サッ
カー、柔術が論じられていて、これでおおよそスポーツと武道について
は了解が可能なのではないか。

　また人間関係と建築空間の他の具体例はいくらでも出てくるだろうが、
カテゴリーとして、何かここにないものはあるか。自然の中で、例えば
大木と向き合う際の間合いも論じられるか。樹と対話をするということ
は当然ある。大木に圧倒されるという経験もある。

　また波乗りの間合いはあるか。先の夏、私は孫と九十九里浜で遊んだ
が、そのときの経験で言えば、孫は波の動きを真剣に観察し、それに対
処する能力を自ずと持っている。人に教わることなく、大きな波が来れ
ば、うまくその波に乗って、浮き具とともに波打ち際まで流されていく。
何度もそれを繰り返す。その感覚は凄いと思う。

　球技を論じたところでは、間合いは、他者とボールと自分の三者間の
関係であった。つまり間合いは常に他者との関係であるだけではない。
物や自然が相手の間合いもある。ボールと敵味方両方の他者と、複雑な
間合いが必要だ。

　また先にも書いたが、著者は「エネルギーのようなものの疎密場」と
いう表現を使う (p.14f.)。これは圧迫感や勢いであるが、これは前節 (6-2)
で説明したように、気でもある。また身体にはふたつの役割があり、ひ
とつは私と他者を繋ぐことで、もうひとつは精神と物質を繋ぐことであ
る。これもすでに説明し（本書 補遺1）、この本のテーマになるべきも
のなのだが、これを象徴的に集約しているものでもある。つまり気は私
と他者の間を結び、私とモノとを結び付ける。間合いの対象は、他者だけ
でなく、物質でも良いのである。

諏訪は2018年にも本を出している。『身体が生み出すクリエイティブ』という本である。

　本の題名の通り、身体が生み出すクリエイティブが主題である。クリエイティブな知の代表としてお笑いが取り挙げられる。これこそ間合いを考える最適な例である。まずクリエイティブであること、柔軟で臨機応変であることの基礎となっているのは物理的な身体の存在であるという仮説が展開される。それを著者は身体知と名付ける。それは身体が中心的な役割を担っている知のことである（諏訪2018 p.18）。本書では、体感、身体の発露、身体の調整という言葉が何度も使われる。その身体の運動を基盤に、ツッコミとボケから成るお笑いが論じられる。そこでは相手の発言を受けて、それをずらしたり、対極的な関係に持ち込んだり、比喩で以って跳躍したりということがある。またいきなり最初からお決まりのパターンから外れる発言がなされたりする。

　ここでは間合いという言葉は使われていないが、主題はやはり間合いである。先のカテゴリーで言えば、それは人間関係の中に分類され、その特殊なものだと位置付けることができる。問題は次のことにある。

　ボケとツッコミは空間的にもすでに非対称である。それが時間的なずれを生む。あるいは時間的にずらすことで、効果を発する。つまりここで空間的な間合いは時間的なものになる。これはお笑いという特殊なやり取りだけでなく、日常的にどこでも見られることである。

　例えば、食事を誘われたときに、それに承諾するとして、その答え方には次の3つが考えられるだろう。つまり①待ってましたとばかり、すぐに応じる。②適当の間合いで以って承諾する。③しばらく間を空けてから応じる。以上である。

　これらの微妙な間の開け方は、相互の人間関係がどんなものなのかに依拠し、また今後の関係を決めていくことになる。本当はすぐに承諾したいのに、こちら側が優位に立ちたいと思い、少し返事を遅らせて相手

をじらすとか、逆に気が乗らないが、そのことを悟られないよう、即座に返答するといった戦略が取られたりするだろう。

空間と時間の中で私たちは生きていく。日々私たちは巧みにバランスを取っている。意識的かつ無意識裡にそうしている。その戦略が先鋭化したものがお笑いなのだと言うことができる。

諏訪はこの本の第7章で、ロボットとお笑い芸人とのやり取りを取り挙げている。お笑いタレントと落語家が集まっているところに、Pepperくんと呼ばれるロボットが登場する。Pepperくんはしかし、あらかじめ用意された答えしかいうことができない。お笑いタレントたちは、瞬間的かつ臨機応変にツッコミを入れたりボケたりということが得意な人たちで、彼らとの話は嚙み合わない。会話のキャッチボールがロボットにはできないのである。著者はここでロボットには身体知がないと言う。2014年の話である。

お笑いにおける話の展開の仕方は、この時点でのロボットの情報処理モデルではできないのである。このことは次章（7-2）にその続きを書きたいと思う。つまりまだこの時点ではロボットは身体を使って会話のやり取りができないという話を紹介して、次章に繋げたい。

以下私自身の経験を書く。先のカテゴリーでは、3つ目の、モノと私の関係を問うものである。

まずひとり旅の快適さということを考えている。森の中にテントを張って、焚火をし、ちょろちょろと燃える炎を見ながら酒を飲み、ひとり静かに過ごすのは快適である。そこまでしなくても、鄙びた宿で、部屋の窓を開けて、暗闇を見詰め、深々と時が流れ、夜の更けるのを感じるのは快楽である。国内外の観光地で、パブや醸造所などで酒をしこたま飲んで、ひとり見知らぬ道をホテルに向かって歩くのも旅の楽しみである。国内だと、飲み屋のはしごをするかもしれない。外国だと、二件目

はホテルにあるバーを利用する。缶ビールを買って、部屋でさらに飲む
かもしれない。いずれにしても、この見知らぬ空間に自分がいることを
楽しむ。私がこの世界の中に存在していることのありがたさをあらため
て思う。何か縁があって、私はここにいる。その幸せを感じる。これも
間合いである。

　国内のひとり旅では、必ず地元の居酒屋に行く。ひとりなので、大抵
カウンターに座る。その後ろには地元の常連が数人、大きな声で話をし
ながら、大体は焼酎を飲んでいる。私は猪口を見詰めて、ぼんやりと過
ごす。長居はしない。こういう体験も楽しい。この楽しさは何物にも代
えられない。

　私の場合は、このように時に旅に出て、身体の立て直しを図っている。
この世界の中で自らの居場所を確認する。自分の落ち着く時空を求める。

　実は先だって、東京から離れた小さな町の雑木林に武道場と書庫を兼
ねた草庵を建てることができた。週に一度は訪れて、一泊か二泊する。
道場の凛とした空気の中でひとり稽古をすること、自然の中にいること、
ひとりで夜が更けるまで酒を飲むこと、車を持たず、歩いてどこにでも
行くこと、井戸の水を使うこと、いくばくかの庭があり、狸や雉がいて、
春には蝶を呼び、夏にはカブトムシが集まること。そのような空間にし
たい。

　本章第1節で論じた内田樹の武道論をここでも参照したい。彼はすで
に書いたように、合気道の達人であり、その修行の過程で独特の間合い
論を得ている。それは他者論であるとまとめることができる。間合い論
は結局他者論である。日々の稽古において他者との関係が武道の術であ
ると内田は考えている。

　また内田はE.レヴィナスの研究者であるが、レヴィナスの弟子を自
称している。レヴィナスの主張の最も根本に他者論があり、内田もまた

他者論を展開していることを考えれば、このことは良く分かる。

　これも書いたが、内田は、都立大の院生と助手時代の10年間、毎日レヴィナスを読み、自由が丘にある合気道の道場に通っていた。こういうことができた境遇にいられたことは、30歳まで極貧に喘いでいた私には羨ましいが、それはともかく、哲学者であり、武道家である内田はこの時期に形成されたのである。

　ここで「ラカンによるレヴィナス」というサブタイトルを持つ『他者と死者』を中心に参照したい。ここで問題は、まさにレヴィナスとラカンである。まず彼らふたりは1906年と1901年の生まれで、同時代人と言って良い。ともにフランスで活躍し、ともにハイデガーの弟子である[7]。

　内田の場合、その理論の根本は師の重要性である。間合いは、戦いにおいて自分と相手との距離のことだが、内田の言う合気道は、修行がすべてで、そこにおいては師との間合いが問題になる（内田2013）。

　武道において、師の重要性を繰り返し内田は説いている。自ら若い時に合気道の師に出会えたことを、「生涯あとについてゆくことのできる師に出会えたというのは私の「武運」である。これは身体能力よりもはるかに武道家としては重要なことだと思う」と言っている（内田2021 p.64）。

　この師というのはしかし、機能的なものである。つまり師は必ずしも人格的にも、またその分野の力量においても傑出した存在ではない。師は弟子に、弟子の中には存在していない知が外部にあることを教える。人はまず誰かの弟子になり、弟子になって初めて自分の持っていない知や技能が存在することを知るのである。内田は次のラカンの言葉を引用する。「自身の問いに答えを出すのは弟子自身の仕事です。・・・師は弟子が答えを出す、まさにそのときに答えを与える」（同p.60f.、Lacan1975 序文）。

　弟子はしばしば師が教えていないことさえ学ぶ。かくして師の偉大さ

は、弟子によって、事後的に検証される。

　師とは何か弟子の持っていない知を知っていると想定された存在で、弟子はそれを知りたいと望む。それが弟子の欲望である。その時点で弟子は師に対して、「絶対的な遅れ」がある。「欲望する者は、欲望されたものに絶対的に遅れる」。弟子は自ら師に対して、絶対的な敗者としての位置を選んだのである。これが武術の極意だと言う（同p.72f.）。ここで参照されているのはレヴィナスである。そもそも内田のこの本は、ラカンを参照して、レヴィナスの『全体と無限』を読解しようとしている。ここで武道の経験とレヴィナス読解が重なり合う。また子弟関係という空間的な配置が、時間的なずれになる。そういう間合いを論じている。

　つまり間合いは空間的なものだが、時間的に考えることができる。潮時とか、タイミングとか、時機という言葉がある。機が熟するのを待つとか、しかるべき時などとも言う。相手に理解してもらうときに、時間的な間合いを詰める、つまり適切な距離を取って相手の中に入り込むことが必要だ。相手が受け付けないのに、こちらが一方的にまくし立てても伝わらない。受け入れてくれる時機を待つ。つまり間合いを図る。

　私たちが間合いを見計らうという表現を使うとき、その間合いは時間的なものである。適当な時機や頃合いを測るのである。

　私はかつては学習塾を経営し、その後はずっと大学で教えているが、人に何かを教える場合、相手がそれを受け入れる準備ができているかどうか、その見極めが大事で、一方的に何かを話しても、聞き入れてもらえる訳ではないことを痛感している。頃合いというのが大事である。教えるのに適当な時機がある。

　さらに内田は主体は事後的に出来すると言う。これも6-1に書いたが、主体は他者に遅れて出来する（同p.122f.）。ここで時間的な間合いを論じることができる。

　また武道には残心というものがある。ひとつの動作を終えたあと、力

を抜かずに、しばらくの間、そのままの姿勢を保つ。戦いのあと、つまり相手を倒したあとも、しばらくはそのままでいるのである。これは単に見得を切っているのではない。

　私はこの残心によって、今なし終えた技をもう一度構成し直すのだと考えている。すでに終えた行為を事後的に振り返って、そこに意義を与えるのである。内田は、「残心によって、その前に終わった動きの質が変わる」と言っている。「時間が局所的に逆行したような感じ」とも言う（同 p.48f.）。

　ここにも時間的な幅と、前後のずれや逆転する因果関係が問われている。これも間合いである。

　間合い論は身体論であり、他者論である。この他者論が空間と時間の中で展開される。

　何度も書くが、身体は他者と私を繋ぐ。また先に諏訪の著作を参照して書いたように、物質もまた他者となる。そこでは相互承認はないが、私からの物質へのアプローチはできる。すると身体は私の精神と物質を繋ぐということができる[8]。

　本書補遺1で論じたヘーゲルの身体論と間合いの関係を再度考える。人は身体そのものを他者だと思う。私は相手の顔を見て、握手をし、抱擁する。相手もまた私の身体を私だと思う。送られてきたメールを読む際も、その相手のことを良く知っている場合は、メールの文面から、相手の顔や声を思い出している。また知らない人であっても、どんな人なのか、その身体的特徴を想像する。

　間合いとはまさに身体としての他者との距離を測ることである。

　最後はJ.デリダの差延理論で話を締めようと思う。空間的な間隙だけでなく、時機遅れということがそこでのテーマになる。私と他者との空間的な差異から、時間的な差異へと話は進展する。そこでは意味は遅れ

てやってくる。差延とは間合いのことであると書くと、ここはデリダ研究者に嘲笑されるだろうが、しかし私は実際そう思っている。デリダ哲学の根本に間合い論がある。

　差延の語源学から始めたい（Derrida1972原文 p.7-9＝訳文 p.41-44）。フランス語のdifférerにはふたつの使い方があり、ひとつは同一でないこと、他であること、区別し得ることと訳すべきである。もうひとつは迂回、遅延、延滞、保留、代理（＝表象）を孕む操作という意味があり、一言で言えば、「時間稼ぎ」ということになる。ここからさらにこの語がdifférendになると、「互いに異なる諸要素の間には、活動的に、力動的に、そしてある執拗さで続行される反復の内に、隔たり、距離、空間化（＝間隔化）が生じる」と言う。つまりそこでは「争い」が意味されている。さらには現在そのものが差異を包含して、過去と未来が緊張関係に置かれ、そこから現在が「遅延」するという意味が出てくる。

　ところがdifférerence という単語は、ただ単に「差異」でしかなく、上のふたつの意味が表せない。そこでデリダは、différerance という語を作り出し、これを日本語では「差延」と訳すのである。

　問題はこのふたつの概念、すなわち「間隔化としての差延」と「時間稼ぎとしての差延」がどのように結び付くのかということである（同p.9＝p.44）。

　諏訪が空間的な問題として論じたものを時間的にも拡張する。するとこういう話になる。また内田が他者論として論じたものを、自他関係として空間と時間の中で論じ直したい。あるいはこう言っても良い。私は、内田がレヴィナスとラカンを通じて言い得たことを、ヘーゲルとデリダを通じて言ってみたかったのである⑨。

　デリダ理論においても、空間的に対立するものは、対立したまま動的な均衡を図っていく。また遅れてきたもの（弟子）は先を行くもの（師）に永遠に追いつくことなく、先行するものの意義を事後的に解釈してい

く。そう解釈すると、それは内田武道論と変わらない。

　内田は大学を早期退職して、合気道の道場を創り、そこに弟子を集め
て武道に明け暮れる日々を過ごしているそうだ。私も少しばかり定年を
早めて大学を辞めて、山の中に創った道場に時々出掛けて武道に励みた
いと思っている。師の指導に従って、神棚を祀り、地元の神社と武道に
所縁（ゆかり）のある神社からそれぞれお札をもらってきて、そこに納めると、大
分道場らしい雰囲気ができてきた。暖かくなったら、ぜひ師と仲間にこ
こまで来てもらって、稽古ができたらうれしいと思っている。

①ヘーゲルの観念論を唯物論的に解釈して活用するというのが、当時、つまり三浦や南郷の本が出た時代の流行りだったと思う。

②レヴィナスとヘーゲルについては、拙著（高橋2014）第4章を参照せよ。また、ヘーゲルとレヴィナスが「ちょうど逆向きの議論を展開している」と熊野純彦は言う（熊野1999 p.118f.）。ヘーゲルは『精神現象学』で自己意識から出発して、対象となる他の自己意識によって承認されることが必要で、この相互承認がうまくされると無限に達するという議論になっていて、結局ここで他者は自己の中に吸収されてしまう。しかしレヴィナスの『全体性と無限』では、他者が他者であるのは、他者そのものが無限として存在することによってである。つまり他者から出発して、全体に吸収され得ないものが他者の無限性である。

③内田は、レヴィナスをラカン理論と絡ませながら、読み解いていく。その際に、ラカンの三界の内、象徴界と想像界を対比させて他者の説明をしているが（内田2004 p.102ff.）、私はジジェクに倣って、現実界を重視する点で、ラカン読解は内田のものと随分と異なる。拙著（高橋2021）を参照せよ。

④全生社から野口の著作がすべて出ている。

⑤ふたつの軸という言い方は、市野川が使っている（市野川2000 p.3）。しかし同時にこの考え方はヘーゲルのものであることを、本書補論1で展開した。

⑥津村1995 p.83f.、及び、前川1999 p.253を参照せよ。

⑦この内田のラカン理解について、本章注3で書いている。

⑧本章の前節（6-1）で、私は気について書いている。例えば私は人が近付いて来たと気付く。まだ相手の姿が見えず、音も聞こえないのだが、まずは気が働く。かすかに何か音がして、何かが匂い、空気の流れがいつもと異なって感じられるからかも知れない。つまり気とは五感が総合的に働いて、かすかな変化を察知することなのかもしれない。いずれにしても私は人の気を感じることができる。また気は精神と物質を繋ぐ。二元論的に精神と物質を考えて、それを気が繋ぐのではなく、気は身体そのものであり、その身体は精神でもあり、物質でもあると考えるべきであろう。

⑨デリダ論については、接論（高橋2024）を見てほしい。S. ジジェクはデリダの差延理論をヘーゲル論理学に結び付けて議論をしている（Žižek2007）。

ヘーゲル論❷

自然から精神への
メタモルフォーゼ

　ヘーゲルの論理の根本にメタモルフォーゼがある。本書5-3で、ヘーゲルの即自と対自の考え方について説明したが、そこでは即自と対自が対立するのではなく、即自は対自に変身するのである。「論理学」では、存在は無になり、それは定存在になり、やがて対自存在になる。さらに普遍は特殊になり、その後個別になる。カテゴリーは変化する。それは論理の問題に限られているのではなく、ヘーゲルの理論においては、自然も精神も、すべて変化する。

　最初にあるのはエーテルであり、純粋存在である。それが万物の根源で、それは次々に新たな形態になる。ヘーゲルの理論のすべてはメタモルフォーゼ論なのである（拙著（高橋2022）1-3）。

　またこのあとに書く7-1でゲーテのメタモルフォーゼ論を挙げる。ゲーテとヘーゲルの間に共通の問題意識があったことはすでに実証されている。加藤尚武が言うように、ヘーゲルの論理には、生物の根源的な流動性がある（加藤2004）。また最もヘーゲルらしいと私が考えるのは、自然から精神が出てくるところである。このことは2-1で、心身問題として展開したが、以下、この関係を詳述したい。ここでは自然は精神に成る。自然は発展して精神に変身するのである。そのことを見ていこう。

まずどのようにして魂が出現するのかということを見たい①。それは『精神哲学』の最初の部分と、『精神哲学』の前に位置付けられる『自然哲学』の最終部で扱われる。

　精神は自然から出現する。自然からどのように精神が出てくるのか。次のふたつのことに注意すべきである。

　ひとつは、『自然哲学』の最後の方から、『精神哲学』の最初に掛けて、病や死、また性が扱われ、それが精神を導くという記述がある。そしてもうひとつは、『精神哲学』の最初の方に、夢遊病だとか、魔術的関係だとか、精神錯乱だとか、白痴、放心、たわごとだとか、あるいは鬱や胆汁質を含む気質の分析だとかがある。そしてそれが『精神哲学』全体を貫くモチーフになっている。つまり精神は自然から離脱し、精神として自らの能力を展開していく、その過程のすべてにおいて、常に病に纏わり憑かれている。なぜヘーゲルが、病にそんなにも拘るのかと言えば、それこそが精神の本質だからに違いない。そしてそれは強く自然性を残しているのである。

　つまり自然と精神の間に位置するのが病である。

　まず『自然哲学』の最後においてヘーゲルは精神の萌芽を論じ、『精神哲学』の最初のところでは自然性の名残を論じる。両者は議論として続いている。興味深いのは、この自然性の名残がいつの間にか精神独自のものになるということである。

　ここに病が出てくる。そしてこの病もいつしか身体的なものから精神的な病になり、そしてそれこそが、精神が自然から完全に離脱していることの表れになっている。つまり、精神における自然性の名残とそこからの完全な離脱が重ねて論じられており、実は両者は同じものなのだということが、ヘーゲルの論述の面白さである。自然から精神への連続と飛躍があり、この連続と飛躍とが同じであるという、つまり連続しつつ

飛躍しているという、このダイナミズムを見ていきたい。

　『自然哲学』の最後の章は「類の過程」を扱っており、そこはさらに「類と種」、「性関係」、「個体の病」、「個体の死」となっている。この最後のふたつは、死の可能性と死そのものだと考えられる。そしてこの死そのものの前に置かれた死の可能性、つまり病がここで最も重要なのである。と言うのも論理的には、性と死から精神が出てくるのだが、しかし動物にも性と死はあり、それに対して人間はそれを意識しているとされる。その意識の有無が問題であり、人間は病の段階で死を意識する。死を意識させるものこそが病である。病があり、死を意識し、またそれによって、性を伴う生を意識する。それが人間の人間たる所以である。

　動物もまた性交をし、新たな個体を生み、自らは滅する。かくして、類が無限に続いていく。しかしそれをヘーゲルは悪無限と考えている。人間はそれを意識する。そしてその過程は真無限になる。それが精神の出現である。

　動物とのその無限のあり方の違いは、それを意識するかしないかの違いだとされる。しかしこれはトートロジーである。人間には精神があるから、自らの生物としての過程を意識するのであって、自らの過程を意識するから、精神が生まれる訳ではない。ではどのようにして精神は生まれるのか。それを解明するのが病である。

　さらに病が詳しく論じられる。まず 371 節では、有機組織の体制または器官の一部が、自己自身の特殊な活動に固執して、全体の活動に敵対するということが論じられている。これが病である。全体の活動が阻止されるのである。

　その補遺では、病の概念とは、有機組織の存在とその自己との不均衡であると言われる。また存在するものとしての有機組織が、内的な、まったく実在的な側面から分離されるときであるとも言われる。病になると、内的なものの力が適合しない側面が増えるのである。

この長い補遺には次のような記述もある。ヘーゲルは病の種類を 3段階に分ける。まずは損傷である。これは外部に起因して、有機組織の主体性が妨げられるのである。ここには伝染病や疾病もふくまれる。それらは外的な自然によって、普遍的に引き起こされるものである。第 2の病は、この外的な損傷によって、その特殊な組織、つまり、皮膚だとか、内臓だとかが混乱状態になることである。そして第 3の病が、「普遍的な主体から発するもの」で、「それは魂の病であり、恐怖や心痛などに原因があって、そこからまた死に至ることがあり得る」のである。すでにこの『自然哲学』で、魂の病が扱われていることに注意すべきである。とすると、これは動物がすでに潜在的に持っているものだ。

　「動物が普遍性に適合しないということが、動物の根源的な病であり、生まれながらの死の萌芽である」(『自然哲学』375節)。個別が特殊に留まって、普遍に至らない。かくして個体は自ら死ななければならない。そしてその死が病という不適合を克服する。375節の補遺で、ヘーゲルは、有機組織はそもそもの初めから (von Haus aus) 病であるとも言っている。死がそれを解消する。それは必然的なのである。

　繰り返し次のことを言うべきである。つまり動物も病になり、そして性と死を繰り返す。その動物の記述の最後の段階で、動物もまた、魂の病に掛かることが確認される。わずか、2行ほどの、魂の病についての記述が、『自然哲学』と『精神哲学』の橋渡しをする。『精神哲学』も魂の記述から始まり、その魂は病むのである。

　動物もまた人間も身体的に病む。さらには魂の病も持つ。そしてその魂の病こそが動物の魂を人間の魂へと高める。つまり動物の魂の病から人間の魂の病へ、潜在的な精神から高次の精神へと、病が駆動する。

　もちろんこれで精神が身体から出現することについて、十分な説明がなされたかと言えば、実際のところかなり不満は残るだろう。しかしのちにさらに説明を加えることにして、ここで『自然哲学』の次の言葉を

最後に引用して、次に進む。「こうした自然の死を超えて、その死せる外皮から、ひとつのより美しい自然が出てくる。すなわち精神が立ち現れてくる」（同376節補遺）。精神は自然から登場する。それが可能なのは、「精神が精神を前提とするところの自然の中におり、常にすでに自然の中で保持されている」からである（同）。

精神と身体は、こんな風に繋がっている。これで『自然哲学』は終わり、『精神哲学』に入る。するとそこでこのように言われる。「精神は自然の真実態であり、そしてそのことによって、自然の絶対的優先者である。精神というこの真実態において、自然は消滅してしまっている」（『精神哲学』5節）。しかし果たしてそうなのだろうか。このあとのヘーゲルの記述を見て行くと、実は自然は消滅しておらず、精神の進展の至るところで顔を出す。

さて、まだ精神は誕生したばかりで、それを魂（Seele）と言う。魂はまだ、即自的な精神である[2]。魂はまだ身体と同じく物であって、身体と区別されないと言っても良い。

この「魂において、意識が目覚める」（同11節）のである[3]。そして、この魂がどのように物としてのあり方を超えて、主体的な精神となるのか。その過程を叙述していくのだが、そこのところで、ヘーゲルはしばしば病に言及する。精神はしばしば病になる。私と世界とその間にある身体と、それらの関係は、しばしば変調をきたすのである。本節は、この精神の病に着目して、そこにヘーゲルの主張のある特徴が見られることを説明していく。

再度「精神は自然の真実態として生成した」（同12節）という文言があって、人間学＝魂は始まる。自然は自己を止揚し、精神は身体的個別性の中に、「自分の具体化と全体性との中にあって単純な一般性として、自己を前提とする」（同）。

続いて13節では以下のように言われる。「魂だけが非物質的であるの

ではなく、自然は一般的に非物質性を持っている」。つまりすべての自然の中に精神は内在している。「魂は、自然の非物質性という契機を自立させて、単純なものにした場合の在り方である」④。

このように魂の説明をした上で、13節の注では、心身問題が長々と論じられる。「魂と身体は共存している」とヘーゲルは言い、哲学史における心身問題を見ている。一例を挙げると、ライプニッツは、「魂と、身体的なもの、物質的なものとの区別には達するが、しかし同一性は単に判断の繋辞として存在するに過ぎず、絶対的な推理論の発展と体系とへは進んで行かない」。

ここから逆に、精神と身体は、判断論の関係にはなく、推理論的に連結されているのだというヘーゲルの主張が分かる。つまり判断論はふたつの対立するものを結び付けようとするものだが、しかし判断論の段階では結局結び付かず、次の推理論の段階に至って、初めて結び付くというのが、ヘーゲル論理学の展開だからだ。これが魂の最終的な目的となるはずである。

魂はこのように生成し、進展して行くのだが、しかしまだ自然性を残している。ひとつにはそれは魂が容易に病に陥ることに現れている。病が自然から精神を生み出したのに、そのようにして生み出された精神は、完全に自然から脱却できず、容易に病に陥り、再び自然性を強く主張する。

これらを順に見ていく。まず29節では、この第一段階が、魔術的関係と言われ、これがテーマとなる。このあたり、ヘーゲルが精神分析学を先取りしていると言っても良いくらい、興味深い記述が盛りだくさんにある。これは具体的には次の三段階を持つ。すなわち、(1)夢見は、「魂の全体的な個体的本性に関する、深くかつ強力な感情、すなわち魂の過去と現在と未来との全範囲に関する、深くかつ強力な感情を抱く」状態である。また(2)母体の中の子どもは、これは明らかなように、母親の中

においてのみ、やっと現実的になっている個体であり、「他の個体に対する同様に単純で直接的な関係」がここにはある。この母子関係には、魔術的なものが明示されていると、ヘーゲルは考える。そして(3)守護神は、「その下で、人間のあらゆる状態及び関係における、自分の行動及び運命に関しての決定を下す」と言われるものである。それは私の外にあって、私を制約するものであると同時に、それは私の中にあるものでもある。先の夢見という単純な自己関係と、母体の中の子どもという、媒介を経ない自他関係との統一が、この守護神である（同29節補遺）。

　魂はまだ感覚によって充実する個体の段階にいる。それをヘーゲルは、「精神のこの段階は、それ自身精神の闇の段階である」と言う。まだ意識的なものではないからである。そして、「精神のより真実な形態、つまりより下位の、またより抽象的な形態において、実存するときは、病という不適合性を含んでいる」。この段階では、魂の抽象的な諸形式は、精神のもろもろの病の状態として考察されるべきだと言われている（同28節注）。

　さてこの段階で、もっとはっきりと、「感情生活は、自覚した・発達した・正気の人間の形式や状態としては病である」（同 30節）と言われる。それは、「磁気的夢遊病」である。

　「磁気的」と言うのは、ヘーゲルが好んで使う用語である。まず凝集状態があって、個体が生成するが、その個体の統合性を維持するためには、個体には磁気が必要だとされる（『自然哲学』295節）。個体が個体として存在する原理が磁気である。

　このあたり、磁気と言い、魔術と言い、魔法、夢見、守護神、夢遊病、狂熱と、延々とこういう言葉が出てくる。ヘーゲルが如何にこうした概念に取り憑かれていたかを示している。また 30節の補遺では、病の定義が出てくる。これは何度か繰り返される。「魂の生活においても、有機体における単なる魂的なものが、精神的な意識の力から独立して、精

神的意識の機能を僭称するとき、病が生じる」。また逆に、精神が魂にまで自らを下げて、その機能を放棄するときもまた病が生じるとも言う。

32節でも再び、病の定義がある。「主観が自分の特殊性に固執していて、この特殊性を観念にまで加工し、それを克服できないという病に掛かることがある」。また主観は、組織化されたその主観の全体性と、この全体性の中で流動性を失って、配属も従属もできない状態の特殊性との間の矛盾の中にいる時、これを精神錯乱と言う。あるいは、精神の中で固定している有限性を精神錯乱とも言う。

32節の補遺には、精神錯乱と夢遊病についての長い説明がある。磁気的状態から、夢遊病は主客分離して、精神錯乱に必然的に移行するのである。

また三度、ここでは精神錯乱の定義が与えられる。すなわち、「自らは純粋に形式的な、空虚な、抽象的な主観性なのに、その一面性にもかかわらず、主観的なものと客観的なものとの真実の統一という意味を僭称する」ことである。そして精神錯乱という分離の3形態が論じられる。すなわち、(1)白痴、放心、たわごと、(2)愚行、(3)恐行または狂気である。第1のものは、無規定的な自己内沈潜だとされる。第2のものは、規定された内容を獲得している。虚栄、高慢、厭世もまたこのカテゴリーに入る。第3のものは、「精神病者自身が自分の単に主観的な表象と客観性との間の矛盾を生き生きと感じ、そしてそれにもかかわらず、自分の単に主観的な表象から離れることができず、この表象を徹底的に現実的なものにすることを望むか、または現実的なものを否定することを望むかという現象を持っている」とされている。

さてそこから魂はどう自己形成をしていくのか。いよいよ 33節と 34節の習慣の説明に入る。魂は『精神哲学』の13節において、身体の単なる実体（Substanz）に過ぎないと定義されていたが、ここでは魂は身体

の観念的で主観的な実体として存在すると言われる。魂が自分の身体性の中に持っているこの抽象的な独立性は、まだ自我ではなく、身体性の主観的実体であり、この身体性を止揚されたものとして、自分の中に持っている（自我＝精神である）。

　それがこの習慣において、身体は魂の存在として自己を鋳造する。身体性は、主観的目的に服従させられる。33節と34節で説明される、この習慣が、魂が精神の段階に向かう際の決定的に重要な要因となる。

　習慣とは何か。まずそれは、「自己感情の機械的関係」であり（『精神哲学』34節注）、「第二の自然」（同）である。それは感情諸規定が身体の中で反復されて、修練となって産出されるものである。それは「第二の自然」と言われる限りで自然に属する。しかし魂は、その内的なものが、身体に形成された習慣を通じて、精神に飛躍する⑤。

　池松辰男は、この原理を天上的なものが身体に受肉すると考えてはならないと言う。むしろ話は逆であって、自然存在としての身体が、そしてその身体に没入している魂が、如何にして精神の原理を獲得するかという話なのである。ポイントは身体にある。身体は、私と他者を結び付けるもので、物としての魂が、物としての身体を通じて、物としてのあり方を克服する。それは、魂が身体を通じて、自己にとっても他者にとっても知られ得るものへと変化した。つまり、私が私であることが、他者によって、そして私の身体において承認されるという、その機構を通じて、現実的になるのである（池松2013）。池松は、この論文で、このように、身体の重要性をまとめている。また同じテーマを扱った別の論文では（池松2014）、精神性の目覚めにおける、身体と言語の役割を探っているが、その最後に狂気の問題を取り上げ、ヘーゲルを、精神病理の問題に、その体系成立にとっての積極的な役割を認めた数少ない哲学者のひとりとしている。私はそれに同意し、かつそのことをさらに問い詰めてみたいと思うのである。

第一に、もちろんヘーゲルだから、当然のことなのだが、精神の病は、精神の低い段階のことを言っている。しかし必ずそこを通らないとならない段階なのである。つまり、自然から精神が出現した時に、必ずここを通るのである。病は必然的なものである。

　第二に、その克服は習慣の形成である。すると本質的にその習慣において、何が変わったのだろうかという問題が出てくるだろう。本当に病は克服されるのだろうか。人は常に病にあるのではないだろうか。病にいるときと、それが克服されたときと、一体何が異なるのだろうか。そういう問題が出てくる。根本に魂の病がある。魂の目標は、魂において、意識が目覚めることである（『精神哲学』11節）。

　ではどうやって魂は目覚めるのか。魂はまだ、自然としての身体の中に没入している。その身体が習慣を形成する。習慣とは、「魂の直接的存在」であり、「第二の自然」である（同11節注）。それは「第二」ではあっても、まだ「自然」である。それがどのように、その自然性から脱するのか。それは他者によって承認され、主体化することによってである。「（習慣を形成し得た）魂は、自分のこの自由な形態において、自分を感じ、かつ他人に自分を感じさせる」（同35節）。

　さらに身体は、習慣を経て、たくさんの自由を与えられる。そして身体に精神的刻印を与える。特にそれは顔に現れる（同35節補遺）。顔こそ他者と付き合い、他者からその主体として承認されるものである[6]。

　他者によって承認され、主体化するというのは、ヘーゲル哲学の根本であり、それはもちろん、『精神現象学』での主題であり、それがここでも見られるのである。しかし私が問題にするのは、それ以前の、もっと根本であって、まず病があり、それが身体に習慣を形成させる、そのプロセスである。

　病は身体に、感情諸規定を反復させ、その反復は、行動のパターンを形成する。それが習慣の形成の仕組みである（同34節）。そういう段階

を経て、他者が要請され、その他者に承認されて、主体化が起きる。

　まず個体は消滅の予感、死の恐怖を持つ。そのことを病が促す。この病を飛躍点として、自然性を克服する。そう言われる。しかし飛躍は単に反復に過ぎないのではないか。

　精神の病をヘーゲルは体系の内部に位置付けている。精神が、感覚、自己感情、習慣、意識と進展して行く際に、病は常に現れる。

　その病の定義が、何度も何度も出てくる。それは低い段階にあるのに、高次の段階であることを僭称するということで、とりわけそれは特殊に過ぎないのに、普遍を名乗るということである。そしてまず身体的な病から説明すれば、それは身体の中に複数の流動体が存在していて、本来はその全体の中にそれらが位置付けられているはずなのに、その一部が孤立して、自らが独立した存在だと自称することである。そこで全体のバランスが崩れる（加藤2013を参照した）。これが魂の病だと、それは、個別がまだ普遍に至らず、特殊な段階にいるのに、自らを普遍だと思うことである。しかし自らを普遍だと見做すということは、そもそも普遍を求めているということであり、普遍を必要としているということである。

　以前に書いたように、普遍が特殊化し、個別になることが、生物の進化であり、『自然哲学』の課題であった[7]。ここでは逆の道筋を辿り、そのようにして成立した個体が、特殊を経て、精神という普遍に至る道筋を、ここ『精神哲学』の最初の箇所で扱うことになる。個別は普遍＝全体の中に位置付けられている特殊な存在なのに、自らを普遍だと思う。しかしそう思うだけなら、それは病であるが、しかし実は、この自らを普遍だと思うこと自体は、同時に観念化という作業である。つまり、この自己認識が観念化であり、精神の出現である。すると魂の病は精神の出現なのである。自然から病が飛躍点となって、精神が出現するという、その機構をもう少し詳しく見ていくと、自然から身体の病が出てきて、

それは魂の病に移行し、その魂の病こそが精神の出現であるということになる。

　精神は最初から病にある。それは誰もが病んでいると表現しても良いし、病むことが精神を生じさせたのだと言っても良いし、あるいは、精神とは病であると言っても良い。先に挙げた『自然哲学』にあるさりげない一言が、ヘーゲル哲学を簡潔に表している。「有機組織は、そもそもの初めから病である」（『自然哲学』375節補遺）。だから死が必然的にやって来て、それを自覚することこそが、精神の出現であり、従って、その精神も実は病から出てくるのである。さらにそのようにして出てきた精神も最初は病であり、つまりそれは魂の病であり、そこから精神へと進展していくのである。そしてその進展が、実は進展ではなく、以下に展開する、無限判断論的な飛躍と反復なのだとしたら、精神は最初から、そしていつまでも病なのである。

　すでに何度か、ヘーゲルの論法は循環論法ではないのかという疑念を提出してきた。それは通常、ヘーゲルに対する批判として言われることなのだが、しかし私は、そこにヘーゲルの意義があると考える。動物は死を自覚すると精神になり、つまり精神を持った人間になる。しかし死を自覚できるのは、精神を持った人間だけであり、つまり人間が精神を持ったから、死を自覚できるのである。話はぐるぐると回っていくが、しかし動物と人間、自然と精神の間には、歴然とした飛躍がある。そこに魂の病という観点を入れると、話が精緻になるが、しかし基本的には、議論の立て方に変わりはない。

　もうひとつ考えるべきは、事後性の問題であり、というのは、私たちはすでに精神を持っているのである。つまり、精神はすでに出現している。すでに出現している精神の立場から、もう一度自らの由来を問い質すということが、ここで行われていて、そうすると精神がすでにあるということを前提に、それがどの様に出現するか、その必然性を問うとい

274

うことになる。当然、精神は存在しているのである。そのことからしか、精神の出現は論じられない。現にあるのだから、必然的なのである。その必然性を前提に、その出現の必然性を問うのである[8]。

①以下は、拙著（高橋 2017）3-2を書き直したものである。

②Seele は、「魂」と訳す。岩波文庫船山信一訳は「心」である。

③節の番号は、岩波書店訳に合わせる。Suhrkamp原文の番号は、それに、376を足す。この 376は、『自然哲学』の最後の節の番号である。

④ここは加藤尚武の解釈を参照し、そこで試みられている訳をそのまま使った（加藤 2013）。

⑤この習慣概念については、マラブーもこだわっている。そのことについては拙著（高橋 2014）第 5章で扱った。

⑥ここでレヴィナスが顔について論じていることを思い起こすべきである。これについては、拙著（高橋 2014）第 4章を参照せよ。

⑦『自然哲学』については、拙著（高橋 2017）3-1を参照せよ。

⑧池松辰男は 2013年以降の諸論文において、主として『精神哲学』から身体論を拾い出している。またそれらをまとめて著書を上梓している（池松 2019）。一方で私はすでに述べたように、2010年以降の著作において、ヘーゲルの所有論を展開し、そこで着目する論点は池松のものと完全に重なる。池松はさらに初期ヘーゲルと体系期ヘーゲルの資料的な整理も行っていて、ここでは彼の業績を参照させてもらった。

第7章

メタモルフォーゼ

7-❶ メタモルフォーゼ、または輪廻

　湯川秀樹が輪廻について語った話は良く知られている。数学者の森毅が京都大学の食堂で湯川に出会ったとき、湯川は森にこう語ったそうである。「なんや森君、君は輪廻を信じへんのか。そりゃ楽観論やで。わしは、生まれ変わって豚になる思うたら死んでも死に切れん。・・・けどなあ、最近は豚になるんならなるで、それもええと思えるようになってきた。こういうのをサトリいうんやろか？」。これを伝えるのは、「読書猿」というペンネームの著述家である①。

　もっともソースはあの森毅なので真偽のほどに自信はないと、読書猿は言う。

　さて私は漠然と前世は蚊だったか、それとも蝉だったかと考えている。夏になって大量の蚊を殺すことに罪悪感を持っていたからか。また家人が蚊取り線香を焚くと、その煙が苦手で、私の前生は蚊なのだから、私のいるところで蚊取り線香は止めてくれと文句を言うのが夏の夕べの常であるからか。また蝉は子どものころから好きで、幼虫を地面から掘り出して、脱皮するのを観察するのは、大人になってからも続けている趣味だし、国内の蝉は概ね観察し終え、時に外国に出掛けて蝉を見ている。ニューヨーク郊外の森に赴き、またプロバンスの丘陵で蝉を追い掛けたこともある。馴染み深い生物に、容易に感情移入することになる。

　こういう私事（わたくしごと）の話をするのに、湯川を引き合いに出すのは恐縮の至りだが、しかしこれが輪廻というのなら、私にとって、この感覚は自然である。

　しかしあらためて輪廻とは何かと問う必要はある。つまり馴染はあるのに、きちんと考えたことはないからである。差し当たってまず、私の前生は戦国時代の武将であるとか、私が今恵まれない境遇にいるのは、前生で悪いことをしたからだという話にはどうも直観的に馴染めない。

勧善懲悪はどうにも苦手だ。

　では死後豚になったり、前生が蚊か蝉だったりと、そういうことはあり得るのか。また私は蚊や蝉の時代に善行を積んだので、人間になれたのだろうか。ノーベル賞を取るほどに人類に貢献した湯川はなぜ豚になると考えたのか。

　あるいはどの生物になるのかということは単純に確率的な問題だとする。するとバクテリアはどうか。個体数は圧倒的に多いのだから、善行説を取らず、ランダムに変化するのだとしたら、私たちの来生は下等な生物になる可能性が圧倒的に高いだろう。

　こういう時に参照されるのは、和辻哲郎である[2]。1927年の著書において、彼は次のように言う。

　輪廻があるということは「この輪廻の主体は、「我」或は「霊魂」と呼ばれぬにもせよ、特殊の性格を持ち、特定の人間に実現すべき自己同一的な個人的或者でなくてはならぬ。」しかしこれでは仏教の教えである無我論と矛盾する（和辻1927 p.432）。そもそも自我を脱するところに仏教の神髄があるのではなかったかと言うのである。

　和辻は「生命の流動的変化のみあって、「輪廻」はあり得ない」と断じている（同p.433）。「無我の立場に於いては輪廻はない。無我の真理が実現されれば輪廻は消失する」（同p.440）。

　さらに和辻は、阿育王の教えを読解しながら、次のように言う。阿育の目指したものは、「全世界の幸福をなすことが最も重大な「業」であり、また世界の幸福が「なされるべきもの」と呼ばれる」。とすれば必要なことは、「それは単純に「善行為」を意味するものであって、輪廻の過程の内に「我」に代わり、人格的同一を保つ神秘的な或者とは考えられぬ」と和辻は言う。そこからさらに「輪廻業報の思想が仏教の根本的立場として存するのではないこと、従って仏教の道徳が本来は個人的功利

主義的道徳でない」と言うのである（同p.460）。

　和辻にこう言われると、輪廻は近代においてあっさり否定されたのか
ということになる。しかし仏陀自身が輪廻を説いているということは事
実である。そして仏教の長い歴史において、輪廻は仏教の教えとして重
要な役割を果たしてきたのではないか。ではどう整合性を図るのか。

　このことについて宮崎哲弥はさる雑誌の対談で、輪廻を認めない仏教
者は少数で、多くは、「輪廻という世間の因果論的形成構造を前提とし
て認めながらも、それに積極的な価値を見出さず、最終的にはその循環
からの脱却、すなわち解脱を目指す」人が大多数だと言っている（宮崎・
他2015 p.12）[3]。

　しかしそうは言っても、輪廻を強く主張する論者は世にたくさんいる。

　例えばマハーカルナー禅師は、「輪廻は事実であり、検証可能なもの
であり」、観行修行者は「自らすでに検証している」と、輪廻に「積極
的な価値」を見出し、また輪廻は「修行者自らが検証すべきもの」であ
って、「自ら検証せずに、何も言うべきではありません」と強い口調で
言う（マハーカルナー2015 p.95f.）。

　また西澤卓美は、善行を積めば次の世で幸せになれるという、逆に言
えば、あなたが今恵まれない境遇にいるのは前世で悪いことをしたから
だという話をする。そして釈迦が説いたこととして、「殺生する人」、「暴
力を振るう人」、「怒りが多い人」、「嫉妬する人」などは地獄に落ちるか、
来世で不孝になると諭している（西澤2015 p.103）。

　それに対して、輪廻するのは業であると藤本晃は言う（藤本2015
p.49）。私という実体はない。生まれ変わったら、その私は以前の私で
はないと藤本は言う。前の私が死んで、次の私が生まれてくるのであり、
私というものが存在しないということが分かれば、輪廻は理解できるよ
うになる。私というのは、生成し続けている心の連続のことであるとい
うのが、彼の主張するところである。

　このあたりの話なら、私にも理解が可能である。しかしそういう話なら、なぜ輪廻という必要があるのか。業だけが存在すると言えば良いのではないか。

　つまり一方で因果論的に善行を積むことを求める輪廻観と、他方で輪廻をまったく認めない人がいて、その間に輪廻にあまり価値を見出さないが、業は重要だと考える立場と、私のように、生物の流れのようなものとして輪廻を考える場合があるのではないか。そしてこの四者は連続しており、力点の置き方が少しだけ異なっているというところだろうか。

　そしてこの四番目の拙論をさらに展開すれば、私たちの命は先祖から脈々と繋がっているというだけの話なのである。そしてその繋がりは、人間だけでなく、すべての生物にも及ぶものである。つまり輪廻とは、生物は皆繋がっているということなのである。

　この繋がりということで分かりやすいのは、捕食被食の関係である。蛇は蛙を食い、蛙は蚊を食い、蚊は草木の汁を吸うという食物連鎖である。また、この連鎖の中に人も入っているのである。つまり禿鷹が人を食い、人は豚を食うという連鎖がある。ここでまず、生物は他の生物を食うことで生きていく。この罪深さを私たちは常に自覚しなければならない。そしてさらに人もまた食われる存在であり、つまり人は他の生物にとっての餌であり、ただの肉の塊に過ぎないのである。このことも自覚した方が良い。そしてさらに話はそこから食人にまで拡がっていく[4]。

　また私はあらためてE.V.deカストロを参照したいと思う。カストロ理論において、食人はなぜなされるかと言えば、私と他者が相互に交換するという観点があるからだ。私は他者が憑依することによって、他者として規定される。さらにその他者が私になる。殺戮者はその敵を通じて自らを敵だと見做し、また倒した相手のまなざしを通じて自らを理解する。このように自他の置換、転置、交差がある（カストロ2015）。

さらに人間は動物に変身する。あるものはジャガーになって、人を食い、ある者は豚になって人に食われる。動物は元々は人間であり、人間は最後は動物になる。

カストロはこの理論を展開するのに、レヴィ＝ストロースに依拠している。レヴィ＝ストロースは、『神話論理』という全4巻から成る大部の著作で、食物連鎖から食人まで様々な話を展開する。

例えばレヴィ＝ストロースの描く神話において、自分が今食べている豚は、先祖の生まれ代わりかもしれないという話がある。別の先祖は禿鷹になって、人を食う。ここでは人も被食-捕食の輪の中にいる。つまり他の動物を食らうだけでなく、容易に他の動物に食われてしまう存在である。そしてその人を食う、ないしは人に食われる動物はかつては人だったかもしれないというのである（本書3-2を見よ）。

これは輪廻というより、被食-捕食の輪なのである。生命は繋がっている。レヴィ＝ストロースにおける夥しい変身の例は、命のダイナミズムを感じさせる。

E. コッチャ『メタモルフォーゼの哲学』は面白い。

メタモルフォーゼは、昆虫の変態、つまり個体が卵、幼体、さなぎ、成体と変化するという意味で使われるだけでなく、個体が別の個体に変身するという意味でも使われる。コッチャは後者を重視する。

「初めに、私たちは皆ひとつの生き物であった」という言葉でこの本は始まる（コッチャ2020 p.6）。大昔から、身体から身体へ、個から個へ、種から種へとこの生は受け継がれていたのである。
「種とは「生のゲーム」であり、形態から形態へと移り変わり、行き来する生がとる、不安定で避けがたく利那的な形態配置である」（同p.8）。
「私たちの生は他者の生のメタモルフォーゼという行為によって始まった」。「私たちは他者の身体を受け入れて、手なずけていく」（同p.43）。

「私たちの遺伝的同一性は他者に由来する」。「私たちの中には常に他性の印が残り続けるだろう。しかしこの他性は私たちに与えられている。つまり今や変容を被り得る。遺伝とは、他者に属していたものを我がものとし、変容する可能性を表している」（同p.44）。

　「地球上で様々な種が織りなす生は、ひとつの絶え間ないメタモルフォーゼである」（同p.90）。こういう進化論的な発想でのメタモルフォーゼ論が展開される。興味深いのは、この発想から食の話に移っていくことである。「私たちは日々このメタモルフォーゼを体験している」とコッチャは書く。食事を取るたびに私たちは動物となる。私たちが生きるということは、他なるものの生を吸収するということだ。食事をするたびに、「私たちはメタモルフォーゼの場であると同時に、主体であり、対象である」（同p.91）。ここから先のカストロやレヴィ＝ストロースを思い起こすのは、ごく自然だろう。そして私たちは他の生物を摂取して生きていくのだが、それは同時に私たちの身体もまた他の生物に食われるということを意味する。「生態学的に受肉した存在はすべて、他の存在の糧として存在している」。生は循環として祖先の共同体の贈り物であり、死は祖先の生態学的な共同体にまで連なるリサイクルである。私たちは他の生き物の生のメタモルフォーゼなのである（同p.106ff.）。

　この本はまず進化論的発想で書かれている。もうひとつは「食われること」というテーマで、私が以前書いたことと同じ問題意識も見られる。

　またこれは直ちに輪廻転生のことであると私たちは思うだろう。私たちはヨーロッパの哲学者よりもより自然にこのことを受け入れるだろう。「自己は実体ではないし、人格的構造を持たない」。自己とは「不断に精神に侵入し、身体を植民地化する小さな音楽にほかならない」（同p.115）。

　さらに私たちは精神的に他者と関わる。しかし他者は常に身体を持った存在として私の前に現れる。また他者から見れば、私もまた身体を持

った存在である⑤。

「知性は関係である。・・・知性は私たちの身体が他の多くの身体と取り結ぶ関係の内にある」。「知性は別の種において受肉する」（同p.171f.）。

　最後は次のような文で結ばれている。「私たちは短い生を果たす。私たちは次々と死んでいかねばならない」（同p.190）。

　身体は変化する。私たちはその身体を生き、やがて死を迎え、次の世代に生を繋いでいく。

　コッチャもまた目的論を拒否するというようなことを書く。生物の多様な形態を「メタモルフォーゼという観点から考えることは、単に目的論から全く解放されるというばかりではない。これはまた、そしてとりわけ、それら形態のそれぞれが同じ重みをもっていることを、つまり同じ重要さ、同じ価値を持っていることを意味する」（同p.12）。ここでコッチャはダーウィンを評価する。あらゆる種が他の種と連続している。どの種もそれに先んずる種のメタモルフォーゼである（同p.8）。

　つまり進化論が目的論や決定論、生存競争を肯定し、最適者のみが生き残れるのだと考え、人間の優位を示すものであるとしたら、それはつまらない理論である。しかしそれは本来偶然の中に身を委ね、その中に多様性を見出すものであるはずだ。その多様性を通じて、すべての生物が繋がっている。

　S.ジジェクなら、「ダーウィンは最も反目的論的思想家である」と言うところだろう（Žižek2006a原文p.239＝訳文p.434）。ダーウィン進化論を柔軟に読み直すことが必要だ。

　コッチャはゲーテを引用する。植物のメタモルフォーゼという言葉はゲーテが有名にしたのである。

　植物と昆虫が比較される。「自然はただひとつの同じ器官を単に変化させることで様々な形態を作り出す。葉、萼、花弁、雄蕊といった多く

の外的器官の間の秘められた類似性や、それらが前後して、いわば相互に生まれてくる仕方は、かねてから植物学者が見抜いていたことであり、ただひとつの同じ器官が互いに異なった数他の形態のものとで私たちに現れてくる現象は植物のメタモルフォーゼと呼ばれてきた」（コッチャ p.83、ゲーテ2009a p.101）

　つまり植物においては、ひとつのものが様々に変化し、それらが同時に存在するのである。

　それに対して、「昆虫においては事態は全く異なっている。昆虫は自らが据えた様々な覆いを次から次へと捨てていくのであり、そして明白に新しい存在はその最後の覆いを逃れている。継起的段階はそれぞれ他の段階から切り離されており、後戻りは不可能である」（コッチャ p.87、ゲーテ2009b p.157）。昆虫では、メタモルフォーゼは継起的に展開される。

　生物のメタモルフォーゼは、ヘーゲルが『自然哲学』で展開するものでもある。そこにはあたかも物質が次第に複雑になって、高分子となり、それが生物を生み出し、生物は進化して、人間を生み出すかのように記述されている。例えば次の箇所を見てみよう。「動物的な有機体は、生きた普遍性として概念である。・・・このように自己を再生産するものとして、存在し、自己を維持するものが、生命あるものである」。これはまず個体として形態を持ち、自然との関わりである同化の過程を持ち、そしてそれは類の過程でもある。すなわち有機体は「理念、ただしそれ自身生きた個体である他者と関わり、従って他者の中で自己自身と関わる理念である」（『自然哲学』352節）。ここには概念のメタモルフォーゼがある。ひとつの概念が次々と姿を変えていく。まさしくこれがメタモルフォーゼなのである。

　ゲーテ（1749-1832）とヘーゲル（1770-1831）の時代に、当然のことながら、まだ進化論は出ていない。ヘーゲルが死んだ年に、ダーウィン

（1809-1882）は22歳で、この年にビーグル号に乗って海の冒険に出るのである。翌年にゲーテが亡くなる。しかしすでに進化論的な発想はこの時代のものである。そのことだけを指摘しておく。

　コッチャ『メタモルフォーゼの哲学』から教わるのは、まず進化の過程で、元々ひとつであった生物が多様化したということである。そこはきちんと押さえておく。そうすると、昆虫では個体は卵、幼虫、さなぎ、成虫と変化するが、これは私たち哺乳類とは異なると思うかもしれない。しかし哺乳類もまた母親のおなかの中でメタモルフォーゼを経験しているのであり、かつ卵から順に、かつての進化のあとを辿っている。つまり魚の時代や初期の哺乳類の時代を持つ。これは要するに、個体発生は系統発生を繰り返すということだ。しかし本当に個体は、進化の過程を自らの発生の中に持っているのかということは、現代の発生生物学の知見から検証されねばならない。

　倉谷滋『個体発生は進化をくりかえすのか』を使う。ここで反復という概念が問われている。反復とは、卵の中でやがて成体となるべき胚の形態が、徐々に魚類から両生類へ、両生類から爬虫類へと変わってゆくとみなすような考え方を指す。つまり発生過程が祖先の進化の歴史を繰り返すということである（倉谷2005iv）。ここで個体が発生という、卵から成体になる過程と、生物が進化してきた過程との間に繋がりがあると考えるのである。

　彼の結論は、反復説は基本的に成り立つが、例外はたくさんあるということである。

　つまり発生過程は進化の過程を忠実に繰り返すのではなく、順番が異なったり、生成の遅延や促進があったり、途中の過程をスキップしたりと様々な例外がある。例えばネオテニー（幼形成熟）という現象があり、これは成体に向かう発生の過程で、生殖機能の発達が加速されて、子ど

もの身体のままで生殖機能が完成してしまうといったことである（同p.55）。例えば両生類の中には、成体にならずに、幼体のまま生殖するものもある。

　このように例外がたくさんあるのに、ではなぜ、個体発生は系統進化を繰り返すと言われるのか。

　実際の発生において、個体が成体になるまで、その展開は一直線ではない。つまり個体は完成形に向かって、最も合理的に組み立てられるのではない。個体は進化の長い過程の中で、様々な経緯を背負っている。例えばこれもしばしば言及されるが、私たちの目は、光を受容する細胞の極性が光の進入と逆方向を向いている。これは極めて非効率的である。しかし脊椎動物では目は原初の設計を引きずっていて、光子を脳の後ろ側にある視覚野に送るため、目は後ろ向きの逆さまに据え付けられているのである。このように個体には進化のあとが強く残っているのである（同p.80f.）。

　結論として著者は、発生過程が進化の過程を繰り返すとは言っていない。しかし脊椎動物の発生プログラムは、それ自身強い淘汰に晒されていて、保存されるべきものは積極的に保存されてきたために、あたかも発生過程が進化過程を反復しているように見えるのだというのが著者の結論である（同p.110f.）。

　さらにS.J.グールドの大著『個体発生と系統発生』も読もう。ここでも先の、身体の発育の遅延と性成熟の加速という幼形成熟が詳述される。遅延と促進は高等脊椎動物の進化において特に重要な役割を持っている。その一例が、胎児の脳の急速な成長が大脳化の増大を導くということで、ここが人間の出現に大きな影響を与えている。こういったことが、この膨大な量の本の後半部で展開される。

　また倉谷滋の『かたちの進化の設計図』にはゲーテも出てくる。それは発生の仕組みにおける規則性を研究するものである。

ゲーテは羊の頭蓋骨を観察して、次のような説を立てた。それは、頭の骨は背骨と同じものが変形したものではないかというもので、ゲーテの頭蓋骨椎骨説と呼ばれる。背骨は椎骨が縦方向に並ぶことでできている。哺乳類では、この椎骨が変化して、頚椎、胸椎、腰椎となる。頭蓋骨もこの骨が変化してでき上がったのである（倉谷1997 p.19）。先の植物の例と同じく、ひとつのものからその次のものが進化して、そうして空間的にその進化のあとが配置されているのである。

　私という個体に生命の歴史が刻まれている。生物は皆繋がっている。しかし発生生物学が教えるのは、ただ単に個体の発生の中に進化の過程が刻まれているというだけの話ではなく、個体はその発生の過程で、その都度歴史の過程を作り直して反復し、個体となる。その都度個体を創り出しながら、綿々と生物は繋がっている⑥。

　すでにDNAのレベルで、個体は親の遺伝子をそのまま受け継ぐのではなく、両親から半分ずつもらった遺伝子を個体毎に組み直して生成する。その時点で組み直しという作業が行われている。

　さらにまた発生の時点で、個体はその遺伝子の命じるままに発生するのではなく、発生という水準で自らを組み直している。つまり今まで分子生物学においては、遺伝子が種に特有の発生に関する情報をすべて持っていて、それは発生過程をすべて支配していると考えられてきた。しかしそこに、発生機構論とでも訳すべき学問領域であるエピジェネティックスの研究が出てくる。エピジェネティックスとは、DNAの塩基配列に変化を起こさず、細胞分裂を経て、伝達される遺伝子機能の変化やその仕組みを研究する学問である。それは言葉の意味から言えば、「あとから作られる」ということである。

　具体的には、遺伝子発現を調節する作用があり、このことによって、DNAの塩基配列に変化がなくても、細胞分化の過程で、様々な変化が

生じるのである。

　ここで考えねばならないのは、個体は遺伝子の命令に従って、機械的に形態を形成するのではなく、主体的かつ個性的に自らの形を作っていくということである。同じ種の生物がかくも形態が異なるのは、もちろん、そもそもゲノムが多型であること、環境の影響を受けることがその理由として挙げられるのだけれども、このエピジェネティクスが、作用していることもある。個体は先祖から生命を受け継いで、しかしその個体性をその都度作り直していく。これが生命のメタモルフォーゼである。

　またこれで以って、輪廻、カストロ、レヴィ＝ストロース、コッチャ、ゲーテ、ヘーゲル、発生生物学と全部話は繋がる。これが生命を巡る考察のメタモルフォーゼである。

7-❷ ロボットの言葉と身体

　本書の最終節である。

　本書第1章で私は、メタバースの身体論を書いている[7]。その際にロボットの身体にも言及しているのだが、ここではあらためてロボットの身体の特徴について書きたいと思う。というのも、Chat GPTという身体を持たない人工知能が急速に普及しているので、それとロボットはどう異なるのか、確認したいと思ったからである。一体、Chat GPTがその性能を急速に進化させたことと、広範囲に普及したということと、そのふたつの点で、2023年は特筆すべき年であると思う。その成功の秘密は大規模言語モデルと言われる、人工知能の持つ独特な言語の習得方法にある。そのことを理解するために、もうひとつの人工知能であるロボットのそれと比較したい。

　さらに本書で私がこだわってきたのは、当然のことながら人の身体と言語の関係である。つまりずはあらためて人の身体と言語の関係を考

え直し、そして身体を持たずに大規模言語モデルと呼ばれる言語習得法だけで目覚ましい進化を遂げたChatGPTの特異性を解明し、その上で、人と同じように身体を持つロボットの身体と言語の関係を考察したいと思うのである。

　まず2023年のベストセラーになった、今井むつみ・秋田喜美『言語の本質』を使って、人の身体と言語の関係を問う。

　記号接地問題ということから考えたい。それは言葉というものは、まずは対象についての身体的な経験を持たなければならないということである。これはハルナッドという研究者が提唱した（Harnad1990）。言葉というのは、様々な単語が関係性を持ち、組み合わさって、大きなシステムとなったものだけれども、子どもがどのようにそのシステムを学んでいくのかということを考えたとき、子どもにとって最初の言葉の一群は身体と繋がっているはずだと考えるのである。例えばリンゴという単語は様々な文脈の中で意味付けされるのだが、まずは見て、手に取って食べてみるという経験と接続しているということである。

　ここでオノマトペ、つまり人や動物の声や物音を模した擬音語が持ち出される。それは接地問題を解く鍵となる。「感覚イメージを写し取る、特徴的な形式を持ち、新たに創り出せる語」というのが、その定義である（今井・秋田p.18）。一般に言語の形式と意味の間には恣意性がある。例えば犬そのものとイヌまたはdogという単語の発音や表記は直接的には繋がらない。犬のことをイヌまたはdogと呼ぶのは、歴史の中で自ずとそう定まったものだからである。しかしその恣意性の例外としてオノマトペがある。犬の鳴き声は、ワンワン、バウワウ、ガウガウなど諸国で異なるが、しかしどこも良く似ている。ただ世界中で完全に一致する訳ではなく、そこに恣意性がある。

　次の問題はこのオノマトペがどの程度使われるかということだ。まず言えるのは、親は大人と話すときよりも、子どもと話す方がオノマトペ

を使う頻度が高い。

　また実験結果から、乳幼児は音と対象の対応付けを自然に行っていることが示されている。つまりまだ彼らは持っている語彙が少ないのだけれども、オノマトペを使って話し掛けると、理解しやすいのである。これが接地問題を解く第一歩になる。

　すると言語はまず身体を経て得られる感覚、知覚、運動、感情などの情報に由来する意味を持っているということになる。同時に言葉は身体を離れて独自の意味を持つ。この二面性が重要である（同 p.123）。オノマトペは非言語と言語の音処理を繋ぐ言葉であり、身体性を強く持つ（同 p.130）。発達の最初の段階で、乳幼児はモノやコトには名前があると認識するのである。

　ここでアイコンという言葉を使う。アイコンとは例えば絵文字のように、表すものとあらわされるものが似ている記号である。オノマトペにはアイコン性がある。しかしこのオノマトペにも段階があり、簡単に言えば単純なものから複雑なものへ、具体的なものから抽象的なものへと進化する。そのことで次第にアイコン性が薄まっていく。乳幼児は言葉を学ぶ過程で、自分自身を母語の体系に溶け込ませていく。最初のアイコン性から、言語の恣意的な体系に入り、抽象的な概念を獲得する。このように学習の過程が進む。

　ここからさらに複雑化する。キーワードは、ブートストラッピング・サイクルである。それは既存の知識を元に推論をして知識を更新し、そうして増えた知識が新たな既存の知識となって、推論を重ね、知識を一層増やしていくという仕組みである。こうして質的にも量的にも知識は増え、節目々々でその学習を大きく加速させていく。学習はこのように自律的に成長し続けるのである。

　この推論は、ひとつは帰納推理であり、もうひとつはC.パースの仮説形成推論（abduction）であると著者は言う。前者は観察したサンプ

ルからある事象について一般化するものであり、後者は観察し得ないものを、仮説を設けて推論していくというものである。それは飛躍を含み、時に大胆な仮説となって、様々な現象を説明し得るのである。知識が新たな知識を生み、洞察が知識創造を加速する、先のブートストラッピング・サイクルは、このアブダクション推理と帰納推理の混合による。

　また著者たちは認知科学の研究の3つの流れについて、次のように説明している（同p.186ff.）。ひとつは人間の知識を分類してデータベースを構築するもので、しかしこの人工知能は、人と違って身体に接地していないために、問題解決の能力はなかった。つまり機械に人間の真似をさせたのだが、うまく行かなかったのである。それから第二のものは、ロボット研究で、コンピューターに身体の能力である感覚を持たせて、環境と相互作用させるものである。ただここでもまだ言語を獲得するまでには至っていないと今井・秋田は言う。第三が、身体と外界の相互作用という観点をまったく持たず、ニューラルネットワークモデルで、深層学習のアルゴリズムを使う。これが現在では主流で、接地せずに大量の知識を蓄えている。

　本節で私が取り挙げたいテーマは、この第二のものであり、これは以下、谷口忠大を使って補正する必要がある（谷口2014、2020）。つまり谷口によれば、すでにロボットは、今井・秋田の言うのとは違って、相当程度に言語を獲得している。以下私はそのことを詳述したい。しかしその前に、岡野原大輔を使って、第三の流れの大規模言語モデルをまとめる（岡野原）。それは最初から身体を持たないものとして開発されている。

　このモデルは1990年代後半から発達したものである。シャノンの情報理論に基づいて、情報から意味をなくし、その事象が起こるであろう確率のみから情報量を定義する。起こる確率が低い事象の情報量は高く、容易に起こり得ると考えられるものの情報量は低い。

　この情報概念を言語に適用する。ここで確率の連鎖率という考え方を使う。つまりこれまで出現した単語列から次の単語が出現する確率をすべての単語について求めていく。このように文に対して確率を割り当てることができるモデルを言語モデルと呼ぶ。

　この予測確率はデータを使って学習を進める。データは蓄積され、それによってまず、複数の文の候補の中で、どれが一番もっともらしいかを比較することができる。さらに新しい文を、この確率分布に従って生成させることもできるようになる。割り当てられたいくつかの単語をどう組み合わせるのか、確率分布だけで判断していく。確率分布とは、次に何の単語が出てくるのか、その観測値の確率を数学的に表現したものである。すると次に出てくる単語を確率分布によってモデル化するということになり、それは次の単語を予測するということに他ならない。こうして意味を持っている訳ではないのに、あたかも意味を持っているかのような、もっともらしい文ができる。

　さらに機械は自己学習をする。世に溢れている夥しい文書を自ら学習する。そのことによって、基本的な文法を習得するだけでなく、文全体が理解できるようになる。

　さらに機械学習によって、今まで見たことのないデータに対しても予測をすることができるようになる。これを汎化と言う。この汎化能力を機械が獲得すると、あとは自らどんどん情報を処理し、文を正確に理解し、新しい文を作る。

　身体がないのにどうやって意味を持たせるのかということが問題になるのだが、しかし発想を変えて、最初から意味を持たせる必要はないと考える。確率だけで良い。そのように考えて先に進み、結果として、このあとに説明するが、意味を持つことに成功したのである。

　そうすると、人の言語と人工知能との違いを接地と身体性の有無に求めるのは不十分だということになる。今井・秋田によれば、人の言語は

接地した上で、あとは機能推理と仮説形成推論によって先に進む。一方、人工知能は、言語モデル、つまり単語列から次に出現する単語の出現確率を掛け合わせて文全体が出現する確率を求めるという手法で組み立てられている。そこにおいて接地は要らない。だから接地の有無や身体性は確かにこの両者を隔てているが、しかしそれが問題なのではなく、そもそも言語の組み立て方が異なるというべきであるということになる。

　どうしてこういうことを言うのかと言えば、ここでロボットが出てきて、それはChat GPTのような人工知能と基本的に同じ確率論的な手法を使い、しかし一方で、人と同じく身体を持っているからである。ここが本題である。

　まず今言ったように、ロボットもChat GPTの大規模言語モデルと同じく、確率論的な手法を使う。しかしロボットには人間の感覚器と運動器に相当するものがある。それがセンサ・モータ系で、これが実世界と計算処理の世界を繋ぐのである。先に述べたように、Chat GPTは、言語をどう生成させるかという問題で、確率分布に従って新しく文章を生成する。ロボットの場合は次のようなことを考える（以下、谷口2020第4章）。

　ロボットはまず自ら移動して、物体を手に取って、握ったり離したりしながら触角の情報を獲得する。それからその物体を振る際に発せられる音を聴覚情報として取得する。またその物体をテーブルの上に置き、様々な方向からの視覚情報を取得する。このように多感覚情報を入手して、すでに与えられている物体についての情報と照らし合わせ、そのモノが、例えばコップであるとか、リンゴであると判断する。ひとつの感覚から得られる情報では、いくつかの可能性が出てきて、すぐには絞り込めなくても、たくさんの情報を集めることで、確率論的に絞り込んでいくのである。そのようにして、物体の特定ができる。

　また次に、ロボットが今キッチンにいるということをロボットはどう

知るのかということを考える。まずロボットは場所の特定から始める。家の中で、このあたりがキッチンであると、これは境界があいまいなまま、しかし候補が絞り込まれる。あとは人の場合と同じく、つまり台所用品などのキッチンと縁の深いものがあるということを視覚で確認し、料理の匂いや野菜を切る音などを聴覚で聞く。つまりマルチモーダルな情報をロボットが入手して、自己位置を確率論的に確定していく。確率論はこういう風に使われる。ロボットは自ら獲得するマルチモーダル情報を自らの内部で統合し、カテゴリー形成を行う。

　さらにロボットの持つ特徴を挙げておく。それはロボットを理解する上で役立つものである。

　まず谷口は、ロボットは実世界の認知に基づき、言語を生み出す知能への構成論的アプローチ、つまり「記号創発ロボティクス」を使っていると言う。構成論的アプローチとは、対象を理解しようとするときに、その対象に似たものを作ってみることによって理解を深めるアプローチのことである（谷口2014第6章、2020第1章）[8]。

　つまり人間とまったく同じ多様な能力を持つロボットを作る必要はない。ロボットに与えるのは、部分的な能力だけで良いのである。それでロボットは十分役割を果たす。つまり寿司屋で寿司を握るロボットがいて、一方で接客をするロボットがいる。そういう具合である。

　もうひとつはロボットは、自ら学ぶ能力を持っていることである。先に書いたように、ロボットは自ら獲得した情報を自らの内部で統合する。

　本書6-3で書いたのだが、諏訪正樹が指摘していたように、まだロボットは漫才師が持っているような間の取り方の技術は持っていない。しかしロボットは自ら学ぶ力があれば、このまま進歩し続け、もう少し経てば、漫才の間合いも学ぶようになるだろうと私は考えている。臨機応変にとっさの行動がロボットには取れないと諏訪は言うのだが、しかしそこにもある種のパターンはあるだろうと思う。つまり間の取り方のパ

ターンをロボットが蓄積されたデータから導き出すことは可能なのではないか。

　このことはまたChat GPTにも言えることである。つまり今の時点で、Chat GPTの創り出す文章は、相当に正確なのだが、しかし過去のデータの平均値を使っているだけの話であって、どうも滑らかさや柔軟性に欠けるという印象がある。これはしかし、今後さらにデータが膨大なものになって、この滑らかさや柔軟さまでをも機械が学ぶようになれば、次第に解決するのではないかと私は考えている。このことは以下で再度考える。

　さてそこまで考えた上で、ここで人と人工知能とロボットと三者比較をする。

　まずロボットは意味に基づいてではなく、確率的に情報を処理するという点で、人口知能と共通する。ここが人と異なっている。ただここで注意すべきことがある。つまり人工知能の大規模言語モデルは、人も一部で使っているのではないかということである。人の言語もその組み立て方が複数ある。私たちは脳内で、言語モデルを駆動して、一番尤もらしい表現を確率的に予測して、文章を組み合わせるということをする場合がある。岡野原は次のように言っている。「ヒトも次の単語を予測する言語モデルをまず学習して、そこから文の意味を理解できるような様々な能力を獲得しているのかもしれない。ただ聞いているだけの場合でも、頭の中では無意識に予測の計算を動かし、その予測と実際に出現した単語との差をフィードバックとして予測モデルを学習していくことができる」（岡野原2023 p.68）つまり人も、この言語モデルの思考法を一部取り入れているのではないかと言うのである。

　また大規模言語モデルには人やロボットが持っている接地や身体性がないと言われるが、果たしてそうなのか。これは見直すことができるのではないか。つまり人工知能は接地しないで、先に確率的な推論を進め

るのだが、しかしどこかで身体性を獲得するのではないかということである。

　谷口は繰り返し、人工知能は意味を獲得しているが、しかし世界に繋がっていないという言い方をしている（例えば谷口2022）。これは逆の言い方をすれば、言語は世界に繋がっていなくても意味は持つということである。私たちはChat GPTの作成した文章を、意味を持ったものとして受け止めることができるのではないか。そして、意味を持っていれば、それを世界に繋げることはできる。つまり私たちが人工知能の作ったものを身体化できる。

　もうひとつ考えるべきは、人は仮説形成推論をするということである。つまり人は至るところで創造的な飛躍をする。しかし人工知能やロボットは今まで蓄積されたデータから統計的な推論をするだけである。ここが人との大きな違いである。

　ところが私は、人工知能やロボットが使うデータが膨大なものになれば、一見しただけでは結び付かないようなものを推論で結び付けるということも可能になり、それなりに思考の飛躍もできるのではないかと思っている。今の時点では、機械は今まで蓄積されたデータから平均的なものを採用しているだけだけれども、そのデータが蓄積されていけば、かなりの程度柔軟なものが得られる可能性があると私は考えている。つまり基づくデータが膨大なものになれば、ある程度飛躍も可能になるのではないかということだ。先に間合いを取ると言い、臨機応変にと言い、柔軟で滑らかさが欲しいと言ったことが、まさにこのことと関係する。そういう可能性を秘めたものとして、人工知能やロボットを使うことはできないか。

　このように三者それぞれの利点を確認できれば良い。三者はそれぞれ根本のところでその発想が異なり、しかし一部では確実にそれぞれが重なるのである。

その上でなお、私が問題にするのは、人とロボットは身体を持っているということである。このことを最終的に強調したい。つまり三者比較のあとに、ロボットの身体性を強調する。私の結論は、この身体性故に私たちはロボットと共生できる、ロボットを他者としてみなして、一緒に生きていかれるということである。

　現時点でロボット研究は、身体に繋げるという発想を捨てたChat GPTの華々しい成功の陰に隠れてしまったかのようである。つまり本書で私が拘っている身体性を捨てたためにChat GPTは成功したのである。ロボットが身体性に拘っている間に、さっさと先に進んでしまったのである。

　しかし別にロボット研究者は人工知能を羨む必要はなく、実世界で身体を持ち、環境と相互作用をするロボットこそ、今後の大きな可能性を持っていると考えるべきである。それがここで私の言いたいことである。本稿の最後に、ロボットの新たな可能性について書きたい。それは岡田美智男の提起する「弱いロボット」という概念である（岡田2017、2022）。

　その一例は、「ゴミ箱ロボット」である。これはゴミ箱の形をして、ただ動き回るだけの代物である。これを子どものたくさんいるところに置いておくと、子どもたちは、これは何かという好奇心でロボットを見る。それから子どもたちはそのゴミ箱に何かごみを入れる。ロボットはお辞儀をする。ごみが箱の中に入るとセンサーが感知して、ロボットは上体を屈めるのである。すると子どもたちは面白がって、次々とごみを拾ってゴミ箱に入れるのである。

　ロボットが自らごみを拾うというのではなく、周りの人間を巻き込んで、ごみ拾い活動が起きる。そういうロボットである。ロボットは人間にごみを拾うよう、命令するのではない。また子どもたちも積極的にごみ拾いを始めるのでもなく、「思わずゴミを拾ってしまってあげたとい

うこと」なのである（岡田2022 p.24）。ロボットが頼りなく、弱々しいことが、周りの能動性を引き出す。しかしそれは強い能動性ではなく、強制力もない。周りの気遣いを引き出すのである。

　ロボットは身体を備えている。身体は他者に訴える。この本では、ロボットを形容するのに、「ヨタヨタ」、「トボトボ」、「モタモタ」「フラフラ」という言葉が使われる。まさにオノマトペである。ロボットが身体を持っている証である。そしてそのロボットの性質こそが他者を引き寄せる。

　さらにロボットに自己意識はないが、私たちはあるかのように見てしまう。ロボットが、まるで人間のように、何か目的を持って行動しているのだろうと、これは周りが勝手に推測する。そのようにロボットが私たちに仕向けるのである。

　もう一例、挙げてみたい。それは「トーキング・ボーンズ」と呼ばれるもので、子どもたちに昔話をするロボットである（同 p.143ff.）。それはテーブルの上に置かれた小さなロボットで、キョロキョロした顔を持っている。

　さてそのロボットは、「むかしむかし・・・」と昔話を始めて、「おばあさんは川に・・・」と言い掛けて、「あれ、おばあさんは川へ何しに行ったんだっけ」と言い出すのである。つまりこれは物忘れをするロボットなのである。

　しかしそこは子どもたちの方が賢く、「おばあさんは洗濯に行ったのでしょう」と助けてくれる。このロボットも先のものと同じく、子どもたちの助けを引き出すのである。

　流暢にかつ一方的に話をするロボットよりも、こちらの方が子どもたちは乗ってくる。それは子どもたちの優しさを引き出すのである[9]。もちろんこの「物忘れ」は作り込まれたものである。しかしこの戦略によって、ロボットと子どもたちは豊かなコミュニケーションを交わすので

ある。

　ロボットの話になると、いつの日かロボットが人間の能力を抜いてしまうのではないかとか、人間を支配するようになるのではないかということになる。そこでは人間と競争するロボットが話題になる。他方で本書6-3にあるように、間合いが取れないロボットだと、まだまだロボットは能力が足りないという話になる。しかしここで展開されている具体例は、人と共生できるロボットである。「その機能の作り込みを最小にして、多くを周りに委ねよう」というのがコンセプトである（同p.30）。

　人もまたひとりひとりは弱々しい存在である。そのことが他者を誘う。コミュニケーションはそこから始まる。それが私たちの共生を可能にする。ここで私たちはロボットとも一緒に生きていかれるのである。

　最後に残された課題を書く。

　本書第1章で、私はメタバースについて考察し、今ここではロボットを取り挙げた。さらに人は身体を持っており、今まで性や食や病や気についても考察してきた。つまり人はモノを食べ、性の営みをし、病に陥り、気を張って生きている。問題はメタバースやロボットは、このようなことができるのか、あるいは自らはできなくても、このような性質を持つ人の身体を理解し得るのか。もしそういう理解があれば、私はメタバースやロボットと一緒に生きていかれるのである。それは空間的には共生である。また時間的に、つまり私たちの生の営みが、個体としての私たちの寿命を超えて続き、獲得されたものが伝わっていくのなら、それはメタモルフォーゼと言って良いものであろう。

注
---

①以下のサイトを参照。https://readingmonkey.blog.fc2.com/blog-entry-611.html
（2023年6月29日閲覧）

②『原始仏教の実践哲学』は1927年に初版が出た。改訂版1948年、改版1970年、復刊1986年である。このあとに出てくる、阿育王は私たちにはアショーカ王として知られている。釈尊滅後およそ100年（または200年）に現れたという伝説もあるアショーカ王は、古代インドにあって仏教を守護した大王として知られる。

③冒頭に宮崎と輪廻を否定する論者の対談を載せた雑誌を参照した。そこでは輪廻を主張する論者の論稿を多く集めている。

④食人については、本書3-2で扱った。以下に論じるように、これを生物との繋がりという観点で捉えたい。

⑤このことは、本書補遺1で、ヘーゲルの論理として扱った。

⑥拙稿「進化をシステム論から考える（7）　ゲノムから進化発生生物学へ」（2015/09/24）を見よ。http://pubspace-x.net/pubspace/archives/2613

⑦本書第1章を参照せよ。メタバースとロボットと、身体を持つということの意味が問われるべきである。

⑧これは複雑系の手法と同じである。複雑系については以前書いている。「進化をシステム論から考える（10）金子邦彦（1）」（2015/12/29）を見よ。
http://pubspace-x.net/pubspace/archives/2855

⑨本書4-3で、自閉症の子どもと話をするロボットを紹介した。それと発想は似ていると思う。

参考文献 (アルファベット順)

引用に際して、19世紀以前の著作については書名を書き、また20世紀以降のものについては著者名と出版年度を書いて、どの著作か、すぐに分かるようにした。また複数の版が出ているものについては、初出の年度を記した。

また邦訳の出ているものについては邦訳の出版年度を示し、引用に際してはその邦訳のページ数を書いたが、一部の引用に際しては訳語に注意が必要なものがあり、原著書と邦訳本の両方を使ったものがある。その場合は両方のページ数を等号で結んで示し、人名を書く際に欧文表記を使った。

特にカントやヘーゲルがそうなのだが、原文も訳書もたくさんの版が出ているものについては、極力、節の番号を書くなどして、引用箇所が分かるように工夫した。

また小説は、引用の際にページ数を記していない。

相川翼―――――――『自閉症の哲学 ― 構想力と自閉症からみた「私」の成立 ―』花伝社、2017
アタリ, J.―――――『食の歴史 ―人類はこれまで何を食べてきたのか ―』林昌宏訳、
　　　　　　　　　　　　　　　　　　　　　　　　　　　　　　　プレジデント社、2020
東浩紀―――――――『一般意志2.0 ― ルソー、フロイト、グーグル ―』講談社、2011
ボーヴォワール, S. de―『第二の性 (1) – (5)』生島遼一訳、新潮社、1959
　　　　―『老い (上) (下)』朝吹三吉訳、人文書院、2013
バロン゠コーエン, S.『共感する女脳、システム化する男脳』三宅真砂子訳、NHK出版、2005
ブランケンブルク, W.「自閉者／自閉症者の自己関係と世界関係について」生田孝訳、
　　　　　　　　　　　　　　　　　　　　　　　　　　　　『福岡行動医誌』Vol.20, No.1, 2013
ブレディキナ, L. ―――「要約「バ美肉　バーチャルパフォーマンスの背後にあるもの
―テクノロジーと日本演劇を通じたジェンダー規範への対抗 ―」」池山草馬訳、『現代思想』Vol.50, No.11, 2022
Butler, J.―――――― *Bodies That Matter, Routledge,* 1993
　　　　=『問題=物質となる身体 ―「セックス」の言説的境界について―』佐藤嘉幸監訳、以文社、2021
カッシーラー, E.―――『シンボル形式の哲学 (1) – (4)』池松敬三他訳、岩波書店1989-1997
カストロ, E. V. de―――『食人の形而上学 ―ポスト構造主義的人類学への道―』
　　　　　　　　　　　　　　　　　　　　檜垣立哉、山崎吾郎訳、洛北出版、2015
コッチャ, E.―――――『メタモルフォーゼの哲学』松葉類、宇佐美達朗訳、勁草書房、2022
Derrida, J.――――― *Marges de la philosophie,* Les Éditions de Minuit, 1972
　　　　=『哲学の余白 (上)』高橋允昭、藤本一勇訳、法政大学出版局、2007
ダンバー, R.――――『ことばの起源―猿の毛づくろい、人のゴシップ―』
　　　　　　　　　　　　　　　　　　　松浦俊輔、服部清美訳、青土社、2016
出口顯―――――――『神話論理の思想 ―レヴィ゠ストロースのその双子たち―』みすず書房、2011
出口康夫―――――――「現前世界としてのメタバース」『現代思想』Vol.50, No.11, 2022
円地文子―――――――『朱を奪ふもの』(初出1956)、新潮文庫、1963
　　　―――――――『傷ある翼』(初出1962)、講談社文芸文庫、2011
　　　―――――――『虹と修羅』(初出1968)、講談社文芸文庫、2013
Feuerbach, L.――――'Das Geheimnis des Opfers oder Der Mensch ist, was er ißt',
　　　　Gesammelte Werke, Ludwig Feuerbach 11; herausgegeben von Werner Schuffenhauer,
　　　　　　　　　　　　　　　　　　　　　　　　　　　　　Akademie Verlag, 1967
　　　　=「犠牲の秘密、または人間は彼が食べるところのものである」『後期哲学論集』
　　　　　　　　　　　　　　　　　　　　　　　　船山信一訳、福村出版、1974

Foucault, M. ──────── *Histoirede la Folie à l'âge Classique,* Éditions Gallimard, 1972

=『狂気の歴史 ─ 古典主義時代における ─』田村淑訳、新潮社1975

──────── *Surveiller et Punir, Naissance de la prison,* Éditions Gallimard, 1975

=『監獄の誕生 ─ 監視と処罰 ─』田村俶訳、新潮社、1977

──────── *Histoire de la sexualité, I, La volonté de savoir,* Éditions Gallimard, 1976

=『性の歴史Ⅰ　知への意志』渡辺守章訳、新潮社1986

──────── *Introduction à l'Anthropologie,* Librairie Philosophique J. Vrin, 2008

=『カントの人間学』王寺賢太訳、新潮社2010

──────── *Le corps utopique, Les hétérotopies,* Présentation de Daniel Defert,

Nouvelles Éditions Lignes, 2009

=『ユートピア的身体／ヘテロトピア』佐藤嘉幸訳、水声社、2014

Freud, S. ──────── *Jenseits des Lustprinzips* (初出1920), *Gesammelte Werke Band 1,*

Jazzybee Verlag, 2015

=「快感原則の彼岸」『自我論集』所収、中山元訳、筑摩書房、1996

フロイト, S. ──────── 『ヒステリー研究』(初出1895)『フロイト著作集7』懸田克躬他訳、人文書院1974

深田萌絵 ──────── 『メタバースがGAFA帝国の世界支配を破壊する』宝島社、2022

福田和也 ──────── 『病気と日本文学 ─ 近現代代文学講義 ─』洋泉社、2012

藤井直敬 ──────── 『つながる脳』NTT出版、2009

──────── 『ソーシャルブレインズ入門 ─＜社会脳＞って何だろう─』講談社、2010

藤田紘一郎 ──────── 『脳はバカ、腸はかしこい』三笠書房、2019

藤原辰史 ──────── 『分解の哲学 ─ 腐敗と発酵をめぐる思考 ─』青土社、2019

福岡伸一 ──────── 『もう牛を食べても安心か』文春新書、2004

藤本晃 ──────── 「人間に生まれるとき。人間で死ぬとき。」『Samgha Japan』Vol.21, 2015

源河亨 ──────── 『「美味しい」とは何か ─ 食からひもとく美学入門 ─』中公新書、2022

ゲーテ, J. W. ──────── 『ゲーテ形態学論集・植物篇』木村直司訳、ちくま学芸文庫、2009a

──────── 『ゲーテ形態学論集・動物篇』木村直司訳、ちくま学芸文庫、2009b

グールド, S. J. ──────── 『個体発生と系統発生 ─ 進化の観念史と発生学の最前線 ─』

仁木帝都、渡辺政隆訳、工作舎、1987

ゴールドシュタイン, K. 『生体の機能』村上仁他訳、みすず書房1957

郡司ペギオ幸夫 ──────── 「「以前、確かにそのゲームの世界に自分が住んでいた」という記憶は

どこから来るのか ─ メタバース＝宙吊りにされた意識モデル ─」『現代思想』Vol.50, No.11, 2022

原和之 ──────── 『ラカン ─ 哲学空間のエクソダス ─ 』講談社、2002

Harnad, S. ──────── "The Symbol Grounding Problem", Physica D 42, 1990

Hegel, G.W.F. ──────── *Phänomenologie des Geistes, G.W.F.Hegel Werke in zwanzig Bänden 3,*

Suhrkamp Verlag, 1976

=『精神の現象学(上)(下)　ヘーゲル全集4,5』金子武蔵訳、岩波書店, 1971, 2002

──────── *Wissenschaft der Logik I, II, G.W.F.Hegel Werke in zwanzig Bänden 5,6,*

Suhrkamp Verlag, 1969

=『ヘーゲル論理の学』I,II,III 山口祐弘訳、作品社、2012、2013

──────── *Grundlinien der Philosophie des Rechts,*

G.W.F.Hegel Werke in zwanzig Bänden 7, Suhrkamp Verlag, 1970

=「法の哲学」『ヘーゲル　世界の名著44』藤野渉他訳、中央公論社、1978

──────── *Enzyklopädie der philosophischen Wissenschaften I,*

G.W.F.Hegel Werke in zwanzig Bänden 8, Suhrkamp Verlag, 1970

=『小論理学』牧野紀之訳、未知谷、2018

──────── *Enzyklopädie der philosophischen Wissenschaften II,*

G.W.F.Hegel Werke in zwanzig Bänden 9, Suhrkamp Verlag, 1970

=『自然哲学(上)(下)』加藤尚武訳、岩波書店, 1998, 1999

──────── *Enzyklopädie der philosophischen Wissenschaften III,*

G.W.F.Hegel Werke in zwanzig Bänden 10, Suhrkamp Verlag, 1970

=『精神哲学(上)(下)』船山信一訳、岩波書店, 1965

Heidegger, M.	Sein und Zeit（初出1927）, Max Niemeyer, 2006
	=『存在と時間（一）—（四）』熊野純彦訳、岩波書店、2013
檜垣立哉	『食べることの哲学』世界思想社、2018
廣松渉	『世界の共同主観的存在構造』勁草書房、1972
	「メルロ＝ポンティと間主体性の哲学」『メルロ＝ポンティ』
	廣松渉・港道隆、岩波書店、1983
堀辰雄	『風立ちぬ・美しい村』新潮社、1951
Hume, D.	"Of the Standard of Taste", Essays, Moral, Political, and Literary,
	Liberty Fund, 1987
	=「趣味の基準」『道徳・政治・文学論集』田中敏弘訳、名古屋大学出版会、2011
	An Enquiry Concerning Human Understanding, Clarendon Press, 2000
	=『人間知性研究』神野慧一郎、中才敏郎訳、京都大学学術出版会、2018
市川浩	『＜身＞の構造 — 身体論を超えて —』（初出1984）、講談社1993
市野川容孝	『身体／生命』岩波書店、2000
	「序論 交錯する — 身体親密性を問い直す —」
	『身体を巡るレッスン — 交錯する身体 —』鷲田清一他編、岩波書店、2007
池田功	「日本近現代文学に描かれた結核と癌の変容の考察」
	『明治大学人文科学研究所紀要』Vol.74, 2014
池松辰男	「承認の条件としての身体 — ヘーゲル「人間学」における「身体」の意義 —」
	『倫理学年報』No.62, 2013
	「身体と言語 —「精神哲学」における二つの表現 —」『ヘーゲル哲学研究』Vol.19, 2014
	『ヘーゲル「主観的精神の哲学」』晃洋書房, 2019
今井むつみ・秋田喜美	『言語の本質 — ことばはどうして生まれ、進化したか —』中公新書、2023
稲見昌彦	『スーパーヒューマン誕生！— 人間はSFを超える —』NHK出版、2016
	「変身・分身・合体まで — 自在化身体が作る人類の未来 —」稲見昌彦他
	『自在化身体論 — 超感覚・超身体・変身・分身・合体が織りなす人類の未来 —』NTS、2021
井上智洋	『AI時代の新・ベーシックインカム論』光文社、2018
	『メタバースと経済の未来』文藝春秋、2022
イリガライ, L.	『ひとつではない女の性』棚沢直子他訳、勁草書房、1987
イシグロ, K.	『わたしを離さないで』土屋政雄訳、早川書房、2008
石井洋二郎	『身体小説論 漱石・谷崎・太宰』藤原書店、1998
石川求	『カントと無限判断の世界』法政大学出版局, 2018
石川徹	「「趣味の基準」に関する若干の考察」
	『香川大学教育学部研究報告 第I部』No.145, 2016
伊藤亜紗	『記憶する体』春秋社、2019
	『体はゆく — できるを科学する〈テクノロジー×身体〉—』文藝春秋、2022
株式会社往来	『アバターワーク — メタバースが生み出す時間、場所、
	身体から解放された働き方 —』MdN、2022
カフカ, F.	『変身』川島隆訳、KADOKAWA、2022
Kant, I.	Kritik der Urteilskraft, Suhrkamp, 1974
	=『判断力批判（上）』篠田英雄訳、岩波書店、1964
柄谷行人	「病という意味」（初出1979）『日本近代文学の起源』1980
加藤直人	『メタバース — さよならアトムの時代 —』集英社、2022
加藤尚武	「法における心身問題」（初出1986）『加藤尚武著作集第3巻』未来社、2018
	『ヘーゲルの「法」哲学』（初出1993）『加藤尚武著作集第3巻』未来社、2018
	「「無限性」の概念史のこころみ —ゲーテ「スピノザに学ぶ」を資料として—」
	（初出2004）『加藤尚武著作集第5巻』未来社、2019
	「ヘーゲルにおける心身問題の取り扱い」（初出2013）
	『加藤尚武著作集第5巻』未来社、2019
加藤夢三	「「電脳空間」のノスタルジア — 仮想現実はどのように語られたか —」
	『現代思想』Vol.50, No.11, 2022

河上睦子————————「フォイエルバッハ後期思想の可能性 ―「身体」と「食」の構想 ―」
　　　　　　　　　　　　　　　　　『ヘーゲル哲学研究』Vol.21, 2015
　　　　　　　　　　　『「人間とは食べるところのものである」― 「食の哲学」構想 ―』社会評論社、2022

ケリー, O.————————『世界食人事件簿 ― 食人犯罪者の知られざる素顔 ―』Kindle, 2021
桐村里紗————————『腸と森の「土」を育てる ― 微生物が健康にする人と環境 ―』光文社、2021
木澤佐登志————————「一九八四年のメタバース」『現代思想』Vol.50, No.11, 2022
小松正之————————『日本の鯨食文化 ― 世界に誇るべき"究極の創意工夫" ―』祥伝社、2011
河野一紀————————ことばと知に基づいた臨床実践 ―ラカン派精神分析の展望―』創元社、2014
　　　　　　　　　　「言語に棲まうものと知 ― デビリテから発達障害へ ―」
　　　　　　　　　　　『発達障害の時代とラカン派精神分析 ―＜開かれ＞としての自閉をめぐって ―』
　　　　　　　　　　　　　　　　　上尾真道・牧瀬英幹編、晃陽書房、2017

小嶋秀樹————————「行為が意味と出逢うとき ―ロボットからみた自閉症児のコミュニケーション発達―」
　　　　　　　　　　　　　　　　　『日本音響学会誌』vol.63, No.7, 2007
　　　　————————「ロボットとのやりとりに意味が生まれるとき」
　　　　　　　　　　　『ロボットの悲しみ ―コミュニケーションをめぐる人とロボットの生態学 ―』
　　　　　　　　　　　　　　　　　岡田美智男、松本光太郎編、新曜社、2014
熊野純彦————————『レヴィナス入門』筑摩書房、1999
　　　　————————『メルロ＝ポンティ ― 哲学者は詩人でありうるか ―』NHK出版、2005
熊野純彦・忽那敬三——「他我問題の問題構制と＜象徴形式の哲学＞」『思想』1982-8、
倉谷滋————————『かたちの進化の設計図』岩波書店、1997
　　　　————————『個体発生は進化をくりかえすのか』、岩波書店、2005
黒木萬代————————「少女になること ― 新しい人間の誕生と救済の非対称性 ―」
　　　　　　　　　　　　　　　　　『現代思想』Vol.47,No.2, 2019
黒崎剛————————『ヘーゲル・未完の弁証法
　　　　　　　　　　―「意識の経験の学」としての『精神現象学』の批判的研究 ―』早稲田大学出版,2012
Lacan, J.————————Les Quatre Concepts Fondamentaux de la Psychanalyse,
　　　　　　　　　　　　　Le Séminaire de Jacques Lacan, Libre XI, Éditions du Seuil, 1964
　　　　　　＝『セミネールXI 精神分析の四基本概念』J＝A, ミレール編、小出浩之他訳、岩波書店1998
　　　　————————Les Écrits Techniques de Freud, Le Séminaire de Jacques Lacan, Libre I,
　　　　　　　　　　　　　Éditions du Seuil, 1975
　　　　　　＝『フロイトの技法論（上）』小出浩之他訳、岩波書店、1991
　　　　————————Le Moi dans la Théorie de Freud et dans la technique de la Psychanalyse,
　　　　　　　　　　　　　Le Séminaire de Jacques Lacan, Libre II, Éditions du Seuil, 1978
　　　　　　＝『セミネールII フロイト理論と精神分析技法における自我（上）』J＝A, ミレール編、小出浩之他訳、
　　　　　　　　　　　　　岩波書店1998
　　　　————————L'Angoisse, Le Séminaire de Jacques Lacan, Libre X, Éditions du Seuil, 2004
　　　　　　＝『不安（下）』(1962-63セミナール10) 小出浩之他訳、岩波書店、2017
Lévinas, E.————————Totalité et Infini, Essai sur l'extériorité, Martinus Nijhoff, 1961
　　　　　　＝『全体性と無限（上）（下）』熊野純彦訳,岩波書店,2005,2006

レヴィ=ストロース, C.──『親族の基本構造』(初出1949) 福井和美訳、青弓社、2000年
　　　　　　　　　　──『神話論理I 生のものと火を通したもの』(初出1964)、早水洋太郎訳、みすず書房、2006
　　　　　　　　　　──『神話論理II 蜜から灰へ』(初出1966)、早水洋太郎訳、みすず書房、2007
　　　　　　　　　　──『神話論理III 食卓作法の起源』(初出1968)、渡辺公三他訳、みすず書房、2007
　　　　　　　　　　──『神話論理 IV-1 裸の人1』(初出1971)、吉田禎吾他訳、みすず書房、2008
　　　　　　　　　　──『神話論理 IV-2 裸の人2』(初出1971)、吉田禎吾他訳、みすず書房、2010
　　　　　　　　　　──「料理の三角形」(初出1971)『レヴィ=ストロースの世界』所収、伊藤晃他訳、
　　　　　　　　　　　　　　　　　　　　　　　　　　　　　　　　みすず書房、1968
　　　　　　　　　　──『仮面の道』(初出1975) 山口昌男他訳、筑摩書房、2018
　　　　　　　　　　──『パロール・ドネ』(初出1984)、中沢新一訳、講談社選書メチエ、2009
　　　　　　　　　　──『やきもち焼きの土器作り』(初出1985)、渡辺公三訳、みすず書房、1990
　　　　　　　　　　──『大山猫の物語』(初出1991)、渡辺公三監訳、みすず書房、2016
　　　　　　　　　　──「われらみな食人種(カニバル)」(初出1993)
　　　『われらみな食人種(カニバル) レヴィ=ストロース随想集』所収、渡辺公三監訳、創元社、2019年
Locke,J.──────────Two Treatises of Government, edited by P.Laslett, Cambridge University Press,1960
　　　　　　　　　　　　　　=『統治二論』加藤節訳,岩波書店,2007
ライアン, D.─────『パンデミック監視社会』松本剛史訳、筑摩書房、2022
マクニール, W. H.──『疫病と世界史(上)(下)』佐々木昭夫訳、中央公論新社、2007
Malabou,C.───────L'avenir de Hegel ─ Plasticité, Temporalité, Dialectique ─,Vrin,1996
　　　　　　　　　　　　=『ヘーゲルの未来 可塑性・時間性・弁証法』西山雄二訳,未来社,2005
　　　　　　　　　　──Le plaisir effacé ─ Clitoris et pensée ─, Bibliothèque Rivages, 2020
　　　　　　　　　=『抹消された快楽 クリトリスと思考』西山雄二、横田祐美子訳、法政大学出版局、2021
丸川哲史────────「現れる身／体に現れる<病>─『細雪』身体不調論─」
　　　　　　　　　　　　　　　　　『病と芸術 ―「視差」による世界の変容 ―』東信堂、2022
松本卓也────────『人はみな妄想する ─ ジャック・ラカンと鑑別診断の思想 ─』青土社、2015
松本敏治────────『自閉症は津軽弁を話さない ―自閉スペクトラム症のことばの謎を読み解く―』
　　　　　　　　　　　　　　　　　　　　　　　　　　　　　　　福村出版2017
Merleau-Ponty, M. ──La Structure du Comportement, Presses Universitaires de France, 1942
　　　　　　　　　　　　　=『行動の構造』滝浦静雄、木田元訳、みすず書房、1964
　　　　　　　　──Phénoménologie de la Perception, Éditions Gallimard, 1945
　　　　　　　　　　　=『知覚の現象学』(1.2)竹内芳郎他訳、みすず書房1967-1974
　　　　　　　　── Le Visible et L'Invisible, Éditions Gallimard,1964=『見えるものと見えざるもの』
　　　　　　　　　　　　　　　　　　　　　　中島盛夫監訳、法政大学出版局、1994
前川理子────────「気 ─ 野口晴哉と「全生」思想 ─」
　　　　　　　『癒しを生きた人々 近代知のオルタナティブ』田邉信太郎他編、専修大学出版局、1999
マハーカルナー禅師──「輪廻転生と十二縁起」『Samgha Japan』Vol.21, 2015
美馬達哉────────『感染症社会 ─ アフターコロナの生政治 ─』人文書院、2020
水上文────────「文藝季評　たったひとり、私だけの部屋で」『文藝』2022年春号、2022
岑村傑────────「二十世紀の文学と身体 ─ユートピア、目覚め、刺青─」
　　　　　　　　『身体はどう変わってきたか ‐ 16世紀から現代まで ‐』A. コルバン他、藤原書店、2014
見田宗介────────「思想の身体価」『思想』No.784, 1989
三浦つとむ──────『弁証法とはどういう科学か』講談社、1968
三宅陽一郎──────「メタバースによる人の意識の変容」『現代思想』Vol.50, No.11、2022
宮台真司・藤井聡──『神なき時代の日本蘇生プラン』ビジネス社、2022
宮崎哲弥・南直哉・望月海慧──「座談会 「輪廻」とは何か?」『Samgha Japan』Vol.21, 2015
モア, T.────────『ユートピア』平井正穂訳、岩波書店、1957
モネスティエ, M.──『図説食人全書』大塚宏子訳、原書房、2015
モントゴメリ, D.,
　＆ビクレー, A.────『土と内臓 ─ 微生物がつくる世界 ─』片岡夏実訳、築地書館、2016
向井雅明────────『考える足 ─「脳の時代」の精神分析 ─』岩波書店2012
　　　　　　　　──『ラカン入門』筑摩書房、2016

村上靖彦————————『自閉症の現象学』勁草書房、2008
長門裕介————————「メタバースでアバターはいかにして充実した生を送りうるか」
　　　　　　　　　　　　　　　　　　　　　　　　　　　　『現代思想』Vol.50, No.11, 2022
中島岳武————————『「リベラル保守」宣言』新潮社、2013
南郷継正————————『武道とは何か　武道綱要』三一書房、1977
成田悠輔————————『22世紀の民主主義 ― 選挙はアルゴリズムになり、政治家はネコになる ―』
　　　　　　　　　　　　　　　　　　　　　　　　　　　　SBクリエイティブ、2022
ナシオ, J=D.————————『ラカン理論　5つのレッスン』姉歯一彦他訳、三元社、1995
ネグリ, A. & ハート, M. ―『＜帝国＞ ― グローバル化の世界秩序とマルチチュードの可能性 ―』
　　　　　　　　　　　　　　　　　　　　　　　　　　　　水嶋一憲他訳、以文社、2003
Negroponte, N.————Being Digital, Alfred A. Knopf, 1995
　　　　　　　　　　　＝『ビーイング・デジタル ― ビットの時代 ―』福岡洋一訳、アスキー、1995
西澤卓美————————「輪廻、業、無我」『Samgha Japan』Vol.21, 2015
野上弥生子————————『海神丸』(初出1922)、岩波書店、1970
野口昭子————————『回想の野口晴哉 ― 朴歯の下駄 ―』(初出1980)、筑摩書房、2006
野口晴哉————————『整体入門』(初出1968)筑摩書房、2002
　　　　　　　　　　　『風邪の効用』(初出1962)筑摩書房、2003
　　　　　　　　　　　『体癖』(初出1971)筑摩書房、2013
野間俊一————————『身体の哲学　― 精神医学からのアプローチ ―』講談社2006
野尻英一他編————————『＜自閉症学＞のすすめ　―オーティズム・スタディーズの時代―』ミネルヴァ書房2019

岡田美智男————————『＜弱いロボット＞の思考 ― わたし・身体・コミュニケーション ―』講談社、2017
　　　　　　　　　　　『ロボット ― 共生に向けたインタラクション ―』東京大学出版、2022
岡野原大輔————————『大規模言語モデルは新たな知能か―Chat GPTが変えた世界 ―』岩波書店、2023
岡嶋裕史————————『メタバースとは何か ― ネット上の「もう一つの世界」―』光文社、2022
大岡昇平————————『野火』(初出1951)、新潮社、1954
大澤真幸————————『新世紀のコミュニズムへ ― 資本主義の内からの脱出 ―』NHK出版、2021
小田部胤久————————『美学』東京大学出版会、2020
斎藤環————————『文学の徴候』文藝春秋、2004
Sartre, J-P.————L'Être et le Néant, Éditions Gallimard, 1943
　　　　　　　　　　　＝『存在と無 I, II, III』松浪信三郎訳、筑摩書房、2007-2008
佐藤航陽————————『世界2.0 メタバースの歩き方と創り方』幻冬舎、2022
澤田哲生————————『メルロ＝ポンティと病理の現象学』人文書院2012
嶋田総太郎————————『脳のなかの自己と他者 ― 身体性・社会性の認知脳科学と哲学 ―』共立出版、2019
志水紀代子————————「美学的判断力と目的論的判断力 ―自由実現をめぐって―」浜田義文編
　　　　　　　　　　　　　　　　　　　　　　　　　『カント読本』法政大学出版局、1989
新城郁夫————————「国家に抗する「私」―笙野頼子試論 ―」『現代思想』2007年3月号、2007
笙野頼子————————「皇帝」(初出1984)、『極楽・大祭・皇帝　笙野頼子初期作品集』、講談社、2001
　　　　　　　　　　　「なにもしていない」(初出1991)『笙野頼子三冠小説集』、河出書房新社、2010
　　　　　　　　　　　「タイムスリップ・コンビナート」(初出1994)『笙野頼子三冠小説集』
　　　　　　　　　　　　　　　　　　　　　　　　　　　　河出書房新社、2010
　　　　　　　　　　　「調教師カニバット」(初出1997)、
　　　　　　　　　　　　　　『説教師カニバットと百人の危ない美女』、河出書房新社、1999
　　　　　　　　　　　『水晶内精度』(初出2003)、エトセトラブックス、2020
　　　　　　　　　　　『金毘羅』(初出2004)、河出書房新社、2010
　　　　　　　　　　　『だいにっほん　ろりりべしんでけ録』(初出2008)、講談社、2008
　　　　　　　　　　　「質屋七回ワクチン二回」(初出2021)、『笙野頼子 発禁小説集』鳥影社、2022
　　　　　　　　　　　「難病貧乏裁判糾弾／プラチナを売る」(初出2021)、
　　　　　　　　　　　　　　　　　　　　　　　　『笙野頼子 発禁小説集』鳥影社、2022
ソンタグ, S.————————『隠喩としての病い』(初出1978)、富山太佳夫訳、みすず書房、1982
菅原和孝————————『ことばと身体 ― 「言語の手前」の人類学 ―』講談社、2010

杉本麻樹 ────────「バーチャル環境を活用した身体自在化とその限界を探る」稲見昌彦他
　　　　　　　　『自在化身体論 ― 超感覚・超身体・変身・分身・合体が織りなす人類の未来 ―』NTS、2021
諏訪正樹 ────────『身体が生み出すクリエイティブ』筑摩書房、2018
諏訪正樹編著 ─────「「間合い」とは何か ― 二人称的身体論 ―』春秋社、2020
舘暲 ───────────『バーチャルリアリティ入門』筑摩書房、2002
互盛央 ──────────『エスの系譜 ― 沈黙の西洋思想史 ―』講談社、2010
高橋一行 ────────『所有論』御茶の水書房、2010
　　　　　　　　　『知的所有論』御茶の水書房、2013
　　　　　　　　　『他者の所有』御茶の水書房、2014
　　　　　　　　　『所有しないということ』御茶の水書房、2017
　　　　　　　　　「政治学から自閉症をみる」
　　　　　　　『＜自閉症学＞のすすめ ― オーティズム・スタディーズの時代 ―』ミネルヴァ書房、2019
　　　　　　　　　「ヘーゲルの身体論」『政経論叢』Vol.88, No.1.2、2020
　　　　　　　　　『カントとヘーゲルは思弁的実在論にどう答えるか』ミネルヴァ書房、2021
　　　　　　　　　『脱資本主義 ― S. ジジェクのヘーゲル解釈を手掛かりに―』社会評論社、2022
　　　　　　　　　「メタバースの身体」『社会理論研究』No.24, 2024a
　　　　　　　　　「デリダ理論を参照してジジェクのヘーゲル論を吟味する」
　　　　　　　　　　　　　　　　　　　　　　　　『政経論叢』vol.92, No.3.4, 2024b
武田泰淳 ────────『ひかりごけ』(初出1954)、新潮社、1964
竹中均 ──────────『自閉症の社会学 ― もう一つのコミュニケーション論 ―』世界思想社、2008
　　　　　　　　　「社会学 ― 自閉症から考える親密性と共同性のあいだ ―」
　　　　　　　『＜自閉症学＞のすすめ ― 身体の制約なき未来 ―』ミネルヴァ書房2019
玉城絵美 ────────『Body Sharing ― 身体の制約なき未来 ―』大和書房、2022
玉村豊男 ────────『料理の四面体』(初出1999)中央公論新社、2010
谷口忠大 ────────『記号創発ロボティクス ― 知能のメカニズム入門 ―』講談社、2014
　　　　　　　　　『心を知るための人工知能 ― 認知科学としての記号創発ロボティクス ―』
　　　　　　　　　　　　　　　　　　　　　　　　　　　共立出版、2020
　　　　　　　　　「現代の人工知能と「言葉の意味」。そして記号創発システム。」
　　　　　　　https://www.repre.org/repre/vol45/special/taniguchi/ 2022 (2023.12.20閲覧)
谷崎潤一郎 ──────『刺青』(初出1910)『決定版　谷崎潤一郎全集』弘文堂新社、Kindle版
　　　　　　　　　『痴人の愛』(初出1924)『決定版　谷崎潤一郎全集』弘文堂新社、Kindle版
　　　　　　　　　『春琴抄』(初出1933)『決定版　谷崎潤一郎全集』弘文堂新社、Kindle版
　　　　　　　　　「猫と尚造と二人のをんな」(初出1936)
　　　　　　　　　　　　　　　　　　『決定版　谷崎潤一郎全集』弘文堂新社、Kindle版
　　　　　　　　　『細雪』(初出1943)『決定版　谷崎潤一郎全集』弘文堂新社、Kindle版
田野尻哲郎 ──────「野口整体の史的変容 ― 近現代日本伝統医学の倫理生成過程 ―」
　　　　　　　　　　　　　　　　　　　　　『医学哲学　医学倫理』vol.27, 2009
津村喬 ──────────「「野口整体研究序説」気の巨人 ― 野口晴哉とはなにものだったか?―」
　　　　　　　　　　　　　　　　　　　　　　　　　『別冊宝島』No.220、1995
内田樹 ──────────『レヴィナスと愛の現象学』(初出2001)文藝春秋、2011
　　　　　　　　　『他者と死者 ―ラカンによるレヴィナス ―』(初出は2004)文藝春秋、2011
　　　　　　　　　『修行論』光文社、2013
　　　　　　　　　『武道的思考』筑摩書房、2019
　　　　　　　　　『武道論』河出書房新社、2021
上野千鶴子 ──────『ボーヴォワール　老い』NHK出版、2021
内海健 ──────────「存在の堪えがたき空虚 ― ポスト・メランコリー型の精神病理 ―」
　　　　　　　　　広瀬徹也・内海健編『うつ病論の現在 ― 精緻な臨床をめざして―』星和書店、2005
　　　　　　　　　「ラカン理論から「うつ病」を考える」『I.R.S.　ジャック・ラカン研究』No.11、2013
バーチャル美少女ねむ ―『メタバース進化論 ― 仮想現実の荒野に芽吹く「解放」と「創造」の新世界 ―』
　　　　　　　　　　　　　　　　　　　　　　　　　　　技術評論社、2022
ヴァルデンフェルス, B. ―『講義・身体の現象学 ― 身体という自己 ―』鷲田清一他監訳、知泉書館2004

鷲田清一　　　　　　『モードの迷宮』(初出1989)筑摩書房、2021
和辻哲郎　　　　　　『原始仏教の実践哲学』(初出1927)岩波書店、1986
ワイス、G.　　　　　　「障害と加齢の「正常な異常性」―メルロ＝ポンティとボーヴォワール―」
　　　　　　　　　　　　　　　　　　　　　　　　　　　　『現代思想』Vol.36-16, 2008
ウォース、S. E.　　　　『食の哲学 ―「食べること」に潜む深い意味 ―』永瀬聡子訳、バジリコ、2022
山内昶　　　　　　　『ヒトはなぜペットを食べないか』文春新書、2005
与那覇潤　　　　　　『知性は死なない ― 平成の鬱を超えて ―』文藝春秋、2018
吉永良正　　　　　　『「複雑系」とは何か』講談社、1996
吉岡郁夫　　　　　　『身体の文化人類学 ―身体変工と食人 ―』雄山閣、1989
Žižek, S.　　　　　　Le Plus Sublime Des Hystériques — Hegel avec Lacan —, (初出1988)
　　　　　　　　　　　　　　　　　　　　　Press Universitaires de France, 2011
　　　＝『もっとも崇高なヒステリー者 ―ラカンと読むヘーゲル―』鈴木國文他訳、みすず書房、2016
　　　　　　　The Sublime Object of Ideology, Verso, 1989
　　　　　　　　　　　　＝『イデオロギーの崇高な対象』鈴木晶訳、河出書房, 2000
　　　　　　　Tarrying with The Negative, 1993
　　　　　　　　　　　　＝『否定的なもののもとへの滞留』酒井隆史他訳、筑摩書房, 2006
　　　　　　　The Parallax Views, The MIT Press, 2006a
　　　　　　　　　　　　＝『パララックス・ヴュー』山本耕一訳、作品社、2010
　　　　　　　How To Read Lacan, Granta Books, 2006b
　　　　　　　　　　　　＝『ラカンはこう読め』鈴木晶訳、紀伊国屋書店, 2008
　　　　　　　"A Plea for a Return to Différance (with a Minor Pro Domo Sua),
　　　　　　　　　　　　Adieu Derrida, ed. by C. Douzinas, Palgrave, 2007
　　　　　　＝「差延への回帰の請願 ―」『来るべきデリダ』藤野一勇監訳、明石書店、2007
　　　　　　Living in the End Times, Verso, 2010 ＝『終焉の時代に生きる』国文社、2012
　　　　　　Less than Nothing — Hegel and the Shadow of Dialectical Materialism —, Verso, 2012
　　　　　　Pandemic — Covid-19 shakes the world —, Polity, 2020a
　　　＝『パンデミック ―世界を揺るがした新型コロナウィルス ―』中林敦子訳、ele-king books, 2020
　　　　　　Hegel in a Wired Brain, Bloomsbury Academic, 2020b
雑賀恵子　　　　　　『空腹について』青土社、2008a
　　　　　　　　　　『エコ・ロゴス―存在と食について ―』人文書院、2008b
　　　　　　　　　　『快楽の効用―嗜好品を巡るあれこれ ―』筑摩書房、2010

人名索引(五十音順)

東浩紀 ……………………………………………………………………………… 036
アタリ,J. ………………………………………………………………………… 146
生田孝 ……………………………………………………………………………… 178
池田功 ……………………………………………………………………………… 082
池松辰男 ………………………………………………………………… 271 , 276
石井洋二郎 ……………………………………………………………………… 073
石川徹 …………………………………………………………………… 138 , 148
石川求 …………………………………………………………………… 060 , 061
イシグロ・カズオ ……………………………………………………………… 147
市川浩 ……………………………………………………………………………… 154
市野川容孝 ……………………… 055 , 173 , 174 , 193 , 194 , 262
伊藤亜紗 ………………………………………………………………… 008 , 048
稲見昌彦 …………………………………………… 009 , 025 , 026 , 048
井上智洋 ………………………………………………………………… 037 , 048
今井むつみ・秋田喜美 …………………………………………… 290−293
イリガライ,L. ………………………………………………………… 076 , 077
ヴァルデンフェルス,B. ……………………………………………………… 222
ヴァーレン,A.de ……………………………………………………………… 214
上野千鶴子 ……………………………………………………………………… 311
ウォース,S.E. ……………… 126 , 128−130 , 133−137 , 141
内田樹 …………………………………………… 232 , 237 , 256−262
内海健 …………………………………………………………………… 178 , 202
円地文子 ………………………………………………… 002 , 077−080 , 082
大岡昇平 ………………………………………………………………… 115 , 116
大澤真幸 ………………………………………………………………………… 190
岡嶋裕史 ………………………………………………………… 011 , 012 , 048

岡田美智男 ⋯⋯⋯⋯⋯⋯⋯⋯⋯⋯⋯⋯⋯⋯ 298-300
岡野原大輔 ⋯⋯⋯⋯⋯⋯⋯⋯⋯⋯⋯⋯⋯ 292, 296
小田部胤久 ⋯⋯⋯⋯⋯⋯⋯⋯⋯⋯⋯⋯⋯⋯⋯ 148
カストロ, E.V.de ⋯⋯⋯⋯⋯⋯⋯ 118-120, 125, 281, 289
カッシーラー, E. ⋯⋯⋯⋯⋯⋯⋯⋯⋯⋯⋯ 211, 222
加藤直人 ⋯⋯⋯⋯⋯⋯⋯⋯⋯⋯ 011, 013, 014, 021
加藤尚武 ⋯⋯⋯ 053-055, 061, 068, 069, 097, 263, 273, 276
加藤夢三 ⋯⋯⋯⋯⋯⋯⋯⋯⋯⋯⋯⋯⋯⋯⋯ 044, 045
カフカ, F. ⋯⋯⋯⋯⋯⋯⋯⋯⋯⋯⋯⋯⋯⋯ 023, 050
株式会社 往来 ⋯⋯⋯⋯⋯⋯⋯⋯⋯⋯⋯⋯⋯⋯ 009
金子邦彦 ⋯⋯⋯⋯⋯⋯⋯⋯⋯⋯⋯⋯⋯⋯⋯⋯ 301
柄谷行人 ⋯⋯⋯⋯⋯⋯⋯⋯⋯⋯⋯⋯⋯⋯⋯⋯ 097
河上睦子 ⋯⋯⋯⋯⋯⋯⋯⋯⋯⋯⋯⋯⋯⋯ 129, 148
カント, I. ⋯⋯⋯⋯⋯⋯ 060, 061, 136-140, 144, 148, 178, 194
木澤佐登志 ⋯⋯⋯⋯⋯⋯⋯⋯⋯⋯⋯⋯⋯⋯⋯ 049
桐村里紗 ⋯⋯⋯⋯⋯⋯⋯⋯⋯⋯⋯⋯⋯⋯⋯⋯ 104
忽那敬三 ⋯⋯⋯⋯⋯⋯⋯⋯⋯⋯⋯⋯⋯⋯⋯⋯ 222
熊野純彦 ⋯⋯⋯⋯⋯⋯⋯⋯⋯⋯⋯⋯⋯⋯ 209, 222
倉谷滋 ⋯⋯⋯⋯⋯⋯⋯⋯⋯⋯⋯⋯⋯⋯⋯ 286-288
グールド, S.J. ⋯⋯⋯⋯⋯⋯⋯⋯⋯⋯⋯⋯⋯⋯ 287
グレマス, A.J. ⋯⋯⋯⋯⋯⋯⋯⋯⋯⋯⋯⋯⋯⋯ 098
黒木萬代 ⋯⋯⋯⋯⋯⋯⋯⋯⋯⋯⋯⋯⋯⋯⋯⋯ 039
グロディク, G. ⋯⋯⋯⋯⋯⋯⋯⋯⋯⋯⋯⋯ 159, 178
郡司ペギオ幸夫 ⋯⋯⋯⋯⋯⋯⋯⋯⋯⋯⋯⋯⋯⋯ 047
ゲーテ, J.W. ⋯⋯⋯⋯⋯⋯⋯⋯⋯⋯ 263, 284-289
ケリー, O. ⋯⋯⋯⋯⋯⋯⋯⋯⋯⋯⋯⋯⋯⋯⋯ 113
源河亨 ⋯⋯⋯⋯⋯⋯⋯⋯⋯⋯⋯⋯⋯⋯⋯⋯⋯ 142
河野一紀 ⋯⋯⋯⋯⋯⋯⋯⋯⋯⋯⋯⋯⋯⋯ 195, 202
小嶋秀樹 ⋯⋯⋯⋯⋯⋯⋯⋯⋯⋯ 168-171, 177, 178
コッチャ, E. ⋯⋯⋯⋯⋯⋯⋯⋯⋯⋯ 282-286, 289
小松正之 ⋯⋯⋯⋯⋯⋯⋯⋯⋯⋯⋯⋯⋯⋯⋯⋯ 148
ゴールドシュタイン, K. ⋯⋯⋯⋯⋯⋯⋯⋯⋯ 211, 222

コルバン ,A. ··· 066 , 097
斎藤環 ·· 084 , 085 , 097
佐藤航陽 ··· 033 , 034
サルトル ,J-P. ·· 075 , 211−221
澤田哲生 ··· 210
嶋田総太郎 ·· 024
ジジェク ,S. ················· 003 , 042−045 , 097 , 098 , 102 , 103 , 157 , 158 , 186 , 189 ,
198 , 204−206 , 222 , 262 , 284
志水紀代子 ·· 148
笙野頼子 ·· 002 , 083−098
新城郁夫 ··· 093
菅原和孝 ·· 170 , 178 , 210
杉本麻樹 ··· 009
諏訪正樹 ································· 250−255 , 295
雑賀恵子 ························· 111−114 , 116 , 117 , 145 , 148
ソンタグ ,S. ···························· 082 , 097
ダーウィン ,C. ····························· 284 , 285
互盛央 ······································· 178
武田泰淳 ································· 115−117
竹中均 ····························· 172−174 , 176
舘暲 ··· 048
谷口忠大 ···························· 292 , 294 , 295 , 297
谷崎潤一郎 ················· 002 , 064 , 066 , 071−074
田野尻哲郎 ·································· 243 , 244
玉城絵美 ················· 017 , 018 , 026 , 027 , 031
玉村豊男 ································· 141
ダンバー ,R. ·············· 070 , 167 , 178 , 182 , 222
津村喬 ································· 243 , 262
デカルト ,R. ································· 066
出口顕 ······································· 122
出口康夫 ·························· 029 , 031 , 48−50
デリダ ,J. ················· 074 , 077 , 259 , 260 , 262

ドゥルーズ,G. & ガタリ,F. ……………………………………… 118
中島岳志 ………………………………………………………… 178
長門裕介 ………………………………………………………… 041
ナシオ,J=D. ……………………………………………… 199 , 222
成田悠輔 ………………………………………………………… 036
鳴海拓志 ……………………………………………………… 029 , 048
南郷継正 …………………………………………………… 232-233
西澤卓美 ………………………………………………………… 280
ネグリ,A. & ハート,M. …………………………………… 105 , 106
ネグロポンテ,N. ……………………………………………… 199 , 222
野上弥栄子 ……………………………………………………… 114
野口昭子 ……………………………………………… 238 , 239 , 247
野口晴哉 …………………………………… 237-244 , 246 , 247 , 262
野間俊一 …………………………………………………… 159-164 , 210
ハイデガー,M. ……………………………………………… 161 , 178
パーカー,R.Jr. ………………………………………………… 140
バーチャル美少女ねむ ……………… 011 , 014-016 , 031 , 039
バトラー,J. ………………………………………… 074 , 093-097
ハーナッド、S. …………………………………………………… 290
原和之 ………………………………………………………… 201 , 202
バロン゠コーエン,S. …………………………………………… 178
檜垣立哉 ………… 107-109 , 111 , 113 , 114 , 117 , 118 , 125 , 145 , 148
ヒューム、D. ………………………………………… 136-140 , 144 , 148
廣松渉 …………………………………………………………… 217-220
深田萌絵 ………………………………………………………… 048
福岡伸一 ………………………………………………………… 111
福田和也 ………………………………………………………… 080
フーコー,M. ………… 064-066 , 071 , 075 , 095 , 178 , 185 , 194 , 222
藤田紘一郎 ……………………………………………………… 105
藤本晃 …………………………………………………………… 280
藤原辰史 ……………………………………………………… 105 , 106
藤井直敬 ……………………………………………………… 021 , 022

フッサール,E. ………………………………………………………… 178
ブニュエル,L. ……………………………………………………… 102
プラトン…………………………………………………………… 061
ブランケンブルク,W. ……………………………………………… 178
プルースト.M. ……………………………………………………… 081
ブルデュー,P. ……………………………………………………… 135
ブレディキナ,L. …………………………………………………… 049
フロイト,S. …………… 003, 045, 049, 067, 160, 174, 178, 192-202, 204, 222, 244
ヘーゲル,G.W.F.…003, 051-061, 067, 069, 070, 076, 097, 105-107, 110, 139, 148,
　　　175, 176, 214, 217, 220-222, 233, 235, 237, 259, 260, 262-274, 285, 289, 301
フォイエルバッハ,L. …………………………………………… 129, 130, 148
ボーヴォワール,S.de………………………………… 075, 164, 165, 311
堀辰雄……………………………………………………………… 082
前川理子…………………………………………………… 243, 244, 262
マクニール,M. ……………………………………………………… 188
松本卓也………………………………………………… 146, 171, 178
松本敏治………………………………………………… 169, 176, 178
マハーカルナー禅師 ……………………………………………… 280
マラブー、C. ……………………………………… 074-077, 082, 276
丸川哲史………………………………………………………… 073, 074
マルクス,K. ………………………………………………………… 068
三浦つとむ……………………………………………………… 233, 262
見田宗介………………………………………………………… 243
水上文…………………………………………………………… 089, 090
港道隆……………………………………………………………… 217
岑村傑……………………………………………………… 066, 067, 097
美馬達哉………………………………………………………… 184, 185
三宅陽一郎 ………………………………………………………… 049
宮崎哲弥………………………………………………………… 280, 301
宮沢賢治…………………………………………………………… 148
宮台真司・藤井聡………………………………………………… 035
向井雅明……………………………………………………… 199, 201

村上靖彦···178
メルロ＝ポンティ,M.····················003,048,067,098,162,163,178,204-211,
214,215,217,219-222
モア,T.···084
モース,M.···067
モネスティエ,M.···147
森毅···278
モントゴメリ,D.,＆ビクレー,A.··103,104
山内昶···147
湯川秀樹··278,279
吉岡郁夫···113,114
吉永良正···042
与那覇潤···150-159,201
ライアン,D.··186
ライプニッツ,B.G.W.···268
ラカン,J.································003,049,095,097,145,160,171,172,178,
195,197-204,233,257,260,262
レヴィナス、E.···················232-235,237,256-258,260,262,276
レヴィ＝ストロース,C.···003,102,109,114,120-133,125,141,142,282,283,289
ロック,J.···068,154,155
ロンツィ,C.··075,076,097
ワイス,G.··165,166
鷲田清一···032
和辻哲郎···279

あ　と　書　き

　「老い」というテーマでひとつの章を設けるつもりだった。しかしどうもただの愚痴にしかならないという感じがする。私自身60代半ばで、身体の老化が著しいことを感じている。同年代で集まると、如何に身体が衰えたかを競うように話すが、それは見苦しくないか。

　ただ本書では武道の節を設け、そこでいささか勇ましく武道の経験を語ってきたのだが、実際はそういう肯定的なことばかりではなく、苦労も多い。そのことは伝えた方が良いのではないかと思う。例えば、私は60歳を過ぎてから居合を始めたということもあり、なかなか身体は付いていかない。まず左手の親指に痛みを覚える。これは半年くらい強い痛みがあり、その後は指がいささか変形し、突き指のように曲がったまま、短くなって、今日に至っている。またそのあとは左手の小指に、これもまた強い痛みを覚える。朝起きると、小指が曲がっていて、まっすぐにならない。無理に伸ばそうとすると、激痛が走る。これもしかし、半年くらいして痛みが和らぐと、今度は右手の薬指が痛む。すべて、居合の所作、つまり刀の鍔に親指を掛け、その後に強く握って、刀を振り下ろすという行為に起因する。痛みはあまりに強く、ときにパソコンを打つこともできなくなる。

　居合の師匠は70代である。指の痛みを訴えたら、そんなことは聞いたこともないと、これはにべもしゃしゃりもない。子どもの時から居合に馴染んでいれば、そういう痛みとは無縁だろう。また道場の先輩たちは、

皆20代から40代で、彼らにもそんな経験はなさそうである。とすれば、私のように60を過ぎてから居合を始めた人たちと情報共有をしたいと思う。つまり道場を超えて、繋がりが欲しい。

　また寒くなると、足の指の先まで血が回らなくなるので、痛みが強くて、正座ができなくなる。準備運動を十分行って、何とか正座をしても、今度は立ち上がろうとすると、足が吊る。吊らないまでも、立ち上がる時にふらつく。そういうところで、年に抗って稽古をするのは、結構大変なのである。

　このくらいのことは書いておく。私と同世代、またはそれ以上の人なら、話は通じるはずである。しかし私はこの本の読者をもっと若い世代に置いているので、これ以上は話がくどくなるので書かない。

　実はボーヴォワールの大著『老い』を読み、多いに触発されて、私も本書で1章を設けようと思ったのである。しかしこの本を熟読し、さらに上野千鶴子の解説を読む（上野2021）。すると、このふたりの頭の良さに感心する。冷静な分析があり、老いを受け入れる潔さと、その度量の広さに感服する。このふたりの女性の達意の文章を読んだあとでは、もう私が書くべきことは何もないということに気付く。いや、いろいろと書きたいことはあるのだが、私が老いを語るには、少なくとも10年早いと思う。まだまだ身体の奥深さを論じるには、経験が少ない。止むを得ず、今回は老いについては、4-2で軽く触れるだけである。

さて本書は、下記の論稿を基にしている。どれも大幅に手を入れて整理した。

「ヘーゲルの身体論」『政経論叢』Vol.88, No.1.2, 2020
「メタバースの身体」『社会理論研究』No.24, 2024

　また以下はすべて、「公共空間X」に掲載したものである。
http://www.pubspace-x.net/
「身体を巡る省察」1-5(2019.1---2019.4)
「主体の論理」　9-10(2021.9---2021.10)
「身体の所有」　1-10(2022.5---2023.4)
「身体論補遺」　1-4(2023.7---2024.1)

　例えばコロナ禍に触れる際には、初出原稿にあった、「現在」とか、「今」といった表現をそのまま残した。いつの時点で書かれたものかということが重要になってくるからである。

　以下に謝辞を申し上げる。まず「公共空間X」の同人相馬千春さんに
は、元の原稿を「公共空間X」に掲載する際にもお世話になったが、今回、
本にする際には全面的にチェックをして頂いた。感謝申し上げたい。ま
た、前著に続いて本を出して頂いた、社会評論社松田健二社長にも御礼
を申し上げたい。

　　　　　　　　　　　　　　2024年　真冬の那須にて

著者紹介

高橋一行（たかはしかずゆき）

1959年東京生まれ。

早稲田大学第一文学部美術史学科、東京都立大学理学部物理学科、

明治大学大学院政治経済研究科政治学専攻で学ぶ。明治大学名誉教授（政治学博士）。

著書

『所有論』御茶の水書房、2010

『知的所有論』御茶の水書房、2013

『他者の所有』御茶の水書房、2014

『所有しないということ』御茶の水書房、2017

『カントとヘーゲルは思弁的実在論にどう答えるか』ミネルヴァ書房、2021

『脱資本主義 － S. ジジェクのヘーゲル解釈を手掛かりに －』社会評論社、2022

身体の変容 —メタバース、ロボット、ヒトの身体—

2024年6月3日　初版第1刷発行

著　者：高橋一行

発行人：松田健二

発行所：株式会社 社会評論社
　　　　東京都文京区本郷2-3-10
　　　　電話：03-3814-3861 Fax：03-3818-2808
　　　　http://www.shahyo.com

装幀・組版：吉永昌生

印刷・製本：倉敷印刷株式会社